김민웅
창세기 이야기

❶ 생명의 빛

한길사

창세기 이야기 ❶ 생명의 빛

지은이 · 김민웅
펴낸이 · 김언호
펴낸곳 · (주)도서출판 한길사

등록 · 1976년 12월 24일 제74호
주소 · 413-756 경기도 파주시 교하읍 문발리 520-11
　　　www.hangilsa.co.kr
　　　E-mail: hangilsa@hangilsa.co.kr
전화 · 031-955-2000~3　　팩스 · 031-955-2005

상무이사 · 박관순 | 영업이사 · 곽명호
편집 · 박희진 안민재 | 전산 · 한향림
마케팅 및 제작 · 이경호 박유진 | 관리 · 이중환 문주상 장비연 김선희

출력 · 한국커뮤니케이션 | 인쇄 제본 · 갑우문화사

제1판 제1쇄 2010년 3월 10일
제1판 제2쇄 2012년 2월 25일

값 14,000원
ISBN 978-89-356-6154-1 04230
ISBN 978-89-356-6157-2 (전3권)

이 도서의 국립중앙도서관 출판시도서목록(CIP)은
e-CIP 홈페이지(http://www.nl.go.kr/ecip)에서 이용하실 수 있습니다.
(CIP제어번호: CIP2010000720)

창세기 이야기

"사람은 완성을 지향해가는 주체적
의지를 가진 존재입니다. 우리는 하나님의 축복과
뜻 안에서 매일 새롭게 창조되어야 합니다."

창세의 시작은 지금 여기입니다

• 책을 내면서

왜 창세기일까요? 새로운 지식과 정보를 제공하는 책들이 수없이 쏟아져 나오는 요즘, 고문서 중에 고문서인 이 책을 읽는 것이 무슨 특별한 의미를 가질까요? 창세기는 2천 년도 훨씬 전인 옛날, 그것도 우리와 상관없이 살았던 먼 땅에서 씌어진 기록입니다. 그러니 우리의 현실에 절실히 와 닿기에는 그 내용이 시대적으로 너무 낡고, 문화적인 거리까지 있지 않을까요? 그러나 알고 보면 신앙인들은 말할 것도 없고 누구에게나 중요한 책일 수 있습니다.

당연히 성서의 첫 번째 책인 창세기는 기독교인들에게, 세상의 최초를 기록하고 그 뜻을 풀어나간 '존엄한 경전'입니다. 또한 성서 전체를 이해할 수 있는 기본 줄기가 여기서 비롯됩니다. 그런데 창세기는 종교나 신학적 차원에서만 중요한 것이 아닙니다. 종교적 입장이 어떠하든 사람이 사람답게 살아가는 데 필요한 인문학적 자산으로서도 그 의미가 큽니다. 인간이 처할 수 있는 모든 비극적·절망적 상황을 꿈과 믿음으로 이겨낸 성서 속 수많은 인물들의 삶을 살펴보는 것은 생생한 인생 공부가 됩니다. 그런 까닭에 창세기는 인류사에서 문학과 철학, 역사와 예술 전반에 걸쳐 다채로운 주제로 형상화되고 풍부한 상상력의 원천이 되었으며, 인류에 희망을 불어넣어주는 최고의 고전으로 평가되어왔습니다. 여기서 성서를 고전이라고 한 것은 경전으로서의 가치를 훼손하려는 것이 아니라 누가 읽어도 소중한 가르침을 얻게 된다는 뜻입니다.

한편 창세기를 두고, 근대과학 이래 오늘날까지도 창조와 진화의 논쟁은 뜨겁습니다. 인간이 다른 생명체와는 달리 어떤 존재인가를 밝히는 과정에서 반드시 부딪치게 되는 문제의식이 여기에 있기 때문입니다. 즉, 인간이란 존재는 어떻게 태어났고, 그 인간에게 어떤 환경이 최초로 주어졌는가에 대한 이야기가 씌어져 있습니다. 인간의 본질에 대해 깊이 생각해 볼 수 있는 것입니다. 이와 함께 더는 인생을 살아갈 기력조차 없는 이들이 삶의 의미를 찾고, 희망의 실체를 구체적으로 어떻게 이루었는지도 기록하고 있습니다. 그렇기에 창세기를 읽고 나면 우리 내면에 생명의 기운이 솟아날 것입니다. 때론 세찬 바람 앞에서도 자신의 존재 가치를 지키며 기쁘게 살아갈 수 있는 능력이 자람을 느낄 것입니다. 이것이 창세기가 종교의 유무나 차이를 떠나 인류 차원의 정신유산이 될 수 있는 이유입니다. 단순히 유대교나 기독교도들이 보는 책일 뿐이라고 여긴다면 귀중한 가치를 스스로 놓치는 것이며, 정신적 가난과 지적 기근상태를 방치하는 것입니다. 문명의 역사나 한 사회의 의식이 발전하는 과정을 보면, 그 어떤 것도 나의 것으로 훌륭하게 소화해낼 때, 출처가 어디에 있든 자신에게 귀한 것이 되었습니다.

생각의 봉우리가 높고 세상 바라보는 안목이 넓은 사람은 쉽게 좌절하지 않습니다. 모두가 주저앉으려 할 때, 그가 모두의 희망이 되는 사건이 일어날 수 있습니다. 창세기에는 바로 이렇게 고난의 삶을 일으켜 세우는 생명의 말씀이 뜨겁게 숨쉬고 있습니다.

제1권 '생명의 빛'은 창세기 첫 장에서부터 노아에 이르는 과정을 담고 있습니다. 하나님이 세상을 창조하신 이후 인간의 탄생과 그 변모, 에덴으로부터의 추방과 역경 그리고 인간에 대한 하나님의 은총을 살펴봅니다. 제1강부터 제5강 정도까지는 드라마처럼 전개되는 사건보다는 하나님과 인간 이해에 근본이 되는 성서적 개념들이 나오기 때문에, 혹 읽어나가기가 쉽지 않을 수도 있습니다. 그러나 조금 힘을 들여서더라도 생각을 모아 읽어나가면 깨달음의 즐거움이 반드시 있을 겁니다. 제2권 '길 떠나는 사람들'은 아브라함에서 야곱으로 이어지는 여정을 다루고 있습니다. 얼핏 미지의 곳으로 정처 없이 가는 것 같으나 하나님의 보살핌과 인도하심으로 새롭게 성장해가는 존재의 축복을 목격하게 됩니다. 인생의 고비마다 하나님의 어떤 섭리와 이끄심이 있는지 알아가는 과정이 될 수 있기를 바랍니다. 제3권 '넘치는 축복'은 야곱의 귀환과 요셉의 삶을 조명하고 있습니다. 애초에는 기세 좋게 시작했다가 생각지도 못한 역경과 고난을 겪으면서 흔들리기도 하고 주저앉기도 하지만 끝내 그것을 이겨내는 인생 역전의 축복이 그려져 있습니다.

이 책은 기독교 방송(CBS) '성서학당'에서 지난 2007년부터 2008년에 걸쳐 창세기에 대해 강의한 내용을 일차 원본으로 삼아 새롭게 집필한 것입니다. 성서학당의 김종욱 PD를 비롯해 함께 애써준 정승권 · 임지은 PD, 김희정 작가와 제작진, 그리고 현장에서 열심히 강의를 들으며 활기를 북돋아준 패널 오택근 · 김상훈 · 김미란 · 방경림 님, 호응과 격려를 아끼지 않았던 방청객과 시청자 분들에게도 감사드립니다.

방송 강의가 책이 되기까지 자신의 일처럼 수고해주신 분들도 있습니다. 강화도에서 '꿈이 있는 교회'를 맡아 목회하면서 성서연구모임을 이끌고 있는 한원식 목사님이 방송 내용을 정성스럽게 녹취해 보내주신 것이 책 출간의 현실적인 계기가 되었습니다. 그 노고에 뜨거운 감사를 드립니다. 성서학당의 시청자이자 방청객으로서, 아픈 몸에도 불구하고 강의를 경청하고 녹취원고를 세밀하게 검토, 정리해준 곽향숙 님에게도 진심으로 감사드립니다. 이 모두 합해서 선을 이루도록 사람이 미처 생각하지 못했던 하나님의 뜻과 섭리가 이끌어주신 결과임을 믿습니다.

지난 20여 년 세월 동안 우정을 쌓아온 한길사의 김언호 사장님, 책의 편집과 출간을 위해 일선에서 수고해준 박희진 편집부장, 그리고 한길사 식구들에게도 고마움을 전합니다. 오늘의 시대를 진지하게 성찰하고 새로운 희망을 길어 올리는 출판 철학과 의지를 가진 한길사의 성원이 이 책의 탄생을 또한 가능하게 했습니다.

고난 앞에 무릎 꿇지 않으며 낙관적인 마음과 용기로 희망을 열어나가는 축복이 독자 여러분들에게 가득하기를 기원합니다. 아득히 먼 옛날 어둠과 혼돈 그리고 허무를 뚫고 태어난 태초의 생명이 오늘날에도 우리를 매일 격려하고 성숙케 하는 힘이 되기를 바랍니다. 생명이 새롭게 창조되는 창세의 시작은 언제나 '지금, 그리고 여기'입니다. 풀 한 포기, 돌멩이 하나, 흙 한 줌에까지도 새겨져 있는 태초의 비밀이 우리 모두에게 밝히 드러나 생명과 사랑이 넘치는 사람이 되시기를 바랍니다.

2010년 1월
김민웅

김민웅
창세기 이야기 ❶ 생명의 빛

❷ 길 떠나는 사람들

❸ 넘치는 축복

일러두기

1. 창세기 본문 인용은 이해를 돕기 위해 현대 우리말 번역이 자연스러운 대한성서공회 발행 『성경전서』 표준새번역을 사용했습니다.

2. 창세기는 전체 50장이나, 이 강의는 주제에 따라 40강으로 구성되었으며, 관심이 가는 장부터 선택해서 읽어도 됩니다.

3. 매 강의가 끝난 다음 창세기의 해당 본문을 실었습니다. 강의 내용을 묵상하는 마음으로 다시 한 번 읽고 다음 강의로 넘어가면 좋습니다.

4. 강의 중에는 창세기의 내용과 표현에 집중할 수 있도록 인용 끝에 장절을 밝히고, 강의 끝에 실은 본문에는 일일이 절수를 밝혔습니다.

5. 유일하다는 의미를 강조하는 '하나님'과 보편적인 신을 강조하는 '하느님'이라는 표현의 논쟁이 있습니다만, 이 강의에서는 『성경전서』 표준새번역에 따라 '하나님'이라고 표현합니다.

마음을 새롭게 하는 성서읽기

• 들어서는 글

창세기를 본격적으로 읽기 전에, 성서 전체에 어떻게 다가가면 좋을지 잠시 생각해보기로 하겠습니다.

성서에 대해서 아는 바가 별로 없더라도 이해하는 데는 큰 문제가 되지 않습니다. 아는 것이 많다면 그만큼 도움이 되겠지만 그것은 자칫 고정관념이 되어 읽기를 방해할 수도 있습니다. 성서는 독자에게 사전 지식을 준비하라고 요구하기보다 진솔한 대화를 원합니다. 성서를 읽어가다보면 그에 대한 지식이 자연스럽게 쌓이게 됩니다. 무엇보다도 대화를 나누듯 읽어가며 마음이 새로워지는 일이 중요합니다.

'읽는다'는 것은 성서 본문을 거듭 읽는 가운데 그 의미에 깊이 가 닿는 것을 말합니다. 같은 내용을 같은 생각으로 되풀이해 읽는 것이 아니라 처음에는 눈에 들어오지 않고 의식되지 않았던 내용과 세계에 점차 눈떠가는 과정입니다. 그러다보면 이전어는 드러나지 않았던 뜻이 또렷해집니다. 우연처럼 보인 사건에서 필연을 발견하고, 패배에서 승리의 길을 깨닫습니다. 모순이라고 생각했던 사건이 알고보니 앞뒤가 딱 맞는 섭리가 되고, 이해되지 못했던 논리의 빈 공간이 채워짐을 발견합니다.

그렇다면 성서는 어떤 눈으로 읽어야 우리에게 그 진실의 문을 열어줄까요? 이 말씀과 사건이 나의 삶에 어떤 의미를 가지고 있을까, 이 인물은 과연 어떤 처지에서 하나님을 찾았던 것일까, 이런 질문과 생각을 해보는 '성찰적 읽기'가 필요합니다. 성서와 끊임없이 교감하는 겁니다. 성서는 그런 사람에게 생명이 되는 놀라움을 안겨줄 것입니다.

성서란 특정한 저자가 혼자 다 쓴 것이 아닙니다. 어느 시기, 정해진 날짜에 출간된 것도 아닙니다. 오랜 세월에 걸쳐 쌓이고 깎이고 정리되어 온 '삶의 무수한 경험들', '현실과 영혼의 투쟁', 그리하여 도달한 '하나님의 길'에 대한 깨우침을 여러 사람들이 기록하고 하나의 책으로 편집한 것입니다.

성서는 삶과 죽음, 성공과 실패, 진실과 거짓, 사랑과 증오, 좌절과 극복 등 인류 보편의 주제를 이야기하고 있습니다. 그렇지만 그 내용이 우리와는 시·공간적 차이가 있기 때문에 현실과는 멀게만 느껴질 수도 있습니다. 씌어진 말이나 글도 우리와 다릅니다. 같은 말이라고 해도 그 원전은 전문적으로 공부해야 알 수 있는 고문서입니다. 그래서 원문이든 번역본이든 전체 맥락의 의미를 깊게 주시할 필요가 있습니다. 성서에 기록된 세계와 나의 현실이 어떻게 다르고 같은가를 알아야 합니다. 어떤 상황을 표현할 때, 같은 단어를 쓰고 있어도 그 의미는 우리가 이해하는 것과 같지 않을 수 있습니다. 예를 들어 '뜨거운 태양'이라는 말은, 어떻게든 따뜻한 곳을 찾아나서는 추운 지방 사람들과, 매일 견딜 수 없는 열기에 힘겨워하는 사람들이 그 단어를 통해 각각 떠올리는 현실이나 기억, 생각이 동일할 수는 없겠지요. 따라서 성서가 기록한 경험의 세계로 현장감 있게 들어가서, 그 의미를 오늘의 나와 구체적으로 만나게 해야 합니다. 그때 비로소 '그들의 이야기'는 '우리의 이야기'가 됩니다.

성서 해석과 관련해서 또 하나 생각하고 싶은 것은, 오랫동안 고정관념처럼 훈련된 종교적 태도가 갖는 문제입니다. 기독교인들의 경우에는 워낙 교회에서 익숙하게 교육받은 것이 있어서 성서의 내용에 별 의문을 갖지 않고 넘어가는 경향이 있습니다. 오래 교회를 다닐수록 그 이해가 상투적이고 도식적인 경우도 있습니다. 하지만 성서를 구태의연하게 읽어서는 안 됩니다.

기독교인이 아닌 경우에는, 하나님, 절대적 존재, 또는 신을 처음부터 상정하지 않기 때문에 성서를 읽는 것 자체에 흥미가 없거나 거부감이 들어서 그만 덮어버릴 수 있습니다. 스님들이 쓴 책들은 굳이 불교신자가 아니라도 명상을 위해 편안하게 읽는 반면, 성서나 그에 대한 책은 그렇지 않은 것이 현실입니다. 기독교인들의 상투적이고 틀이 이미 짜인 해석이든 비기독교인들의 성서에 대한 부정적 인식이든, 모두 성서에 대한 오해에서 비롯되는 문제입니다.

그 어느 쪽이든, 성서가 어떤 사실에 대한 과학적 입증을 목표로 하는 책이 아니라는 것을 전제할 필요가 있습니다. 사랑을 고백하는 연애편지를 과학논문처럼 읽는 사람은 없습니다. 시를 물리학의 관점에서 평가하지 않지요. 반대로 과학논문이나 물리학 책을 연애편지나 시처럼 읽으려드는 사람도 없을 것입니다. 사랑하는 사람을 향해 "그대는 내 마음에 빛나는 별"이라고 한 것을 두고, "어떻게 하늘의 별이 사람의 마음에 들어가 빛나느냐"고 추궁하는 것은 가당치도 않고 그 사람이 지닌 진실한 사랑을 모욕하는 일이겠지요. 사랑하는 '그대'는 실제로 존재하는 사실에 해당하고, 그 사랑의 의미는 '마음속에 빛나는 별'로 표현되어 있지 않습니까? 이 문장의 핵심은 사랑의 진실을 아는 데 있습니다. 성서도 그런 차원의 독법이 필요합니다.

또한 성서는 적나라한 책입니다. 흔히 성서를 '하나님의 말씀'이라고 합니다. 이는 틀린 말은 아니지만, 단지 그렇게만 보면 성서의 전체적인 모습을 제대로 알지 못할 수 있습니다. 여기서 '적나라하다'는 것은 인간의 문제를 고스란히 비추고 있다는 것을 말합니다. 인간에 대해 빼고 더하고, 미화하거나 왜곡하지 않습니다. 아무리 뛰어난 인간도 성서에는 그 모순이 정직하게 드러납니다. 거기서 우리는 자신의 모습을 숨김없이 발견하고 스스로에게 솔직해져갑니다. 그것이 하나님을 만나는 열쇠입니다. 혹시 '하나님'이라는 말에 거부감을 느끼는 사람들이라면, 자신의 거짓 없는 현실을 마주하면서 자기 운명을 관통하고 있는 어떤 절대적 힘을 생각해보는 기회를 가질 수 있을 겁니다. 그건 운명과의 투쟁에서 만나게 되는 절대자와의 속 깊은 대화입니다. 하나님은 그 대화와 성찰, 기도로 체험하게 되는 초월적 존재와 힘의 이름이지요. 그것을 생명과 희망, 또는 정의와 평화, 사랑과 축복으로 번역해도 좋습니다. 그런 가치들의 절대 근원이 바로 하나님이라고 할 수 있기 때문입니다.

제 잘난 맛에 살다가도 자기모순에 빠지고, 막막하기만 한 현실에 무너지며 살 길을 찾아 헤매는 인간의 모습 앞에 서 계신 하나님을 만나는 것이 성서읽기의 핵심입니다. 하나님 앞에 '있는 그대로의 자신'을 드러내고, 처한 현실의 의미를 끊임없이 묻고 하나님의 대답을 간절히 바라고 듣게 될 때 우리는 운명을 자신 있게 내다보게 됩니다. 그 과정에서 인간은 이전과는 다른 수준으로 성장하고 성숙해집니다. 활기를 얻고 기쁘게 살아가게 됩니다. 인간으로서 나의 존재 가치가 차원 높게 열리는 것입니다. 하나님은 그런 길로 우리를 초대해주셨습니다. 모든 고단함과 우울함, 상처로 얼룩진 현실을 이기고 생명의 잔치에 들어서는 길입니다.

하늘의 지혜를 얻으면 행복해질 수 있습니다. 우리의 존재가 감사와 축복이 되는 것입니다. 사랑과 생명이 출렁이는 자리가 만들어집니다. 설레는 마음으로 기대해도 좋습니다. 그럼, 이제부터 하나님이 초대해주신 축제의 장으로 함께 들어가보겠습니다.

1 흑암에서 빛으로, 태초의 순간

창세기 1장 1절-4절

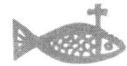

태초는 언제인가

"태초에 하나님이 천지를 창조하셨다"라는 창세기 1장 1절의 말씀은 1장 전체 사건을 압축하고 있으며, 그 이후의 구절들은 하나님의 구체적인 창조 사역을 하나하나 풀어내고 있습니다. 우선 하나 짚어볼 것은, 창세기의 원래 제목이 '태초에'였다는 사실입니다. 우리가 구약이라고 부르는 고대 히브리 성서에서는 맨 처음에 등장하는 단어가 각 권의 제목이 되었기 때문입니다. '태초에'라는 제목은 그 자체가 창세기의 전체 방향을 암시해주고 있습니다.

창세기의 첫 구절은 이것을 최초로 읽었던 사람들에게 충격적인 감동을 준 대목입니다. 그들은 '태초에'라는 문장의 시작이 어떤 의미인지 깨닫고 있었기 때문입니다. 우리의 과제는 그 첫 감동과 깨우침의 내용을 알아가는 일입니다. 그런데 태초가 정확히 언제쯤일까 하고 그 시간을 과학적으로 규명하고자 하면 이 감동의 비밀을 파악하기 어려워집니다. 그 애초의 감동이란 과연 무엇일까요?

창세기는 하나님이 태초에 천지를 만드신 장면을 그 순간 누가 카메라로 찍듯이 그대로 글로 옮긴 것이 아닙니다. 글이라는 것이 인류사에 등장하는 것도 기원전 5천 년쯤이니까, 그보다 훨씬 아득한 시간인 태초의 상황을 누군가 당대의 기록문학으로 남긴 것이라고 할 수도 없지요. 결국 태초의 시각 이후 누군가에 의해 쓰여졌을 텐데, 어떤 이유와 목적으로 기록되었을까 하는 의문이 생깁니다. 그것을 알면 하나님의 마음과 기쁘게 만난 인간의 구체적인 경험과 현실을 짐작해볼 수 있을 것입니다.

고대 이스라엘 또는 히브리 백성들은 주변 강대국들의 틈바구니에서 살아가기 힘든 역사를 거쳐 왔습니다. 때로는 나라가 망하기도 하고, 노예로 끌려가기도 하고, 포로로 붙잡혀 고향으로 영영 돌아오지 못하는 신세가 되기도 했습니다. 아시리아, 바빌론, 페르시아 같은 고대 국가들은 오늘날의 중근동 전역을 차례로 다스린 대제국인데 반해 히브리 백성들은 그야말로 보잘것없는 존재에 불과했습니다. 강대한 힘 앞에 그들은 밟히면 밟히는 대로, 죽이면 죽이는 대로 지내야 했습니다. 이런 처지에 놓이게 되면 사람들은, '내일이면 뭔가 좀 달라지겠지' 하고 희망을 품었다가도, 개선의 여지가 보이지 않는 암담한 현실에 금세 낙심하고, 마침내 지쳐 쓰러지고 맙니다. 그런 사람들에게 주어졌던 '절대적 희망'이 창세기의 말씀입니다.

창조의 특별한 뜻

세상의 창조에 대해서는 창세기뿐만 아니라, 예로부터 많은 설화나 종교적인 설명들이 있었습니다. 과학적 분석이나 해명이 발달하지 못했던 시대에, 세상에 대한 인간의 호기심과 질문을 해결하는 사고방식과 표현은 그런 틀 밖에는 없었지요. 그래서 신화, 설화, 전설 들은 당시의 사고방식과 기준으로 보면 합리적입니다. 수많은 신화나 전설 또는 당대의 종교적 이야기들은, 지역마다 현실에 대한 설명의 틀이 그 경험에 따라 다르게 나타난 결과입니다.

강이 무섭게 범람하는 것은 강에 살고 있는 신이 노여워 일으키는 사건으로 생각했습니다. 사람이 어떻게 해볼 도리가 없는 것은 신의 영역임을 인정하지 않을 수 없었지요. 그리스 신화에 등장하는 포세이돈은 바다를 항해하면서 도시를 이루고 무역을 했던 그리스인들에게는 신화 속 영웅 이상의, 생생한 힘을 가진 현실ㅈ인 존재였습니다.

신화를 허구적 상상력의 산물이라고 부른 것은 그 이후의 일이었을 뿐, 신화가 만들어졌던 당대에는 인간의 경험으로는 이해할 수 없는 현실을 정확하게 설명해주는 이야기였습니다. 지중해의 무서운 폭풍의 근원에는 이런 신들의 모습이 고대 그리스인들의 뇌리에 박혀 있었습니다. 이와 같은 신화나 전설에서 창조란 무에서 유를 만드는 행위입니다. 아무런 재료도 없이 새로운 현실을 만들어내는 것입니다. 그런데 창세기에 나오는 하나님의 창조에는 의외로 특별한 재료가 있습니다. 하나님께서 무에서 유를 창조하지 못하셔서가 아닙니다. 다른 창조 설화나 신화와 전격적으로 대비되는 의미가 여기에 있기 때문입니다. 첫 대목에서 말하는 창조의 재료는 바로 '혼돈과 공허와 흑암'입니다.

> 땅이 혼돈하고 공허하며, 어둠이 깊음 위에 있고, 하나님의 영은 물 위에
> 움직이고 계셨다. 하나님이 말씀하시기를 "빛이 생겨라" 하시니, 빛이 생겼
> 다. 창세기 1: 2-3

이것은 하나님의 창조사건 전체에 걸친 특징과 의미를 단적으로 또는
총체적으로 보여줍니다. 혼돈과 공허와 어둠은 그 깊이를 알 수 없을 만
큼 아득합니다. 하나님의 영이 그런 깊이로 휩싸인 물 위에 움직이시자
빛이 탄생합니다. 이 창조의 사건은 인간의 삶에도 그대로 적용되는 의
미가 있습니다. 내가 지금까지 고생하고 낙담하고 상처받아왔던 세월을
하나님의 영이 따뜻하게 감싸주시면 완전히 새로운 의미의 인생이 펼쳐
진다, 빛이 태어난다, 즉 인생의 지혜와 열정이 샘솟고 남을 위로할 수
있는 힘이 생긴다는 거지요. 힘겨웠던 삶이 그냥 잊히는 것이 아니라 전
혀 다른 가치를 얻어 자신과 남을 살리는 생명이 될 수 있다는 겁니다.
하나님 안에서는 어떠한 것도 무의미하지 않습니다. 이것은 '무에서 유'
의 차원과는 다릅니다. 이 창조의 손길을 통해 가능성이라고는 전혀 없
었던 이들이 새로운 능력의 소유자로 변모하게 됩니다. 그러면서 그 태
초의 때에 하나님께서 하셨던 일을 지금 나에게 하실 수 있다는 것을 알
고 믿게 됩니다.
　그러므로 '태초'란 생각할 수도 없는 아득한 시간의 출발점이면서, 이
렇게 깊고 깊은 흑암과 중심을 잡을 수 없는 혼란, 그리고 우리를 무력감
에 빠뜨릴 공허함이 빛으로 새롭게 탄생하는 시간이기도 합니다. 흑암

같았던 인생이 빛으로 바뀌는 순간이 '태초'입니다. '큰 처음' 또는 '결정적인 시간의 열림'이라고 할 수 있습니다. 따라서 '태초'라는 사건이 그 사람에게 있느냐 없느냐의 문제는 매우 중요합니다. 혼돈, 흑암, 공허함의 인생이 태초 이전의 현실이라면, 빛과 생명의 시간을 경험하게 되는 출발점이 '나의 태초'입니다. 태초는 다득히 먼 우주적 사건에 머무는 것이 아니라 나 자신의 우주가 새롭게 창조되는 시간입니다. 태초는 우주적 차원에서도 거대한 전환의 찰나이며, 나 자신의 인생에서도 경이로운 출발입니다. 어둠과 혼돈, 공허는 이 창조의 시간을 통과하면서 빛과 생명의 질서, 그리고 의미 있는 가치로 변하게 됩니다.

따라서 창세기의 첫 대목은 천지창조에 대한 과학적 설명 수준의 얘기가 아니라 나의 현실을 바꿀 희망과 직결된 이야기입니다. 이런 각도로 읽기 시작하면 창세기에 기록된 사건과 말씀이 내 안에서 살아 움직이게 됩니다. 이는 창조설이니 진화설이니 하는 과학적인 설명의 논란을 초월하는 차원입니다. 그런 까닭에 '태초의 창조'는, 곧 나의 새로운 창조적 출발입니다. 생명의 힘으로 가득 찬 소우주가 내 안에 탄생하는 사건입니다. 그 시간을 경험하는 것은 우리에게 축복입니다. 새로운 영혼이 태어난다는 점에서 보자면 태초의 때가 따로 정해져 있는 것이 아닙니다. 인생의 매 순간 하나님의 창조가 이루어지는 것이 '태초의 순간'이 될 수 있습니다. 그로써 낙담과 절망은 우리의 삶에서 추방됩니다.

생명을 부화하는 영의 힘

태초의 사건이 결정적으로 이루어지는 순간은, "하나님의 영이 물 위에 움직이고 계셨다"로 표현되어 있습니다. 하나님의 영이 수면 위에서 운행하는 장면은 성서에서 독특한 상징성을 지니고 있습니다. 고대 히브리인들에게는 이 장면이 마치 커다란 독수리가 양날개를 활짝 펴서 둥지의 알을 감싸는 모습을 떠올리게 했다고 합니다. 강력한 생명의 기운이 느껴지는 광경입니다.

이 구절은 하나님의 영이 다른 모든 맹금류들을 물리치는 독수리의 위엄을 가지고, 사랑과 생명에 대한 간절한 마음을 지니고 있음을 알려주고 있습니다. 우리가 그러한 마음의 영을 듬뿍 받으면 세파에 시달린 마음과 상처 입은 인생이 아물고, 다시 소생한다는 것입니다. 알에서 새롭게 깨어나 새 인생을 살아갈 수가 있지요.

그런데 왜 하필이면 '물'일까. 물은 생명의 거처가 아닙니까? 물을 마시기 위해 강으로 동물의 떼가 이동하기도 하고 또 모든 큰 강의 주변이 문명의 발상지가 되었습니다. 하지만 강이 문명의 발상지라는 개념은 단지 문화인류학적 발견에 불과합니다. 성서는 강가에서 일어난 문명이 하나님으로부터 온 생명의 힘으로 가득해야 제대로 된 세상이 된다는 것을 전하고 있습니다. 바빌론 문명은 유프라테스 강과 티그리스 강 사이에서 태어났지만, 그 물 위에 하나님의 영이 감돌아 생명을 탄생시키는 문명이라기보다는, 날이 갈수록 재력과 권세를 내세운 위압적인 문명이 되고 말았습니다. 그건 하나님이 바라신 세상이 아니었지요. 그 결과 바빌론 문명을 압축하는 바벨탑은 역사 속에서 소멸되었습니다.

영의 힘은 참으로 중요합니다. 어떤 영의 기운에 감싸여 사는가에 따라 살기도 하고 죽기도 합니다. 또한 그 사람이 어떤 에너지를 뿜으며 사는지도 마찬가지입니다. "이 사람은 정말 멋있어", "풍기는 기운이 달라"

이런 이야기를 들을 수 있다면 사는 기쁨이 클 것입니다. 누구나 즐겁고 유쾌한 에너지를 가진 사람을 만나고 싶어합니다. 우리가 거처하는 물가에서 그런 생명의 힘이 끊이지 않고 솟아났으면 좋겠습니다.

빛을 만드는 말씀

창세기에서 말에 대한 생각에 특히 주목하게 됩니다. 우리는 흔히, 이치에 맞지 않는 것에 대해 "그게 말이 되냐?", "말이면 다하는 거야?"라고 하지요. 그런데 창세기를 보면 이 말씀이 어마어마한 사건을 만들어냅니다. 빛을 만들고, 축복하며, 이 세상을 생명으로 가득차게 합니다.

> 하나님이 말씀하시기를 "빛이 생겨라" 하시니, 빛이 생겼다. 창세기 1 : 3

말은 우리 인생에 빛을 만들 수 있어야 하고, 생명을 넘치게 해야 하며, 사람들을 축복하는 능력이 있어야 함을 일깨우고 있습니다. 사람들의 마음을 어둡고 우울하게 하고, 비난하는 말은 더 이상 말이 아닙니다. 말을 소통의 수단이라고들 여기지만 단순히 그렇게만 생각하면, 욕설·저주·비난도 소통입니다. 말은 단지 의사소통의 수단으로만 그치는 것이 아니라 그 자체가 하나의 능력을 가진 독자적인 존재입니다.

하나님은 인간의 말이 애초에 그런 능력을 갖도록 만들어주셨기에, 좋은 말은 사람들의 마음속에 빛을 만들어냅니다. 빛은 모든 생명에너지의 원천입니다. 좋은 말을 들으면 시름시름 앓던 사람도 기운을 차릴 수 있습니다. 작은 일에도 격려해주고, 미미한 성취도 축하하며 진실한 마음으로 밀어주면 그 말을 듣는 사람은 자기도 몰랐던 잠재능력을 발휘합니다. 그 사람에게 새로운 세계가 열리지요.

이 창조의 과정에서 "하나님이 보시기에 좋았다"라고 적혀 있습니다.

그 빛이 하나님 보시기에 좋았다.창세기 1: 4

성서는 '하나님의 시선'에 주목하고 있습니다. 창세기에 아담의 아내 하와가 사탄의 꾐에 빠져 선악과에 눈을 돌리자, "보기에 그 나무가 탐스러웠더라" 하는 구절이 나옵니다. 이 '보기에'가 문제가 되지요. 아브라함의 부인 사라도, 아브라함의 두 번째 부인인 하갈이 낳은 아들 이스마엘이 사라가 낳은 아들 이삭을 데리고 놀 때에 "사라가 보니 이스마엘이 이삭을 놀리고 있었다" 하는 대목이 나옵니다. 이스마엘에 대해 못마땅하게 여긴 것입니다. 어떤 눈으로 보느냐가 중요합니다. 그것은 어떤 마음으로 보느냐이지요. 그 전에는 선악과 앞을 지나갈 때, '저것은 하나님이 먹지 말라고 하신 나무였지'라고 생각했는데, 어느 한순간 욕심이 생기고 보니 다르게 보인 것입니다. 사라도 이삭을 낳기 전에는 이스마엘을 자기 자식처럼 여겼지만 상황이 달라지니 눈엣가시로 보였지요.

마음의 눈이 영혼을 좌우합니다. 하나님의 시선을 우리의 마음으로 삼으면 영혼의 차원이 달라질 수 있습니다. 하나님이 보시는 것은 생명을 아끼고 사랑하는 시선입니다. 흔히 사람들은 세상일을 판단할 때, "관점에 따라 다르지"라고 말합니다. 그것은 놓인 입장에 따라 달라지는 주관적인 판단입니다. 이와는 달리 "하나님이 보시기에 좋았다"라는 말은 "낙담한 사람들한테 희망을 주는 것이 좋은 것이 아니겠는가? 어두운 세상에 빛을 비추는 것이 마땅한 일이 아니겠어? 죽어가는 사람들한테 생명의 기력을 불어넣어주는 것이 아름다운 일이지"라는 마음으로 세상을 바라보는 것입니다. 그럴 때에 우리의 할일은 분명해지게 마련입니다.

'존재의 창조'를 넘어 '가치의 창조'로

"하나님의 영은 물 위에 움직이고 계셨다"는 대목을 좀더 이야기해보지요. 의문이 들지 않나요? 하나님이 천지를 창조하셨다고 했는데, 그 전에 땅도 물도 있지 않았습니까? 그러면 그 땅과 물은 하나님이 창조하신 게 아니라는 건가요? 이 질문에 대한 대답이 창세기 첫 장에서 가장 중요한 의미를 갖습니다. 여기에 대한 답을 어떻게 찾는가에 따라 '창조'의 진정한 뜻을 정리할 수 있습니다. 창세기의 창조 사건은 모든 존재의 기원을 설명하려는 것이 아닙니다. 그것은 '존재의 창조'를 넘어서 '가치의 창조'를 말합니다. 하나님의 창조 전에 혼돈과 어둠과 공허함이라는 현실이 있었지요. 창조는 거기서 출발합니다. 이미 땅도 물도 있었으나, 창조의 시점 현재까지는 그것이 아무런 의미가 없다는 이야기입니다. 의미가 있을 때에 비로소 그것은 가치를 지닙니다. 창세기를 아무리 읽어도 내게 의미가 없으면 그냥 책 한 권에 불과합니다.

하나님의 창조란 단순히 "없던 것을 새로 만들었다"가 아닙니다. 그것을 '창조'라고 부르지는 않습니다. "만들고 싶은 것이 있으면 한번 해봐"라고 했을 때에, 그 만든 것을 모두 창조라 부를 수 있을까요? 아닙니다. 왜 그런가요? '가치의 창조'라는 관점에서 보았을 때, 우리는 비로소 창조의 진정한 뜻을 이해할 수 있기 때문입니다. 그 땅이, 그 물이, 그 하늘이, 생명을 가지고 있을까, 빛을 만들어낼 수 있을까, 모든 생명이 그 안에서 즐겁게 살아갈 수 있을까, 라는 질문에 대해 "그렇다"고 할 수 있을 때에 그것을 창조라고 부른다는 거지요.

성서를 쓰고 하나님을 고백했던 당시 노예 신분의 히브리 백성들은 으리으리한 도시, 거대한 석상 등 바빌론 제국의 번창한 문명 아래에서 살아가고 있었습니다. 제국은 히브리 노예들에게 으스대며 말했을 것입니다. "이거 굉장하지? 너희들은 만들 수도 없을 걸." 이른바 자신들이 가진 능력과 창조의 위대함을 과시합니다. 그러나 하나님의 영감으로 깨우친 사람들은 "이건 창조가 아니야. 인간에게 진정한 행복을 가져다 줄 수 없어. 빛도 생명도 아니야"라고 당당히 말합니다. 약자를 정복하기 위해 첨단무기를 개발하는 것을 과연 창조라고 부를 수 있을까요? 그건 파괴를 준비하는 것에 불과합니다.

천지창조가 이루어지기 전에 이미 땅도 물도 있었는데, 왜 새삼 하나님이 천지를 창조하셨나 하는 의문이 들 수 있습니다. 그런데 성서는 그 땅과 물이 사람들에게 생명과 빛이 될 수 있는가를 묻습니다. 질문 방식이 다릅니다. 어떤 새로운 존재가 만들어졌을 때 그것이 생명과 빛이 되면 창조라고 부른다는 겁니다. 이미 물질적으로 존재했다 해도 생명의 가치가 없었던 것이 하나님의 손길이 닿으니 새로운 가치가 생겨났습니다.

창조는 어디까지나 생명의 가치, 평화의 가치, 빛의 가치를 만들어내는 사건입니다. 그리하여 그 존재가 마침내 이와 같은 가치를 자신의 몸으로 이루는 것이 창조의 완성입니다. 창세기는 존재의 기원을 응시하면서, 하나님의 마음으로 이루어진 새로운 가치의 탄생을 일깨웁니다. 이 세상의 근본 중심에 깊이 스며 살아 움직이는 하나님의 생명을 사람들에게 전하고 싶은 것입니다. 그래서 낙담하고, 상처받고, 내일을 기대할 수 없는 사람들에게 뜨거운 격려와 축복을 주고 있습니다. "그대가 겪은 아픔과 상처, 낙망과 좌절이 하나님의 영 가운데 있으면 눈부신 빛의 세계가 열릴 수 있다. 고생스러웠던 일들이 하나님의 뜻 안에서는 새로운 창조의 시작이 될 수 있다. 이를 믿고 절대로 무너지지 마라!" 성서는 우리에게 어떠한 경우에도 희망의 끈을 놓지 말고 끝까지 힘차게 살아가라고 말하고 있습니다.

이렇게 해서 사람들은 꺾이지 않는 마음의 힘을 얻게 될 것이며, 영혼의 아름다움을 지니게 됩니다. 하늘이 내린 영감으로 충만한 시적인 영혼을 가지게 되고, 생명과 빛의 가치를 창조하는 일에 힘을 낼 수 있습니다. 이름 없는 야생초 하나를 보고도 생명의 비밀을 깨닫고, 스치는 바람 소리에도 하나님의 목소리를 들을 수 있습니다.

한두 줄의 단순한 창세기의 이 이야기가 부디, 우리 인생과 역사에 얼마나 큰 영감을 불러일으키는지 평생을 통해 늘 새롭게 깨닫는 시간이 주어지면 좋겠습니다. 매 순간 하나님이 불어넣어주시는 생명의 기력에 힘입는 기쁨이 가득 차게 됩니다. 그러다보면 '태초의 탄생'이 다름 아닌 우리 자신의 것이 되어갈 것입니다.

1

¹ 태초에 하나님이 천지를
창조하셨다. ² 땅이 혼돈하고
공허하며, 어둠이 깊음 위에 있고,
하나님의 영은 물 위에 움직이고 계셨다.
³ 하나님이 말씀하시기를 "빛이 생겨라"
하시니, 빛이 생겼다.
⁴ 그 빛이 하나님 보시기에 좋았다.

2 생명의 터

창세기 1장 4절-25절, 2장 1절-3절

준비하시는 하나님

성서를 묵상해보면 뜻 깊은 이야기들이 참 많습니다. 단어 하나에도 담겨진 사연들이 천 갈래 만 갈래입니다 '드디어'나 '아직도'라는 단어만 봐도 단순하지 않습니다. 인생이란 어찌 보면, '드디어'와 '마침내'라는 말을 하고 싶어서 사는지도 모르겠습니다. 우리는 여러 힘겨운 고비를 지나 '마침내' 놀라운 감격과 만나고 싶어 그토록 열심히 노력하는 게 아닐까요? 무언가 이루어지기를 오랫동안 기다리는 일이 있다면 '아직도'라는 말은 가슴을 답답하게 하는 반면 '드디어'나 '마침내'는 막혔던 무엇이 터지는 그런 느낌을 주지 않습니까? '여전히'라든가, '아직도'라든가 하는 현실에서부터 그걸 돌파하고 싶어하는 사람들의 갈망을 실현시켜나갈 길이 바로 성서에 증언되어 있습니다. '하나님의 준비'를 아는 것은 그리로 가는 길입니다.

창세기 1장의 4절 중간부터 25절까지는 인간이 만들어지기 전의 일들을 기록하고 있습니다. 한마디로 우주가 창조되지요. 낮과 밤이 생겨 하루가 정해지며 하늘과 땅과 물이 생겨나고, 그 땅과 물에서는 생물들이 번성하고, 하늘에서는 별이 반짝입니다. 왜 이런 이야기가 펼쳐질까요? 하나님께서 인간을 위해 필요한 환경을 '앞서 준비하신다'는 것을 말해줍니다. 이것은 성서 전체를 일관하는 원칙입니다. 인간은 자신의 미래를 염려하나 하나님은 그 두려움을 뛰어넘는 섭리로 언제나 예비하십니다. 하나님께서는 마실 물도, 먹을 음식도, 쉴 거처도 얻기 어려운 지경에 인간을 아무렇게나 방치하는 분이 아니시지요.

에덴동산을 봅시다. 하나님은 아담 한 사람을 위해 얼마나 많은 사랑을 쏟아 부었는지 알 수 있습니다. 오로지 그만을 위해 아름다운 정원을 가꾸고, 맑은 시내가 흐르는 곳으로 이끌어주는 멋진 일을 기획합니다. 숲에는 아름다운 꽃들과 생기 가득한 나무들이 들어차 있고, 밤하늘엔 별들이 하얗게 쏟아집니다. 창세기의 자연계 창조과정이란 바로 이렇게 우리를 향한 하나님의 놀라운 프러포즈입니다.

이 모든 것이 나와 관련 있음을 알면 세상은 소중해집니다. 땅과 하늘, 바다와 온갖 생물들의 창조 과정을 보면 하나님께서 하나하나 단계를 밟아 인간의 삶을 위해 미리 준비하신 것을 목격하게 됩니다. 말하자면 하나님께서는 '생명의 터'를 마련해주셨습니다. 사람이 살아가는 데 마땅히 필요한 환경을 만들고, 그것이 다 준비되었다고 여기고, 바로 그때 인간을 초대하신 겁니다.

하루라는 시간의 의미

애초에 창조된 빛은 그대로 있지 않았습니다. 그것은 서로 대조되는 성격의 시간 또는 공간으로 나뉘게 됩니다.

> 하나님이 빛과 어두움을 나누셔서, 빛을 낮이라고 하시고, 어두움을 밤이라고 하셨다. 창세기 1: 4-5

하나님께서 혼돈과 어둠, 허무를 뚫고 빛을 창조하시고는 또다시 빛과 어두움으로 나누시다니 어찌된 일일까요? 이 빛에서 분리되어나간 어둠과 본래 있던 어둠은 어떤 차이가 있을까요? "다시는 빛이 없다"고 했을 때 그 어둠은 끔찍합니다. 그런 어둠은 영원히 빠져나갈 수 없는 감옥입니다. 어둠 뒤에 빛이 오리라는 기대를 할 수 없기 때문입니다. 그러나 "이 어둠이 지나가면 빛은 온다"고 했을 때의 그 어둠은 소중합니다. 창조 이전에 빛이 전제되지 않은 조건에서의 어둠이란 절망이지만, 빛이 올 것이라고 했을 때의 그 어둠은 새로운 가치를 지닙니다. '빛이 전제된 어둠'과 '빛을 꿈꿀 수 없는 어둠'은 다를 수밖에 없습니다.

빛의 도래가 약속된 어둠은 희망이 있으며, 영원한 어둠과 구별됩니다. 달리 말해 '빛으로 이어지는 어둠'이라는 의미와 가치가 생겨납니다. 마치 그것은 빛을 태어나게 하는 어둠처럼 여겨지기까지 합니다. 여기서 다시 하나님의 창조란 존재의 창조를 넘어 가치의 창조라는 사실에 주목할 필요가 있습니다. 존재 자체가 가치를 지니게 되는 것이 하나님의 창조입니다. 이렇게 그 의미와 가치가 달라지니까 그냥 버리고 말 어둠이 아니라 귀중하다는 각성이 일어납니다.

어둠을 통과하면 빛은 온다고 했을 때 그 어둠은 막연한 기다림이 아니라 쉬기도 하고 생각도 하며 고뇌를 이겨내는 인내심도 기르고 내일의 희망을 꿈꾸는 시간으로 바뀌지요. 빛이 탄생하기 이전의 어둠은 그저 어둠일 뿐이었는데, 이제는 어둠조차 새로운 의미를 얻게 되었다는 것입니다. 캄캄한 밤이 새로운 가치를 지니게 된 것이지요.

또 하나 흥미로운 사실이 있습니다. 하루가 지나는 것을 우리는 보통 어떻게 표현합니까? "아침이 오고 밤이 지나니 하루가 됐다"라고 얘기하지 않나요? 그런데 성서는 그 표현방식이 특별합니다.

저녁이 되고 아침이 되니, 하루가 지났다.창세기 1: 5

빛을 나누어 낮과 밤으로 만드신 것은 시간의 흐름을 생기게 한 사건입니다. 그 흐름의 의미가 새롭게 만들어집니다. 아침의 역할과 밤의 역할이 다르지요. 만일 사람들이 아무리 밤에 휴식을 하고 싶어도 새로운 빛의 아침이 오지 않는다면 그 밤은 고단하고 절망적일 것입니다. 어둠은 빛을 전제로 할 때 새로운 가치를 얻는다는 창조의 원칙이 현실에서 성립되어야 합니다. 그래서 아침이 온 것을 확인해야만 비로소 하루가 완결됩니다. 이런 까닭에, 하루의 개념을 규정하고 계산하는 방법이 달라지는 것이지요.

"아침이 오면 새로운 시간이 시작될 거야" 하는 희망을 품고 잠드는 사람과, "과연 내게 빛이 존재할까? 새로운 내일이 올 수 있을까?" 하고 회의하며 잠드는 사람은 서로 다른 의미의 하루를 살게 됩니다. 창세기는 '하루의 완성'이란 이렇게 어두운 저녁에 휴식을 취하고 새 아침이 오는 것을 경험할 때에 이루어진다고 말합니다. 아침이 열리고 저녁이 되니 하루가 마무리되었다는 것이 아닙니다. 아무리 곤고한 어둠의 시간을 보내고 있어도 결실의 아침을 맞으면 그 하루가 온전한 의미를 얻는다는 성찰이 담겨 있습니다. 그때 하루는 마침내 완성되는 것이고, 그 사람에게는 이 하루의 의미가 각별해집니다. 우리의 인생도 그렇게, 밤에서 아침으로 마무리되어갈 때 하루에 대한 감사가 생겨납니다. 궁극적으로는 육신의 죽음이 어둠이 아니라 영원히 새로운 아침을 맞이하는 시간의 통로가 된다면, 그 인생은 완성의 축복을 얻게 될 것입니다.

그러기에 창세기는 시간이 지났다는 말로 그 흐름을 표현하지 않습니다. 대신 시간의 의미가 살아날 때, 아침과 저녁으로 이루어진 하루가 자기 모습을 확실하게 드러낸다고 말하고 있습니다. 어둠으로 끝나는 것이 아니라 밝음으로 마치는 것이 하루의 시간적 가치라고 가르칩니다.

내일에 대한 기대감을 갖고 잠을 청하는 사람은 밤의 시간이 이미 미래의 시간으로 전환됩니다. 성찰의 밤을 보내고 아침을 기다리는 마음이 우리의 삶을 아름답고 활기차게 만드는 혼의 본질이기도 합니다. 시간을 역사로 확대시켜보면 그 뜻은 더욱 깊어집니다. 아침의 시대를 갈망하는 사회는 역사의 진보를 이룰 수 있습니다.

축복을 받기 위해 태어나다

생명체의 창조 절차도 하나하나 세세히 보면 놀라운 장면들로 가득합니다. 땅을 향해 "땅아! 푸른 움을 한번 내지 않겠니?"라고 하자 여기저기서 싹들이 마구 올라오지요. 꽃이 피고 온갖 식물들이 자라납니다. 다시 땅에게 생물을 있는 대로 내놓으라고 명하자 기린도 지나가고, 코끼리와 사자도 지나갑니다.

하나님이 말씀하시기를 "땅은 푸른 움을 돋아나게 하여라. 씨를 맺는 식물과 씨 있는 열매를 맺는 나무가 그 종류대로 땅 위에서 돋아나게 하여라" 하시니, 그대로 되었다. 땅은 푸른 움을 돋아나게 하고, 씨를 맺는 식물은 그 종류대로 나게 하고, 씨 있는 열매를 맺는 나무를 그 종류대로 돋아나게 하였다. 하나님 보시기에 좋았다. 저녁이 되고 아침이 되니, 사흘날이 지났다.
창세기 1: 11-13

하나님이 말씀하시기를 "땅은 생물을 그 종류대로 내어라. 집짐승과 기어다니는 것과 들짐승을 그 종류대로 내어라" 하시니, 그대로 되었다. 하나님이 들짐승을 그 종류대로, 집짐승도 그 종류대로, 들에 사는 모든 길짐승도 그 종류대로 만드셨다. 하나님 보시기에 좋았다. 창세기 1: 24-25

물에는 수중생물들이 번성하게 하십니다. 땅과 물, 모두 생명이 탄생하고 살아가는 자리입니다. 태초 이전에도 존재했던 땅과 물이 전혀 새로운 가치와 능력을 얻었지요.

하나님이 말씀하시기를 "물은 생물을 번성하게 하고, 새들은 땅 위 하늘 창공으로 날아다녀라" 하셨다. 하나님이 커다란 바다짐승들과 물에서 번성하는 움직이는 모든 생물을 그 종류대로 창조하시고, 날개 달린 모든 새를

그 종류대로 창조하셨다. 하나님 보시기에 좋았다. 창세기 1: 20-21

하나님은 이렇게 땅과 물에 생명의 기운이 가득 차게 하셨습니다. 인간을 둘러싼 생태계 전체가 하나님의 생명 그 자체입니다. 자연이 곧 하나님의 마음과 뜻을 담고 있으니, 그 자연을 대하는 인간의 자세가 어떠해야 할지 확연해집니다. 또한 하늘에는 별이 반짝이고 달이 뜨고, 그렇게 생명에너지가 나오게 하셨습니다. 태양과 땅과 물이 있어야 식물도 자라고 사람도 살 수 있겠지요.

하나님이 말씀하시기를 "하늘 창공에 빛나는 것들이 생겨서, 낮과 밤을 가르고 계절과 날과 해를 나타내는 표가 되어라. 또 하늘 창공에 있는 빛나는 것들은 땅을 환히 비추어라" 하시니, 그대로 되었다. 하나님이 두 큰 빛을 만드시고, 둘 가운데서 큰 빛으로는 낮을 다스리게 하시고, 작은 빛으로는 밤을 다스리게 하셨다. 또 별들도 만드셨다. 하나님이 빛나는 것들을 하늘 창공에 두시고 땅을 비추게 하시고 낮과 밤을 다스리게 하시며, 빛과 어둠을 가르게 하셨다. 하나님 보시기에 좋았다. 저녁이 되고 아침이 되니, 나흘날이 지났다. 창세기 1: 14-19

이렇게 생명의 토대가 되는 모든 준비를 하신 다음 그 모든 것이 하나님이 원하시는 대로 생명의 힘을 갖게 하셨습니다. 자연은 생명 자체가 되었습니다. 오늘날 자연과 환경을 지켜낸다고 하는 것은 사실은 창조의 시간부터 존재해온 생명의 숨결을 지키는 것과 같습니다. 자연을 훼손하면 거기에서 태어나야 할 존재가 태어나지 못하고 살아가야 할 존재들이 제대로 살아갈 수 없습니다. 생명의 체계를 온전히 지켜내는 일은 그래서 소중합니다. 땅과 물이 모든 생명체를 내게 한 다음에 하나님이 하신 일이 있습니다. 그 생명체를 축복하신 것입니다.

> 하나님이 이것들에게 복을 베푸시면서 말씀하시기를 "생육하고 번성하여 여러 바닷물에 충만하여라. 새들도 땅 위에서 번성하여라" 하셨다. 저녁이 되고 아침이 되니, 닷샛날이 지났다. 창세기 1: 22-23

말씀으로 생명을 가진 존재를 태어나게 하시고 그 존재를 향해 축복하십니다. 하나님이 번성하라고 축복하시는데, 그 뜻을 새기면 모든 생명체는 그냥 태어나는 것이 아니고 축복을 받기 위해 태어난다는 사실을 확인하게 됩니다. 축복의 삶이 곧 생명체의 존재 의미이지요.

축복이 과연 무엇인가에 대해서 좀더 생각해봐야 되겠지만 하나님의 축복을 받고 그 기운으로 사는 것이 모든 생명체의 행복이 아닐까요? 아이가 태어나면 "좋은 생각하고 건강하게 자라라. 사랑받고 살아라" 이렇게 늘 말하며 쓰다듬고 예뻐하지 않습니까? 이렇게 축복하면 그 기운을 받아 자라나고 살아가게 됩니다. 반면에, "너는 왜 그 모양이냐?" 하고 핀잔을 주고 야단을 치면 생명의 힘이 무너져갑니다. 그런 까닭에 우리도 모든 생명체를 축복하시는 하나님을 본받아야 합니다. 축복의 언어를 주고받는 사회는 인생을 희망적으로 만들고 역사를 발전케 하는 법입니다. 축복의 에너지를 받을 때 모든 존재는 건강하고 아름답게 자랍니다. 또한 다른 존재에게도 생명의 에너지를 나눠줄 수 있습니다. 그렇지 않으면 뭘 해도 자기뿐만 아니라 상대방도 힘들게 합니다.

하루하루 절차 속에 담긴 정성

창세기의 창조과정에서 흔히 드는 의문 하나는 하나님께서 6일 동안 천지를 만드셨다고 하는 대목입니다. 이 6일간의 하루하루가 우리가 현실에서 경험하는 하루하루인가, 아니면 천 년 이천 년, 또는 잠깐의 순간을 하루라고 표현한 것일까 하는 질문이 생길 수 있습니다. 그 하루의 단위를 무엇으로 측정한 것인지 성서를 아무리 들여다봐도 답이 나오지 않습니다. 하루 24시간이라고 따지는 식이었는지 아니면 다른 방식이었는지 알 수 없다는 것입니다. 성서는 그에 대해 관심을 나타내지 않습니다. 사실 따지고 보면 시간이 짧거나 길거나 그 어느 쪽이라도 하나님의 시간으로는 찰나이지 않을까요. 객관적인 시간의 길이를 아는 것에 그다지 의미를 둘 필요는 없습니다.

또 하나 의문은, 그 하루가 얼마나 길고 짧았는지 알 수는 없지만, 전지전능하시다는 하나님께서 창조에 과연 6일이나 걸려야 했나 하는 점입니다. 손 한번 딱 치면 끝나지 않을까요? 눈 한번 깜빡거리시면 다 되는 것 아니겠습니까? 그런데 성서는 창조에 6일이나 걸렸다는 시간의 길이에 주목하자는 것이 아니라 엿새 동안의 하루하루 과정에 담긴 뜻을 깨우치라고 말하고 있습니다. 하나님조차도 하루를 다 바쳐 창조하신 사건의 의미를 새삼 느낄 필요가 있다는 것입니다. 우리는 "내가 이걸 하느라 하루 온종일 걸렸어"라고 얘기할 때가 있습니다. 그때의 하루는 24시간 전체를 뜻하기보다는, 엄청난 노력과 가치를 부여한 시간의 의미를 강조한 말이지요. 하루를 바쳤다는 얘기는 그만한 시간과 노력이 들었다가 아니라 그만한 가치를 지닌 것이다. 즉 '가치의 차원'을 깨닫게 하는 표현입니다. 하나님께서는 "내가 이렇게 가치를 두고 하나하나 소중하게 만든 거야"라는 얘기를 하고 싶으신 겁니다. 뿐만 아니라 창조에는 '절차'가 있지요. 큰 것을 만들어놓은 다음에 하나씩 구체적인 환경을 조성하고 생물체가 살아갈 수 있도록 해주신 것 아닙니까? 만약 이러한 절차를 무시하면 모든 것이 뒤죽박죽이 돼버리고 말겠지요. 그래서 순서와 절차에 들이는 정성이 소중합니다. 그 하루하루가 다 그 자체로 의미를 지니게 됩니다. 그런 절차의 가치에 눈뜨면 결과에 대한 가치평가도 달라집니다. 하루하루 정성을 다한 하나님의 "사랑의 노동"이 만들어낸 작품이 우주이며 우리 자신입니다.

그로써 모든 피조물에는 독자적인 날이 있다는 것, 그건 다른 것들이 생겨나는 날과 겹쳐서 공장에서 대량으로 생산해낸 것이 아니라는 뜻입니다. 물의 날, 땅의 날, 하늘의 날, 숲의 날, 그렇게 각자 태어난 고유의 날이 있습니다. 각기 존재의 탄생 시간이 따로 있는 하나님의 작품이라고 할 수 있습니다. 오랜 내공을 가진 장인이 만들어낸 개성 있는 예술품을 떠올리면 쉽게 이해할 수 있을 거예요. 모든 것은 그 자체로서 독자적 가치를 가지고 있습니다.

생명체를 창조하신 후 하나님은 매우 흐뭇해하십니다.

하나님이 들짐승을 그 종류대로, 집짐승도 그 종류대로, 들에 사는 모든 길짐승도 그 종류대로 만드셨다. 하나님 보시기에 좋았다. 창세기 1: 25

사람들은 이런 질문을 던지기도 합니다. 창조된 생물체들을 향해 하나님은 "보시기에 좋았다"라고 하셨는데, 과연 정말 그렇게 보일까? 바퀴

벌레, 모기와 같이 사람들이 혐오하는 곤충은 왜 만드셨을까, 사람에게 해를 끼치는 쥐는 왜 있을까? 이럴 때 우리는 모든 생명체가 서로 연관해서 살게 되어 있음을 기억할 필요가 있습니다. 먹이사슬처럼 생각되는 부분도 있지만 서로가 서로에게 의미 있는 거대한 관계의 그물망 속에서 살게 되어 있습니다. 그것이 생명의 존재방식입니다.

예를 하나 들어보지요. 나비란 나비는 모두 모아서 잘 키우고 싶은 마을이 있었는데, 그 마을 숲에 나비가 좋아하는 꽃과 식물들을 심고 사람들이나 다른 동물들은 일체 들어가지 못하게 했습니다. 그러자 이상하게도 나비의 개체수가 점점 줄어드는 겁니다. 예상치도 못한 문제에 부딪친 마을 사람들은 아무리 생각을 해도 그 원인을 알아내지 못했습니다. 결국 동물학자와 생물학자를 불러 이 지역에 대한 연구를 하도록 했더니 중요한 것을 발견하게 되었습니다.

아무도 들어가지 못하게 하니까 수풀이 잔뜩 우거져서 빛을 충분히 받지 못하는 식물군이 생겨나고, 거기에 서식할 만한 곤충들의 근거지가 결국 무너지게 된 겁니다. 그러다보니 필요한 생태계의 조건이 확보되지 않고 그 결과 나비가 좋아하는 꽃이나 기타 식물들이 잘 자라지 못하면서 나비도 번식능력이 약해지게 되었지요. 생명의 순리대로 한다면 울타리를 쳐서 보호는 하되 동물도 들어가게 하고, 사람의 발자취도 나게 하고, 곤충이나 생물체가 살 수 있는 환경이 제대로 돼 있는지도 보면서 서로가 맞물려 돌아가게끔 해주어야 합니다.

인간은 자기가 좋아하거나 싫어하는 것이 따로 있지만, 다른 생명체들에게는 바퀴벌레나 모기도 있어야 하고, 꿀벌도 있어야 합니다. 바로 그렇게 각기 생명체가 지닌 의미나 가치, 역할이 어우러져서 자연의 생명체계를 이루어냅니다. 하나님이 창조하신 모든 만물은 그 자체로서 가치를 지닌 주체적 존재임을 다시금 깨우칠 필요가 있습니다.

창조적인 노동과 휴식

모든 생명체는 각기 우리가 알지 못하는 사이에 제 역할을 하며 거대한 하나의 생명체계를 만들어갑니다. 각 생명체는 살 수 있는 에너지를 만들어내지요. 또한 생명은 서로 관계를 맺으면서 자신을 유지하고 상대의 성장을 돕습니다. 이런 조화가 이루어질 때 하나님이 원하시는 생명의 에너지가 지속적으로 뿜어져 나오게 됩니다. 산에 뱀을 모두 없앴더니 쥐가 들끓었다는 식의 이야기도 생태계의 조화를 사람의 싫고 좋음의 기준으로 파괴하면 그 폐해는 결국 인간에게 돌아온다는 것을 말합니다.

이제 하나님이 6일의 창조과정을 마치고 7일째 안식하셨다는 의미에 대해 살펴보지요.

하나님은 하늘과 땅과 그 가운데 있는 모든 것을 다 이루셨다. 하나님은 하시던 일을 엿샛날까지 다 마치시고, 이렛날에는 하시던 모든 일에서 손을 떼고 쉬셨다. 이렛날에 하나님이 창조하시던 모든 일에서 손을 떼고 쉬셨으므로, 하나님은 그날을 복되게 하시고 거룩하게 하셨다. 창세기 2: 1-3

주 5일제 시행 초기에 일부 기독교 지도자들 가운데는 이를 성서의 정신과 맞지 않다고 반발하기도 했습니다. 하나님도 6일 동안 일하고 7일째 쉬셨는데 인간이 5일만 일하고 이틀씩이나 쉬는 것은 성서의 정신에

어긋난다는 논리였습니다. 이 문제는 노동을 어떻게 이해하고 받아들이는가와 관련이 있습니다. 노동이 인간의 자기실현을 위한 시간이 되지 못하고, 육체와 영혼을 시들게 하는 고된 시간이라면 거기에서 한시라도 빨리 벗어나야 하기 때문입니다.

인간은 언제나 그럴 수 없다 해도 하나님의 노동은 모두 창조적인 기쁨의 노동입니다. 그런데 하나님조차도 이 놀라운 창조적인 노동을 하시면서 단 하루를 평안한 날로 만드셨는데, 하물며 인간은 말해 뭐하겠습니까? 게다가 모든 사람들이 6일 동안 한결같이 창조적인 노동을 하며 사는 것도 아닙니다. 극소수의 경우에 6일 동안 언제나 하고 싶은 일을 신나게 하는 사람도 있겠지만 대부분은 땀을 흘리며 고되게 일을 합니다. 그러면 정말 더 많은 휴식이 필요하지 않을까요? 그런 경우 어쩌면 5일 일하고 2일 쉬는 것으로도 부족할 수 있습니다. 휴식은 2일이다, 1일이다 하는 식으로 정하는 것이 아니고 필요한 만큼 쉬면 제일 좋겠지요. 한편 쉬고 싶어도 못 쉬는 생활형편이 어려운 사람도 있습니다. 이런 사람들의 문제를 우리 사회가 어떻게 해결해낼 것인가 하는 것도 중요한 과제입니다. 다섯 개의 보리떡과 두 마리의 마른 생선으로 풍성한 식량을 만드신 '오병이어'五餅二漁의 기적사건에서 예수님은 각자의 필요에 따라 식량을 나누어주셨습니다. 마찬가지로 쉴 필요가 있는 만큼 쉬는 게 하나님의 원칙이 아닐까요? 그래야 생명이 힘을 가지게 됩니다.

안식일의 의미

7일째의 안식은 그런 정신의 표현입니다. 하나님은 자신이 지으신 생명이 쉼을 통해 새로운 삶으로 나아갈 수 있는 힘을 얻기를 바라십니다. 하나님은 휴식을 절대 기준으로 만들어주심으로써 우리의 생명을 지켜주려 하십니다. 하나님이 주신 생명을 건강하게 지키고 피어나게 하는 것은 우리의 책임과 의무이자 권리이기도 합니다. 극단적으로 말하면, 어떤 사람은 단 하루도 쉬지 않고 잠도 자지 않고 열흘을 줄곧 일하면서 살아도 괜찮을지 모르겠어요. 그러나 중요한 것은 자신의 내부에 존재하는 생명의 리듬에 귀를 기울이는 일입니다. 그것은 우리의 몸, 우리의 생명에 대한 하나님의 음성을 듣는 것과 같습니다.

예수께서는 안식일에 사람들을 고치고 구하는 일에 대해 당시에 유대인들이 습관적으로 묶여 이를 거부하는 것을 보면서 안타까워하셨습니다. 안식일에는 아무것도 하지 말라고 하니까 생명을 구하는 일도 하려 들지 않았던 겁니다. 그러니 안식일에 주어져야 할 생명의 기력이 도리어 손상되는 현실을 보고만 계실 수가 없으셨습니다. 그래서 굳이 안식일이 하루 지나서 내일 고쳐도 되는 사람은 꼭 그날 고치시고, 당장에 고칠 필요가 있는 사람은 며칠 있다가 고치시는 식으로 제자들이 이해가 안 가는 일을 벌이셨습니다. 그런 상황에서 제자들이 "선생님, 안식일 자꾸 건드리면 안 됩니다. 민감한 문제이고, 선교에도 지장이 있어요"라고 생각했을 수도 있습니다. 그런데 예수님은 안식일에 사람을 고치는 것만이 목적이 아니었습니다. 자유롭고 생명의 기운이 가득찬 감사의 시간으로 만들지 않는 것을 문제 삼으셨지요. "안식일을 통해서 사람들의 생명이 회복되는 놀라운 일을 해야 하는데 가로막고 있다니, 이건 분명 문제가 있어, 바꾸어야 돼"라고 하신 거지요. 병든 사람도 고치고, 그걸 고칠 수 있는 생명의 시간도 확보하자, 안식일에 대한 부정이나 부인이 아니라 안식일의 가치를 제대로 지키고 일으켜 세우자는 것이었습니다.

여섯 날의 창조적인 노동이라고 하는 것도 하나님이 땀을 뻘뻘 흘리면서 했다고 되어 있지 않습니다. 사랑으로 기쁘게 하셨고 그 결과에 대해 흡족해하시면서 거기에 살아갈 인간의 창조에 한 발 한 발 다가가셨습니다. 우리 자신의 경험을 통해봐도, 그 노동이 아주 고되더라도 누군가를 위해서 기쁜 마음으로 하는 사람은 고통스러운 노동으로 여기지 않으며, 피로도 없고 지치지도 않습니다. 그렇지 않은 경우에는 별 것 아닌 일도 힘들어집니다. 단 10분이 지나가는 것도 지겨워집니다. 정말 사랑으로 하는 일은, 시간이 언제 지나갔는지도 모르게 활력적으로 할 수 있지요. 이런 노동에 기쁨이 있습니다. 하지만 아무리 그렇더라도 적어도 일주일에 하루는 휴식의 시간, 평화의 시간으로 따로 떼어놓고, 분주했던 생활에서 벗어나 하나님과 깊은 대화를 통해 정신도 맑게 하고 육체의 기력도 회복하는 시간으로 마련해놓아야 합니다. 안식일의 의미가 여기에 있습니다. 하나님은 안식일에 대해 우리에게 이렇게 말씀하고 계십니다.

"이것은 우선권을 가지는 일이다. 이것을 가볍게 여기고 살아가면 어느 날 곤고함이 쌓이고 쌓여 네가 쓰러질지도 몰라."

6일의 과정 동안 가급적 기쁘고 즐거운 일들을 하면서 살 수 있기를 바랍니다. 자신과 타인에게 기쁘고, 생명이 움트게 하는 일들로 보람 있는 인생을 살기를 기원합니다. 하루하루의 가치에 눈뜨면 주어진 휴식의 의미와 가치도 감사히 여기게 됩니다. 그러자면 현실에서 노동의 시간과 내용이 바뀌고 그럴 수 있는 사회적 변화가 전반적으로 일어나야 합니다. 노동의 창조적 가치를 회복하는 것은 성서의 정신에 따르는 일이기도 하고, 인간의 진정한 발전을 위해 반드시 요구되는 일입니다. 따라서 이를 목표로 하는 사회운동의 성장도 필요해집니다. 생명을 존중하지 않고 기계처럼 부리는 자본주의 사회의 경영방식에 대해 짚어봐야 하는 것이지요. 사실 생계를 위한 힘든 노동에 시간을 바쳐야 하는 현실이기에 휴식의 시간이 가급적 많이 주어지고 그 시간에 창조적이고 생명력 있는 일과 가난한 이웃을 위해 헌신하는 기회가 좀더 많이 주어지는 것이 하나님의 본래 뜻에 맞습니다.

하나님이 땅과 들판을 향해서 푸른 움을 내라, 푸른 싹을 내라고 하신 대목은 단지 그 대지에만 하신 말씀이 아닙니다. 그런 땅과 물, 또는 우주가 나의 영혼을 상징해주고 있다면 그 사람의 '마음의 땅'에서 푸른 싹이 움터 울창한 숲이 되고 생명이 태어나는 셈이 됩니다. 하나님의 축복은 우리의 영혼에 그런 우주가 만들어지게 해주십니다. 그리되면 마음이 바다같이 깊고 넓으며, 그 영혼은 푸른 풀밭이 되고 가슴에는 별이 반짝이는 사람이 되겠지요.

하나님은 시인이며, 창조적 예술가이십니다. 하나님과 생명의 관계를 맺고 살아가는 사람은 당연히 아름다움을 창조하는 능력을 얻게 됩니다. 인간은 그렇게 해서 존재하고 성숙해나갑니다. 온 우주의 아름다움이 이렇게 해서 태어나고, 그 아름다움이 우리에게 힘이 된다는 걸 깨우치면, 지금의 이 세상도 그런 믿음으로 아름답게 만들어나갈 수 있습니다. 하나님은 이 세상에, 그리고 우리의 영혼에 그렇게 생명의 터를 만들어가십니다. 그런 과정에서 우리 마음과 영혼이 곧 생명을 낳는 자리가 되며, 그걸 길러내는 능력이 매일 자라나게 될 것입니다.

1 ⁴ 하나님이 빛과 어두움을 나누셔서, ⁵ 빛을 낮이라고 하시고, 어둠을 밤이라고 하셨다. 저녁이 되고 아침이 되니, 하루가 지났다.

⁶ 하나님이 말씀하시기를 "물 한 가운데 창공이 생겨, 물과 물 사이가 갈라져라" 하셨다. ⁷ 하나님이 이처럼 창공을 만드시고서, 물을 창공 아래에 있는 물과 창공 위에 있는 물로 나누시니, 그대로 되었다.

⁸ 하나님이 창공을 하늘이라고 하셨다. 저녁이 되고 아침이 되니, 이튿날이 지났다.

⁹ 하나님이 말씀하시기를 "하늘 아래에 있는 물은 한 곳으로 모이고, 뭍은 드러나거라" 하시니, 그대로 되었다.

¹⁰ 하나님이 뭍을 땅이라고 하시고, 모인 물을 바다라고 하셨다. 하나님 보시기에 좋았다.

¹¹ 하나님이 말씀하시기를 "땅은 푸른 움을 돋아나게 하여라. 씨를 맺는 식물과 씨 있는 열매를 맺는 나무가 그 종류대로 땅 위에서 돋아나게 하여라" 하시니, 그대로 되었다. ¹² 땅은 푸른 움을 돋아나게 하고, 씨를 맺는 식물은 그 종류대로 나게 하고, 씨 있는 열매를 맺는 나무를 그 종류대로 돋아나게 하였다. 하나님 보시기에 좋았다. ¹³ 저녁이 되고 아침이 되니, 사흗날이 지났다.

¹⁴ 하나님이 말씀하시기를 "하늘 창공에 빛나는 것들이 생겨서, 낮과 밤을 가르고, 계절과 날과 해를 나타내는 표가 되어라. ¹⁵ 또 하늘 창공에 있는 빛나는 것들은 땅을 환히 비추어라" 하시니, 그대로 되었다.

¹⁶ 하나님이 두 큰 빛을 만드시고, 둘 가운데서 큰 빛으로는 낮을 다스리게 하시고, 작은 빛으로는 밤을 다스리게 하셨다. 또 별들도 만드셨다. ¹⁷ 하나님이 빛나는 것들을 하늘 창공에 두시고 땅을 비추게 하시고, ¹⁸ 낮과 밤을 다스리게 하시며, 빛과 어둠을 가르게 하셨다. 하나님 보시기에 좋았다. ¹⁹ 저녁이 되고 아침이 되니, 나흘날이 지났다.

²⁰ 하나님이 말씀하시기를 "물은 생물을 번성하게 하고, 새들은 땅 위 하늘 창공으로 날아다녀라" 하셨다.

²¹ 하나님이 커다란 바다짐승들과 물에서 번성하는 움직이는 모든 생물을 그 종류대로 창조하시고, 날개 달린 모든 새를 그 종류대로 창조하셨다. 하나님 보시기에 좋았다.

²² 하나님이 이것들에게 복을 베푸시면서 말씀하시기를 "생육하고 번성하여 여러 바닷물에 충만하여라. 새들도 땅 위에서 번성하여라" 하셨다. ²³ 저녁이 되고 아침이 되니, 닷샛날이 지났다.

²⁴ 하나님이 말씀하시기를 "땅은 생물을 그 종류대로 내어라. 집짐승과 기어다니는 것과 들짐승을 그 종류대로 내어라" 하시니, 그대로 되었다.

²⁵ 하나님이 들짐승을 그 종류대로, 집짐승도 그 종류대로, 들에 사는 모든

길짐승도 그 종류대로 만드셨다.
하나님 보시기에 좋았다.

2 ¹ 하나님은 하늘과 땅과 그 가운데
있는 모든 것을 다 이루셨다.
² 하나님은 하시던 일을 엿샛날까지 다
마치시고, 이렛날에는 하시던 모든
일에서 손을 떼고 쉬셨다. ³ 이렛날에
하나님이 창조하시던 모든 일에서 손을
떼고 쉬셨으므로, 하나님은 그날을
복되게 하시고 거룩하게 하셨다.

3 인간은 하나님의 형상

창세기 1장 26절-28절

창조의 모델

인간의 기원에 대해 오랜 논쟁이 있어왔습니다. 성서는 인간의 창조 사건에 더하여 그 창조의 기준까지 내놓고 있는데, 그것이 도대체 무엇일까요? 이것을 해명하기 전에 잠시 인간과 다른 생명체의 창조의 차이를 눈여겨보도록 하지요. 창세기는 6일 동안의 창조과정에서 뭇 생명들이 생겨나는 것을 기록하고 있는데, 그 방식이 독특합니다. 땅을 향해 푸른 싹을 내라, 집짐승·들짐승·길짐승을 그 종류대로 내라 하시고, 바다짐승과 물에 사는 생명체 그리고 날개 달린 새는 따로 창조하십니다.

하나님이 커다란 바다짐승들과 물에서 번성하는 움직이는 모든 생물을 그 종류대로 창조하시고, 날개 달린 모든 새를 그 종류대로 창조하셨다. 하나님 보시기에 좋았다. 하나님이 이것들에게 복을 베푸시면서 말씀하시기를 "생육하고 번성하여 여러 바닷물에 충만하여라. 새들도 땅 위에서 번성하여라"

하셨다. 저녁이 되고 아침이 되니, 닷샛날이 지났다. 하나님이 말씀하시기를 "땅은 생물을 그 종류대로 내어라. 집짐승과 기어다니는 것과 들짐승을 그 종류대로 내어라" 하시니, 그대로 되었다. 하나님이 들짐승을 그 종류대로, 집짐승도 그 종류대로, 들에 사는 모든 길짐승도 그 종류대로 만드셨다. 하나님 보시기에 좋았다. 창세기 1: 21-25

그런데 사람을 만드실 때에는 이와 다른 상황이 벌어집니다. 여기에는 어떤 차이가 있을까요? 그 기준이 다릅니다. 새나 물고기, 뭇 짐승을 만들 때는, "이런저런 걸 본 따서 만들어라" 하는 이야기가 나오지 않습니다. 모델이 따로 없습니다. "땅이여, 알아서 한번 해봐"라고 하시거나 하나님이 그냥 종류대로 만드신 겁니다. 그러나 "사람만큼은 이렇게 만들자!"라고 했는데, 그 '이렇게'란 바로 '하나님의 형상대로'입니다.

"우리가 우리의 형상을 따라서, 우리의 모양대로 사람을 만들자……" 하나님이 당신의 형상대로 사람을 창조하셨으니. 창세기 1: 26-27

인간은 그 모델이 하나님이며, 당신을 닮은 인간을 세상에 내놓으시려는 것이 애초 하나님의 계획이셨습니다. 이와 관련해서 두 가지 의문이 있습니다. 우선 '하나님의 형상'이란 무엇을 뜻하는가 하는 점과 다른 하나는, 하나님은 한 분이시고 유일신이라고 하는데, 본문은 '나의' 형상을 따라서 만들자가 아니라 '우리'라는 단어를 쓰고 있다는 점입니다.

먼저 '하나님의 형상'이 무엇인지 살펴보겠습니다. 좀더 이해하기 쉽게 그리스 신화를 생각해봅시다. 거기에 등장하는 신들은 사람의 모습을 하고 있지요. 고대 그리스인들은 사람의 모습을 통해서 신화의 주인공들을 그려낸 것입니다. 사람이 신을 닮은 것이 아니라 신이 사람을 닮았으니 사람이 신의 모델이라고 할 수 있지요. 그래서 그리스 신화에 등장하는 신들은 인간과 다를 바 없는 수준에서 사랑도 하고 미워도 하며, 배신과 질투도 합니다. 신이기 때문에 인간과는 격이 다른 사랑을 한다든지, 인간이기에 가지는 미움 같은 것은 결코 생각지도 못하는 그런 수준이 아닙니다. 이런 신의 모습과 삶은 사람의 현실을 신화적으로 표현한 것이라고 할 수 있습니다. 바빌론이나 페르시아의 고대문명에 등장하는 신들 가운데에는 소의 머리, 말의 몸집을 하고 있거나 사람·소·말이 하나로 결합된 경우도 있습니다. 그것은 동물들이 가진 힘을 누군가 높은 지위에 있는 인간이 가지고 있다고 내세워 신의 모습으로 그린 결과입니다. 이 경우에는 사람이 동물을 닮아버린 꼴이고, 그것을 신이라고 생각하니 결과적으로는 인간 모독이 아닐까요?

그리스나 바빌론 또는 페르시아보다 변방에 있다고 할 수 있는 고대 히브리 사람들은 인간의 모습을 기준으로 만들어낸 신의 모습이라든가, 상상이나 실제 동물의 모습을 바탕으로 만들어진 신의 모습을 거부했습니다. 자신보다 강력한 문명체계를 가진 쪽의 생각을 수용하는 것이 인간사의 대체적인 현상인데, 왜 그랬을까요? 사람의 생각 범위 안에서 만들어지는 신은 신이 아니라고 보았기 때문입니다. 그런 것들은 어디까지나 사람이 생각하고 고안해낸 상상에 불과하지, 하나님과는 아무런 상관이 없다고 여긴 것이지요.

규정할 수 없는 하나님의 모습

하나님은 이렇게 생기셨다 하고 똑 부러지게 말할 수 있으면 좋을 텐데, 아쉽게도 성서 어디에도 그런 설명이나 묘사를 찾을 수 없습니다. 하나님을 정면으로 마주한 사람도 그것을 명확하게 서술하지 못하고 있습니다. 하나님을 어느 하나의 모습과 면모로 구체화시킬 방법이 없기 때문입니다. 하나님은 때로는 불꽃으로, 바람으로, 음성으로, 또는 신비한 능력으로 그 모습을 드러내고 있습니다. 이는 하나님이 자신을 나타내신 존재의 방식은 어느 하나로 규정할 수가 없음을 의미합니다.

모두 하나님이 자신을 드러내시는 모습이지만, 하나님 자체는 아닙니다. 우리는 흔히 하나님을 어떻게 그립니까? 산신령처럼 수염도 허옇게 나고 인자하게 미소짓는 모습으로 묘사하지요. 하나님은 처음부터 그렇게 늙으셨던 걸까요. 수염을 기르지 않은 하나님은 없나요. 하나님에게 나이라는 것이 있을까요. 하나님도 우리처럼 맨 처음에는 어린 아기로 태어났다가 시간이 흘러서 주름살도 생기고 수염도 나고 한 걸까요. 이런 식으로 하면 하나님의 형상에 대한 질문은 끝이 없습니다.

하나님은 당신이 선택하는 방식으로 이것도 저것도 되시지만, 그것을 모두 합쳤다고 하나님이 되는 것이 아니며, 하나님의 전체적인 모습은 누구도 알 수 없습니다. 인간의 지력이나 경험으로 그 일부만 감지할 뿐입니다. 반면에, 고대 문명의 신에 대한 일반적인 생각은 조형물로 표현해낼 수 있었습니다. 자기들이 경험한 최고 최대가 곧 신입니다. 그 사회의 최고 권력자도 신으로 떠받들었습니다. 알렉산드로스도 고대 페르시아 제국을 모두 정복하면서 자신을 신으로 숭배하기를 원했습니다.

그런 권력자의 요구는 당시로서는 이상한 일이 아니었고 왕을 신적 존재로 높이는 것이 그 나라의 영광스러운 조처이기까지 했습니다. 그렇게 하면 신이 직접 다스리는 나라인 셈이 됩니다. 그래서 이들의 인간적 형상을 돈이나 건물 등에 새겨서 그 앞에 머리를 숙이고 온갖 좋은 것을 바치면서 숭배했지요. 하지만 그들의 신은, 그들의 경험에서 한 치도 벗어나지 못합니다. 신이 인간의 경험에 묶여 있으면 이미 신이 아닙니다. 인간적 차원을 초월하지 않으면 신이라고 할 수 없기 때문입니다.

형상이 닮았다는 것

바빌론 제국의 노예였던 히브리 백성들은 지배자들이 신이라고 내세우는 존재들을 매일 접하며 그 기세에 일단 압도당할 수밖에 없었을 겁니다. "아, 이렇게 위압적인 자들 앞에서 내가 믿는 신이 강하다고 주장할 수가 있을까?" 하며 열패감에 사로잡혔습니다. 그들처럼 구체적인 형상으로 하나님을 만들어서 보여준다면 또 모르겠지만, 그러자면 더 크고 강한 모습으로 형상화시켜야 했을 것이고 그것은 이들의 형편상 불가능했습니다. 뿐만 아니라 자신들이 믿고 있는 하나님을 어떤 고정된 모습으로 표현하는 것은 애초부터 이들의 신앙관이 아니었습니다. 하나님은 어떤 고정된 형상 이상의 존재이시기 때문입니다.

또 하나 중요한 것이 있습니다. 그곳의 신이라는 존재는 자신들을 도와주기는커녕 오히려 그 신이라는 이름 아래 거대한 석상과 성채를 만들기 위해서 피땀 흘리는 노동을 강요했습니다. 그 석상들이란 이들에게는 신이 아니라 억압자들이었습니다. 이들의 삶을 공허와 어둠과 혼돈 속으로 몰아넣는 당사자였을 뿐이지요. 이들은 이런 현실에 반발합니다. 영적으로 맹렬하게 반격하고 나선 것입니다. 그렇지만 여전히 하나님의 형상은 이러한 신상들과 어떤 차이가 있는지 분명히해야 이 격전에서 패배하지 않게 됩니다. 여기서 우리는 '형상'의 의미가 무엇인가를 생각해볼 필요가 있습니다. 나사렛 예수께서는 말씀하셨습니다.

"나를 본 사람은 아버지를 본 사람이다." 요한복음 14: 9

이 말씀에서 우리는 외모가 아니라, 존재 내면의 영적 품성을 응시하라는 메시지를 듣게 됩니다. 예수님 안에 있는 사랑과 평화의 능력을 발견한다면 그것이 곧 하나님을 아는 것과 같다는 이야기입니다. 사랑하는 사람이나 존경하는 누군가를 떠올리면, 그의 외모보다 우리 가슴에 더 깊게 스며오는 것은 그 존재의 느낌, 품성, 그로써 내가 경험하는 정신적 · 정서적 감격입니다. 따라서 형상이란 구체적인 모습이기도 하지만, 그 존재가 나의 가슴을 치는 무언가를 뜻하기도 합니다. 부모가 자식을 보고 "쟤는 날 닮았어"라고 할 때, 그 말은 모습도 모습이지만 성격이나 기질, 목표를 세우는 방향이나 그 내용, 버릇이 닮았다는 의미이지요. 형상을 닮았다는 것은 그래서 생김새 이상의, 하나님의 품격 · 존엄성 · 관심 · 생각 등을 종합적으로 일컫습니다. 이와 같이 우리는 지상에 살고 있으나 영혼은 하늘에 닿아 있기에 초월적인 사고도 할 수 있으며, 하나님이 어떤 존재인지를 생각할 수가 있습니다. 사람의 존재가 곧 하나님의 발상 · 목적 · 기쁨 · 감격이 드러난 구체적인 형상이 될 수 있습니다.

창세기는 이러한 인간 존재에 놓여 있는 창조의 기준을 왜 기록하고 있을까요? 히브리 노예들은 인간 대접을 받지 못했습니다. 노예는 살아있는 도구에 불과했고 하루살이에 지나지 않으니 평생을 고생하고 비참하게 죽어도 누구 하나 상관하지 않았습니다. 힘이 없어 함부로 취급당하고 벌레처럼 멸시받는 운명에 몰리면, 사람들은 급기야 "나도 사람이야!"라는 말을 내뱉으며 절규합니다. 인간으로서의 존엄성을 지키려는 최후의 울부짖음입니다. 이 창세기의 대국은 그것을 넘어서 있습니다. "나도 사람이야" 정도가 아니라 "나는 하나님의 형상을 받은 그런 수준의 존재야"라는 겁니다. 하나님의 품격과 존엄성을 가지고 있다고 당당하게 외치고 있습니다. 존엄성의 기준은 하나님의 품성과 위상입니다. 차원이 다릅니다.

최고 권력자 정도는 되어야 신의 반열에 오를 수 있으며, 압도적인 규모의 석상쯤 되어야 신의 형상으로 떠받드는 현실에서, 이 말은 기존의 발상이나 생각에 정면으로 충돌하는 혁명적 선언입니다. 하나님이 이런 비천하고 미력한 자들 속에 계시다니? 그것은 하늘이 준 인간 존엄성의 절대적 가치를 선포하는 인류 최초의 인권선언입니다. 이런 고백을 듣고 나누는 이들의 마음에서 불꽃이 일어납니다. 자기의 존재와 인생은 아무것도 아니라고 처절하게 좌절했던 사람들이 엄청난 자존감을 확인하게 됩니다. 성서는 그렇게 인간의 내면에 하나님의 격에 이르는 가치가 있음을 깨닫게 합니다.

자존감과 자만심은 다릅니다. 자만심은 자기를 스스로 높이면서 남을 업신여기는 마음이지만, 자존감은 자신의 가치에 대한 각성입니다. 자존감이 없는 사람은 인생을 되는대로 살지단 자존감이 있는 사람은 어떤 협박이나 유혹에도 자기를 값싸게 팔지 않습니다. 자신의 소중한 가치를 스스로 허물거나 남에게 짓밟히지 않습니다. 그런 자존감을 잃고 살아왔던 사람들이 이 창조의 대목을 들으면서, 본래의 가치를 회복하고 존재의 방향을 바로잡습니다.

미국 뉴욕 브로드웨이에서 인기를 모은 뮤지컬 「라이온 킹」에는 이런 장면이 나옵니다. 왕이 될 위치에 있던 어린 사자 심바가 삼촌의 음모로 권좌에서 밀려나 방랑하며 지낼 때 죽은 아버지의 목소리가 환영 속에서 들리지요. "아들아, 네가 어떤 존재인지 잊지 말고 기억해라."Remember Who You Are 무슨 이야기입니까? "사자의 위대함을 간직하고 있는 그대의 존재가치를 깨우쳐라." 이 작품이 아프리카 대륙을 무대로 펼쳐지고 있다는 것을 떠올린다면, 무대 위의 동물들을 연기하는 배우는 물론이고, 객석에 앉아 있는 아프리카 출신 흑인들이 어떤 생각을 할지는 분명합니다. 아프리카 출신 흑인들은 오랜 세월 인종차별로 고통받으면서 자기 인생의 주인이 아니라 남의 노예로 지내왔던 사람들입니다. 이들의 자존감이 회복되는 순간, 저 광활한 아프리카 대륙의 아름다움과 그 안에서 활기차게 살아왔던 조상들의 자존감, 인간으로서의 위대한 품격이 가슴 뭉클하게 각성될 것입니다.

인간은 하나님이 주신 자존감을 회복할 때, 자기의 본래 모습을 힘 있게 지킬 수가 있습니다. 여기에서 꺾이지 않는 의지도 나오고, 무너지지 않는 희망도 나옵니다. 예수님은 제자들이 "하나님 나라는 어디에 있습니까?" 하고 묻자 "그대들 안에 있다"누가복음 17: 21라고 대답하셨습니다. 이 말은, 하나님 나라를 찾겠다고 다른 곳을 보지 말며 그대들의 영혼과 마음속에 이미 하나님께서 주신 무한한 가능성을 보라는 이야기입니다. 인간의 내적 영혼을 깊이 성찰하면 하나님과 닿아 있는 존재의 근원적 힘이 솟아나올 수 있다는 가르침입니다.

'죄인'이란 존엄한 존재로서의 자존감을 잃은 사람, 또는 그런 존엄한 존재를 짓밟는 사람입니다. 자신에게 주어진 하나님의 형상을 망각해서도 안 되며, 그런 형상을 가진 인간을 훼손하는 것 모두 죄입니다. 그런데 안타깝게도 때로는 기독교가 죄의 개념을 잘못 강조해서 자신의 존엄성을 스스로 떨어뜨리고 그렇게 위축된 자존감으로 자기를 매일 추궁하는 심리적 압박 상태에 빠지기도 합니다. 존재에 대한 자신감과 가능성의 가치에 눈뜨지 못하게 하고 종교적 교리로 사람을 죄인이라고 윽박지르고 스스로도 그렇게 생각하도록 하는 것이 곧 죄입니다. 그런 맥락에서 보면, 다른 인간을 짓밟는 것은 하나님의 존엄성을 짓밟는 것과 마찬가지입니다.

사람이 하나님의 형상을 기준으로 창조되었다는 것은, 우주 전체의 생명체 가운데에 인간에게 특별한 지위를 주셨다는 이야기입니다. 그것은 다름 아닌 '존엄성'입니다. 물론 이 말이 다른 생물체는 존엄하지 않다는 뜻도 아니며, 인간 외의 다른 생명체는 함부로 멸시해도 좋다는 것도 아닙니다. 존엄한 존재는 다른 생명체를 존중할 때 존엄한 존재입니다.

겸손한 자가 땅의 진정한 주인

하나님은 인간에게 모든 짐승들을 "다스리게 하자"고 하셨는데, 이때 다스린다고 하는 것은 지배·정복하고, 모든 생물의 주인이 되어 자기 욕망에 따라 마음대로 하라는 뜻이 아닙니다. 생물체의 창조과정에서 하나님은 물속의 생명체와 하늘을 나는 새들에게 "생육하고 번성하여 충만하라"고 축복하셨고, 뭍짐승들은 종류대로 태어나게 하셔서 "보기에 좋았다"고 하셨습니다. 이를 존중하고 지켜내는 것이 인간의 책임이고, 그것이 진정한 다스림입니다. 하나님이 말씀하신 다스림이란 생명의 세계에 대한 깊은 사랑을 전제합니다.

하나님 나라의 다스림은 지배가 아니라 어디까지나 돌봄입니다. 하나님이 전력을 다해서 만드신 생명의 세계를 맡도록 책임과 권한을 주셨다는 것은 인간의 존엄성을 입증하는 일이기도 합니다. 인간 아닌 그 어떤 존재도 그런 위상과 자격을 갖지 않았기 때문입니다. 예수께서 말씀하신 하나님 나라의 다스림, 그 뜻이 이 땅에 이루어지는 일, 즉 생명을 돌보고 살리는 일이 인간이 해야 할 과제입니다. 이런 정신에 따르면, 현실의 지도자가 다스린다는 것도 결국 백성들이 행복해지고 기쁘게 살아갈 수 있도록 보살피는 일입니다. 군림하고 호통치고 핍박하면서, 섬김 받으려는 것과는 전혀 다른 이야기이지요. 이런 존엄성을 가진 인간에게 하나님은 "땅을 정복하라"고 하셨는데 이는 어떻게 이해해야 할까요.

하나님이 그들에게 말씀하시기를 "생육하고 번성하여 땅에 충만하여라. 땅을 정복하여라. 바다의 고기와 공중의 새와 땅 위에서 살아 움직이는 모든 생물을 다스려라" 하셨다. 창세기 1: 28

한마디로 땅의 노예가 되지 말고 땅의 진정한 주인이 되라는 것이지요. 존엄한 존재로서 당연한 삶의 모습입니다. 그러나 정복자로 군림하라는 이야기가 아닙니다. 하나님은 인간에게 그 어디에서도 그렇게 말씀하신 적이 없습니다. 진정한 정복은 그 땅의 참 주인이 될 때 이루어집니다. 바빌론 제국이 그랬듯이 칼과 창으로 하는 일이 아닙니다. 땅의 참된 주인은 자신의 마음을 하나님의 마음으로 정복하고, 그 마음의 힘으로 땅의 생명을 꽃피우는 일을 하게 마련입니다. 땅을 짓밟고 피를 흘리게 하는 것은 하나님이 주신 존엄성과 맞지 않습니다. 그렇지 않아도 제국의 폭력적인 지배에 고통받고 희생되어온 이들이 그런 정복의 개념을 옳은 것으로 받아들일 리 만무합니다.

하나님은 생명에 반하는 모든 행위를 거부합니다. 생명의 주인이 될 때 하나님이 뜻하신 정복의 의미가 실현되는 것이며, 그건 하나님이 만드신 생명의 세계에 대한 주도권을 인간에게 주시겠다는 것입니다. '정복'이라는 대목이 영어로는 'dominion'이라는 단어로 번역되는데, 이는 '다스림의 주권'이라는 의미를 지닌다는 점에서 정확한 번역입니다. 여기서 주권이란 하나님에 맡겨주신 생명에 대한 책임을 전제합니다. 이걸 잘못 이해하게 되면 자연을 인간 중심의 욕망에 따라 유린하며 파괴해도 된다는 의미로 받아들이게 됩니다. '하나님 나라에서의 주도권'이라는 뜻과, '인간의 역사에서 경험하는 정복'의 의미가 서로 같다고 생각하면 오해가 생깁니다.

땅은 생명을 내는 능력을 가진 터입니다. 따라서 땅의 진정한 주인이 되는 것은 땅의 생명력과 하나가 될 때 가능해지지요. 오늘날의 땅투기는 땅의 주인이 아니라, 땅에 대한 욕망의 노예가 되는 길입니다. 땅의 가치를 짓밟는 일이며 그 진정한 생명력과 만나는 길이 아닙니다. 땅이 진정한 생명의 가치를 뿜어내도록 하는 것이 참된 주인의 자세입니다. 땅은 모든 생명체에게 먹을 것을 내놓습니다. 하나님은 인간에게 이를 먹으라고 하셨으니 땅의 참 주인이라면 이 모든 먹을거리를 모두의 것이 되도록 하는 존재입니다. 하나님이 인간에게 주신 것을 누구는 독점하고 누구는 갖지 못하는 현실을 만드는 것은 땅의 참된 주인이 하는 일이 아닙니다. 본래 땅은 금을 그어 누가 주인이 되고 누가 주인이 되지 못하는 그런 공간이 아니었습니다. 인간은 누구나 땅의 주인입니다.

이처럼 성서는 현실의 토지제도와 관련해서도 놀라운 선언을 하고 있는 것입니다. 당대의 현실에서나 오늘의 현실로 보아도 이는 혁명적인 선언입니다. 땅의 생명을 존중하며 그것을 모두가 누리도록 하는 그런 사람, 그것이 하나님이 원하시는 인간입니다. 예수께서는 겸손한 자가 땅을 계승한다고 하셨습니다. 다른 생명체, 창조된 세상을 존중하며 겸손한 자가 생명의 역사를 주도적으로 이어나가야 합니다. 하나님의 존엄한 품성을 닮은 인간이라면 이런 모습으로 살아가는 것이 마땅합니다.

유일신의 의미

그런데 남아 있는 문제가 하나 있습니다. 왜 하나님은 '나'라고 하지 않고 '우리'라고 하셨을까요?

> 하나님이 말씀하시기를 "우리가 우리의 형상을 따라서, 우리의 모양대로 ......" 창세기 1: 26

여기서 잠시 유일신 개념에 대해 짚어볼 필요가 있습니다. 유일신이라고 하면, 잘 아는 바와 같이 유대교나 기독교에서 오직 신은 하나님만 유일하다는 뜻으로 쓰이고 있습니다. 이에 따르면 다른 종교가 고백하는 신은 아무것도 아니라는 이야기가 될 수도 있습니다. 그렇기 때문에 기독교에 대해 반감을 갖는 경우가 있습니다. 너무 배타적이라는 것인데, 왜 자기들만 최고이며 진실이라고 내세우는가 하는 것입니다. 다른 종교에 대한 폄하나 멸시도 다 이 유일신의 개념에서 출발한다고 보고 있는데, 여기에는 오해가 좀 있습니다.

"유일신이라는 이야기가 하나님은 단 한 분뿐이다"라는 주장은 맞습니다. 이 개념은 성서에 근거를 두고 있는데, "나 이외의 신을 믿지 말라"고 십계명에 기록되어 있으니 자칫 종교적 배타성의 인상을 받을 수도 있어요. 그러나 기독교만 유일한 진실이라고 하는 이른바 기독교 제국주의를 앞세우려는 것이 유일신의 개념에 들어 있는 애초의 목표가 아니었습니다. 이는 기독교 탄생 이전의 성서의 말씀이니 히브리인들의 유대교만이 배타적 정통성을 가지고 있다는 주장도 아닙니다. 그렇게 되면, 자칫 기독교마저 설 자리가 없게 됩니다. 기독교가 유대교의 유일신 개념을 계승했다고 하지만, 유대교와 기독교는 종교적 차이가 분명히 있습니다. 유대교의 유일신 개념이 갖는 배타성은 기독교를 부정하는 쪽으로 갈 수 있습니다.

따라서 우리는 이 개념을 잘 이해할 필요가 있습니다. 유일신이라는 개념은 하나님을 생각하는 기준을 보여주는 것입니다. 여러 신들 가운데 야훼 하나님, 여러 종교들 가운데 유대교 그리고 그에 뿌리를 둔 기독교의 제도화된 종교적 개념이 아닙니다. 또는 '우리'라는 말이 다신교에서 이후 유일신 개념으로 발전해간 종교사적 관념의 변천과정을 반영한 것도 아닙니다. 그럼 뭘까요? 성서에서는 하나님이 어떤 분으로 알려지고 고백되고 있는지를 살펴보면 답이 나옵니다. 사랑이 넘치고, 인간을 고난과 질곡에서 해방시키고, 진리의 길로 인도하고 새로운 시대를 향한 희망과 의지를 우리에게 갖게 하시는 분으로 그려져 있습니다. 그런 하나님이라면 그는 우리가 믿을 수 있는 유일한 절대적 존재입니다.

인간에게 희망을 저버리게 하고, 낙담케 하고, 자유를 억압하고, 인생을 궁지로 몰아넣는다면, 믿을 만한 하나님이라고 할 수 없습니다. 그렇기 때문에 믿기를 원하는 종교가 무엇인지가 중요한 것이 아니라 그 안에서 선포되는 절대적 존재가 어떤 분인가를 주목해야 합니다. 우리가 유일하게 믿을 절대 존재는 인간에 대한 사랑이 많고, 고통스러운 인간의 처지를 어떻게든 구해내려고 하는 분이어야 합니다. 예를 들어 이 세상 무수한 사람들 가운데, 내가 유일하게 사랑하는 이가 있다면 나는 그를 어떤 경우에도 믿고, 어떤 처지라도 그에 대한 사랑을 포기하지 않을 것입니다.

유일신 하나님은 내가 어떤 형편에 있어도 유일하게 믿고 그 은혜를 갈망하는 절대적 존재, 그런 고백의 대상입니다. 그런 존재만이 나에게 유일하게 의미를 갖는 하나님입니다. 만약에 교회에서 선포되는 하나님이 혹시 사람에게 자유와 사랑과 희망을 가르쳐주지 않고 어떤 협소한 교리에 묶어두거나 하나님께서 주신 영혼의 자유를 억압한다면, 그것은 본래의 유일신 개념에 맞는 하나님이 아닙니다. '나 이외의 신'이라고 할 때 그 '나'로 지칭되는 존재의 모습은 어떤 종교의 신인가 하는 분류로 판명되는 것이 아니라 그 존재의 진실로 드러납니다. 이를 제대로 이해하지 못하면 기독교조차도 정당성을 주장하면서도 사실은 그 유일신의 진실과는 거리가 먼 길로 치달아버릴 수 있습니다.

사랑과 생명, 희망과 믿음이라는 것이 인간으로서 존엄성을 가지고 제대로 살아갈 수 있는 가치의 유일한 근거라면 그 근거의 근원적 존재야말로 유일한 절대자라고 하지 않을 수 없습니다. 야훼, 엘, 생명의 주재자, 하나님이라는 이 다양한 이름을 가진 존재는, 동일한 분을 가리키는 다양한 방식 속에서도 여전히 유일한 존재의 본질을 지니고 있습니다.

스스로를 '우리'라고 하신 하나님

'유일'의 개념은 그렇게 이해한다고 해도 '우리'라는 문제가 여전히 풀리지 않습니다. 하나님이 '우리'의 형상이라고 한 대목에서 이 '우리'라고 하는 것을 흔히 쉽게 신학적으로 해결하는 길이 있지요. '삼위일체'라고 하는 것입니다. 삼위일체란 간단히 말하자면 성부 하나님과 성자 예수 그리스도 그리고 성령이 하나이며 세 가지 품성과 존재의 차원으로 드러난다는 개념입니다. 삼위에 속하는 성자의 개념이 창세기가 씌어진 상황에서 있었다면 그렇게 볼 수도 있을지 모르나 창세기를 기록한 당시, 성자 예수나 삼위일체의 개념은 있지도 않았으며, 이는 후대에 신학적 틀로 구성한 것이니 그런 접근은 성서가 등장했던 현실과 맞지 않습니다. 또한 단지 삼위일체라고 하면 개념상 그렇게 성립할 수 있는 논리와 방법이 마련될지는 몰라도 '우리'라고 하는 대목이 주는 놀라움이나 감격을 맛보지 못합니다.

우리 인간은 동시에 각기 다른 곳에 존재하는 것은 불가능합니다. 어느 한순간에 불꽃도 되었다가 바람도 되었다가 물도 되었다가 그럴 수 없습니다. 만약에 하나님이 한 분이고, 고정된 하나의 형태를 지닌 단일체라고 한다면,──물론 무엇이든 다 하실 수 있는 '전지전능'하고, 그 어디에든 계시지 않는 곳이 없어 '무소부재'라고 하지만, ── "아, 하나님, 무지 바쁘시겠다. 전광석화처럼 세상을 빨리도 다니셔야겠다"라는 생각이 들 법도 합니다. 같은 시간에 나도 만나셔야 되고 너도 만나셔야 하는데, 그게 가능한가. 나는 물이 필요하고 너는 불이 필요한데 그게 한꺼번에 과연 될까. 지구촌 전체의 인류를 다 합쳐본다면 그 기도가 하나 둘이 아닐 텐데 그 들으시는 귀는 또 어때야 하는가. 이런 식의 의문이 생겨날 만합니다.

바로 이런 일이 가능한 하나님은 '동시다발적인 무한한 존재'라고 할 수 있습니다. 한꺼번에 도처에서 어떤 모습이든지 무한대로 나타나실 수 있는 존재가 아니고서는 하나님이라고 할 수 없습니다. 나의 시간과 장소에서 마주하는 하나님은, 저 사람의 시간과 장소에 마주하는 하나님이기도 합니다. 존재의 본질은 동일한데 그 존재의 양식과 드러나는 방법은 초월성을 지닙니다. 그것은 서로 다른 현장에서 동시에 나타나고 각기 다른 모습이면서도 분리되지 않고 하나의 통일성을 가지고 있습니다. 그러니 하나님은 한 분인데, 그 한 분 안에 있는 동시다발적인 무한대의 존재를 인간이 표현할 수 있는 방법은 '우리'라는 말밖에 없습니다. 하나이면서 무한대이고, 무한대이면서 하나입니다. 그런 존재방식은 하나님만이 가능합니다.

하나님은 때로 불꽃, 바람, 미세한 음성이기도 합니다. 나사렛 예수도 얘기하셨지요. "나는 빵이다, 나는 물이다, 나는 목자다, 나는 양이다." 온갖 방식으로 무수한 형태의 품성과 형상의 하나님 모습을 보여주고 계시지 않나요? 어떤 특정한 하나로 담아낼 수가 없어요. 그것은 인간의 무한대의 갈망을 채워주시는 하나님이 자신을 드러내시는 방식이기도 합니다. 아메바는 단세포 하나로 끝나지단 하나님은 불꽃만으로도 이해할 수 없고, 음성만으로도 이해할 수가 없고 어떤 하나로만 고정해서 상상할 수가 없습니다. 그 모든 존재의 모습이 또한 하나님이기도 합니다. 그러면서도 그 모두를 합친다고 곧 하나님은 아닙니다. 그 이상입니다. 그렇기 때문에 "하나님은 이런 분이야"라고 단 하나의 모습으로 절대화하는 것은 오류입니다. 하나님은 그런 하나의 개념에 갇히실 수 없습니다. 한정할 수 없는 그 무한성 때문에 하나님을 인간의 손으로 만들 수 있는 우상적 방식으로 묘사할 수가 없습니다. 하나의 조형물로 만들어버리고 그 모습을 고정시키면, 나머지 하나님의 모습은 담아낼 수가 없습니다. 무한대적 하나님의 모습이나 품성을 닮은 인간은 무수한 형태와 무수한 존재로 세상에 등장하게 됩니다. 공장에서 똑같은 모습으로 딱 하나의 형태를 가지고 제작되는 것이 아닙니다.

우리의 교육도 이런 점에서 깊이 돌아볼 필요가 있습니다. 하나님의 다채로운 품성을 각기 나누어 가진 인간이 그 풍부한 모습대로 꽃피고 열매 맺게 하는 교육이 되어야겠지요. 어떤 사람은 그림을 그리고, 어떤 사람은 노래를 합니다. 어떤 사람은 시를 쓰고, 어떤 사람은 학문을 연마합니다. 어떤 사람은 집을 짓고, 어떤 사람은 배를 타고 바다로 나갑니다. 어떤 사람은 사랑이 많고 어떤 사람은 정의감이 넘치지요. 이 모든 것은 하나님의 아름다운 형상을 닮은 모습입니다. 모두가 특별하고 가치 있으며 하나님의 모습이 표현된 것입니다. 성서는 그런 면에서 하나님 안에 담겨 있는 그 무한대의 놀라움들을 으리에게 보여줍니다.

성서 해석도 하나로 끝나지 않습니다. 같은 대목을 읽고도 해석이 다양하며 시간이 흐르면서 달라지기도 합니다. 그 해석은 우리의 영적인 성장과 같이 가기 때문이지요. 같은 사람이 성서를 읽어도 시간과 장소, 그 영혼의 성숙도에 따라 더 깊어갑니다. 그 의미에 대한 깨우침도 매일 자라고 그것을 디딤돌로 해서 내일은 또 다른 풍경을 보게 됩니다. 성서를 읽는 일은 언제나 새로운 시작입니다. 끊임없는 재해석의 눈이 열리는 과정이라고 할 수 있지요. 하나님의 면모가 무한대이기 때문에 이는 당연한 결과가 아니겠습니까? 성서의 끊임없는 재해석은 학문 차원의 새로운 성과일 수도 있겠지만, 하나님 자체의 무한대적 본질과 우리 삶의 다양한 현실이 만나는 과정에서 나오는 필연적인 결과입니다.

지금까지의 이야기를 다시 정리해보자면, 하나님께서는 다른 생명체와는 달리 인간을 이 우주 안에서 특별한 지위와 존엄성을 가지고 만드셨습니다. 이 존엄성을 인류가 함께 나눌 때에 정의와 평화와 생명의 길이 열릴 것입니다. 하나님은 사람의 생각으로 가늠하거나 어떤 특별한 형태로 고정시킬 수 없는 무한대적인 존재이시니, 그 무궁한 은총에 대한 기대감을 안고 하나님과 새롭게 만날 수 있으면 합니다.

1 ²⁶ 하나님이 말씀하시기를 "우리가
우리의 형상을 따라서, 우리의
모양대로 사람을 만들자. 그리고 그가,
바다의 고기와 공중의 새와 땅 위에 사는
온갖 들짐승과 땅 위를 기어다니는 모든
길짐승을 다스리게 하자" 하시고,
²⁷ 하나님이 당신의 형상대로 사람을
창조하셨으니, 곧 하나님의 형상대로
사람을 창조하셨다. 하나님이 그들을
남자와 여자로 창조하셨다. ²⁸ 하나님이
그들에게 복을 베푸셨다. 하나님이
그들에게 말씀하시기를 "생육하고
번성하여 땅에 충만하여라. 땅을
정복하여라. 바다의 고기와 공중의 새와
땅 위에서 살아 움직이는 모든 생물을
다스려라" 하셨다.

4 하나님의 생명의 기운으로 인간이 된 존재

창세기 2장 4절-8절

'흙'으로 만든 인간

인간은 하나님의 형상에 따라 창조되었다고 하는데, 성서는 인간을 창조한 그 재료에 대해서도 언급하고 있습니다. "흙으로 지었다"는 것입니다. 이 말을 듣고 가장 먼저 떠오르는 이미지는 무엇인가요? 인간의 몸도 죽어 땅에 묻히고 썩으면 흙이나 매 한가지다. 인생이란 흙에서 나서 흙으로 돌아가는 허무한 것이다. 토기장이가 그릇을 빚는 것에 비유한 결과다. 등등 여러 가지가 연상됩니다.

흙 대신 "물을 한 바가지 땅에 쏟아 부었더니 사람이 되었다"라고 하면 안 되었을까요? 아니면 "풀을 한 움큼 뜯었더니 사람이 되었다"라고 하든지요. 이 이야기를 전개하기에 앞서 잠깐 짚어볼 것은, 1장에도 인간을 창조한 얘기가 나오고, 2장에도 인간을 창조한 얘기가 나와 있다는 점입니다. 창세기에는 창조에 대한 두 가지 기록이 있습니다.

하나님이 말씀하시기를 "우리가 우리의 형상을 따라서, 우리의 모양대로 사람을 만들자. 그리고 그가, 바다의 고기와 공중의 새와 땅 위에 사는 온갖 들짐승과 땅 위를 기어다니는 모든 길짐승을 다스리게 하자" 하시고, 하나님이 당신의 형상대로 사람을 창조하셨으니, 곧 하나님의 형상대로 사람을 창조하셨다. 하나님이 그들을 남자와 여자로 창조하셨다. 창세기 1: 26-27

주 하나님이 땅의 흙으로 사람을 지으시고, 그의 코에 생명의 기운을 불어넣으시니, 사람이 생명체가 되었다. 창세기 2: 7

이렇게 인간을 창조한 사건에 대한 증언이 두 개인 셈인데, 사실 이렇게 같은 사건을 놓고 두 가지 다른 증언이 있으면 성서를 읽는 데 혼란스러울 수 있습니다. "도대체 어느 게 맞는 거야?"라는 생각이 들지요. 단순히 "하나님이 사람을 흙으로 지으셨다"라고만 말하면 성서의 지식을 교환하는 데 불과합니다. 그 이야기가 나를 감격시키고 내 인생을 변화시킬 때 우리는 그 진실한 의미를 깨우쳤다고 할 수 있습니다. 한쪽에서는 "사람은 흙으로 만들었다"라고 하고, 다른 쪽에서는 "내가 보기엔 아닌데"라고 하면 대화는 결국 어느 쪽이 맞는지를 가리는 논증의 방식이 되고 맙니다. 이렇게 되면 더 이상의 깊은 얘기는 나오기 어렵지요. "하나님이 인간을 흙으로 만들었다는 말씀이 내 인생에 이런 의미를 주었어"라고 고백하게 될 때 살아 있는 지식과 영혼의 힘이 됩니다.

흙먼지와 같은 존재에서 출발하다

창세기 1장에 나와 있는 창조 이전의 세계, 즉 태초 이전의 세계를 다시 떠올려봅시다. 그 세계는 허무하고, 어지럽고, 캄캄하고, 도대체 빛이라고는 찾아볼 수 없었습니다. 그런데 창조의 사건이 시작되면서부터는 전혀 다른 생명의 질서와 빛의 충만함, 생명의 출렁임이 있었지요. 그러나 이번 대목은 좀 분위기가 달라요. 말하고자 하는 초점이 다르기 때문입니다. 사람을 창조하기 전의 상황은 이렇습니다.

> 하늘과 땅을 창조하실 때의 일은 이러하다. 주 하나님이 땅과 하늘을 만드실 때에, 주 하나님이 땅 위에 비를 내리지 않으셨고, 땅을 갈 사람도 아직 없었으므로, 땅에는 나무가 없고, 들에는 풀 한 포기도 아직 돋아나지 않았다. 땅에서 물이 솟아서, 온 땅을 적셨다. 창세기 2: 4-6

땅에는 비도 내리지 않았고, 들판에는 나무도 없었고, 사람도 없어서 경작할 그런 조건이 아니었습니다. 말하자면 사람이 등장하기 전의 현실은 생명의 가능성만 있었을 뿐 황량하기 짝이 없었다는 이야기이지요. 이미 있을 것은 다 있는 듯하지만 사람이 없으니 결정적으로 부족한 모양새입니다. 인간이 존재해야 진정한 생명의 질서를 갖는다는 이야기입니다. 아무리 좋은 집도 사람이 살지 않으면 흉흉한 폐가가 되게 마련이지요. 황폐한 느낌을 주는 이 현실은 그래서 사람이 있어야만 완성됩니다.

예수께서 이런 말씀을 하신 바 있습니다. "온 세상을 다 얻고도 너를 잃으면 그게 무슨 소용이 있는가?" '나'라는 존재, 인간이라는 존재가 있을 때에 이 세상은 주어진 생명의 힘을 나누는 의미를 진정으로 얻게 됩니다. 그만큼 인간은 우주 생명체계의 핵심이라고 성서는 말합니다.

그런데 그 소중한 인간의 출발이 기껏 땅의 흙이라니 납득하기가 좀 어렵습니다. 한 가지 염두에 둬야 할 바는, 이때 땅의 흙이란 질그릇과 도자기를 빚는 도공이 다루는 물기가 적당한 진흙덩이가 아닙니다. 물론 물기가 촉촉해지려는 순간의 흙을 가지고 사람을 만드신 대목이 기록되어 있긴 하나 그것은 강물이 흘러 비옥해진 땅의 흙을 말하고 있지 않습니다. 땅을 적셨다는 것은 흙에 생명의 기운이 생겨남을 암시합니다. 이때 '땅의 흙'은 원문에서는 '흙먼지'를 뜻하는 '아파르'라는 단어를 쓰고 있습니다. 즉 '진흙'이 아니라 메마른 '진토'塵土입니다. 국제적으로 번역의 탁월함을 인정받고 있는 옥스퍼드 대학판 개정표준번역Revised Standard Version은 그래서 'dust'라고 적고 있습니다. 물이 온 땅을 적신 상황에서도 여전히 흙먼지로 남아 있는 흙을 하나님은 선택하셨습니다.

이것은 매우 중요한 의미를 가집니다. 온 땅이 물에 적셔져 있는데 자기 혼자만 물기 없이 마른 현실을 감당하고 있는 존재가 인간 창조의 출발입니다. 바람이 훅 하고 불면 어디로 날아갈지 모르는, 미미하고 보잘것없는 재와 같은 모습 아닙니까? 히브리어 '아파르'에는 '재'라는 뜻도 있으니 더욱 인간 창조의 의미가 명확해집니다. 재와 다를 바 없는 흙먼지가 사람을 만든 재료입니다. 성서가 증언하는 최초의 인간 '아담'의 이름이 그 흙먼지의 출처인 땅을 뜻하는 '아다마'라는 단어에서 나온 것도 이런 까닭입니다.

인간의 창조는 바로 그 흙먼지를 하나님이 손에 쥐고 이루어내신 사건입니다. 무슨 뜻일까요? 이 사건을 처음으로 고백했던 사람들은 혹독한 억압 아래 미물과 다를 바 없는 형편에 있었습니다. 바람 한 번 불면 흔적 없이 소멸해버리는 약한 존재였지요. 창세기 1장에서는 그런 미력한 존재가 살아온 인생이 너무나 공허하고 어둡고 어지럽기 짝이 없었다고 그 내면의 현실을 떠올리게 하고 있다면, 2장에서는 그 초라한 존재의 모습은 진토에 불과했음을 말하고 있는 셈입니다. 그때 하나님은 "너희들이 바람만 불면 형체도 없이 사라지는 티끌이라고? 그래서 아무런 희망이 없다고? 그러나 보라! 나의 손길이 닿으니 사람이 되지 않았는가? 나는 흙먼지로도 나의 형상을 닮은 사람을 창조했는데, 지금 흙먼지 같은 그대의 인생이라고 해서 그 안에서 새롭고 놀라운 가능성을 만들어주지 못하겠는가?" 이런 육성이 말씀에 기록되어 있습니다. 낙담하고 패배감에 사로잡혀 있던 사람들이 이 말씀을 듣고 어떤 반응을 보였을까요?

그렇기 때문에 이 말씀으로 영혼이 깨어난 사람들은, 아무리 겉보기에 거대해도 하나님의 뜻과 능력이 없으면 언젠가는 무너질 것이고, 아무리 미미해도 그 안에 하나님의 능력과 의지가 깃들어 있으면 위대한 생명의 존재가 된다는 스스로에 대한 확신이 생겨납니다. 미래가 없다고 절규했던 사람들에게, 창세기의 이 대목은 희망을 불러일으키고 있습니다. "하나님은 흙먼지 같은 미미한 것으로도 사람이라는 존엄한 존재를 만드신 분이야. 그대의 보잘것없던 인생도 새로운 존재가 될 수 있어."

이 이야기는 단순히 흙먼지로 사람을 만들었다가 아니라, 하나님의 창조 속에 숨겨진 신비로움을 보여줍니다. 인간을 창조하기 이전의 현실은 황량했지만 생명의 물이 온 땅을 적시는 순간이 왔고, 흙먼지 같던 존재에 하나님의 손길이 닿으니 생명이 탄생하게 되었음을 전하고 있습니다.

그러기에 이 이야기를 듣는 사람들은 "아! 내 인생도 그렇게 될 수 있는 거야?"라고 기뻐하게 됩니다. 그렇게 고개를 끄떡이며 인생을 새롭게 출발하는 사건이 여기에서부터 시작됩니다.

하나님의 숨결을 호흡하는 영원의 사람

이야기는 여기서 끝나지 않습니다. 본문을 보면, 하나님의 숨결이 그 안에 불어넣어지니까 생명체가 되었다고 기록하고 있습니다.

그의 코에 생명의 기운을 불어넣으시니, 사람이 생명체가 되었다. 창세기 2:7

사람 꼴을 하고 있다고 곧 사람이 아니라, 하나님의 숨결을 호흡하는 존재가 진정한 사람입니다. 흙으로, 진토로 만든 인간이라 할지라도 그 영혼이 어떠한가를 봐야 인간의 본질을 제대로 압니다.

사람들은 흔히 첫인상을 중요하게 보는데, 대개 그의 외모에 주목합니다. 그러나 하나님의 숨결에 민감해진 사람들은, 저 사람에게 생명의 힘이 가득 차 있는지 죽음의 기운은 없는지를 알아차리지요. "사람은 겉모습만을 따라 판단하지만, 나 주는 중심을 본다" 사무엘상 16: 7는 말씀도 그런 의미입니다. 더구나 숨을 쉰다고 하는 것은 일상의 삶이라는 점도 생각해볼 필요가 있어요. 매일 매 순간 생각하는 것이 숨쉬는 것처럼 자연스럽게 평화 · 사랑 · 생명 · 정의 · 강건함 · 아름다움 · 밝음이라면, 그들은 그렇지 않은 사람과 다를 수밖에 없습니다.

이런 삶을 살아가려면 훈련이 필요합니다. 빌립보서에서 바울은 "골똘히 생각하라"고 고백하고 있습니다.

마지막으로, 형제자매 여러분, 무엇이든지 참된 것과, 무엇이든지 경건한 것과, 무엇이든지 옳은 것과, 무엇이든지 순결한 것과, 무엇이든지 사랑스러운 것과, 무엇이든지 명예로운 것과, 또 덕이 되고 칭찬할 만한 것을, 이 모든 것을 여러분은 골똘히 생각하십시오. 그리고 여러분은 나에게서 배우고 받고 듣고 본 것들을 실천하십시오. 그리하면 평화의 하나님께서 여러분과 함께 계실 것입니다. 빌립보서 4: 8-9

'골똘히' 생각하는 자세가 일상의 훈련입니다. 매일매일 바쁘게 지나가다 보면 자기가 무엇을 하고 있는지 모를 때가 있어요. 탁한 공기를 마시는지, 맑은 공기를 들이키는지, 좋은 생각을 하는지, 나쁜 생각을 하는지, 아름다움을 추구하는지, 욕망을 좇는지 말이지요.

"사람의 코끝에 하나님이 생명의 기운을 불어넣으셨다"는 의미는 생명은 하나님께서 주셨지만, 하나님이 훅 하고 불면 그 코끝의 생명의 기운도 한순간에 거두어가실 수도 있다는 겁니다. 생명의 존엄성과 함께 육신의 유한함도 우리는 깨우쳐야 합니다. 사람들은 젊고 힘이 있을 때는 영원히 살 것 같이 여깁니다. 그러나 누구든지 쇠약해갈 수밖에 없지요. 영원히 젊게 사는 사람도 없고, 자신의 생명을 끝까지 움켜쥐고 살아갈 수 있는 사람도 없습니다. 생명을 취하거나 거두는 것은 우리의 소관이 아닙니다. 생명의 유한함에 겸허해야 합니다. 생명을 주재하시는 절대 존재 앞에 우리는 서 있습니다. 여기에서 생에 대한 경건한 태도가 깊이 우러납니다.

그러나 겸허함만으로는 생명에 대한 소극적인 태도에 머물고 맙니다. 그럼 적극적인 태도는 뭘까요? 유한한 생명 너머에 존재하는 영원에 눈뜨는 겁니다. 유한한 존재는 영원의 시간을 향해 가는 길 위에 있습니다. 오늘과 내일은 서로 붙어 있고, 내일은 모레의 시간에 닿아 있습니다. 그렇게 이어가면 오늘은 영원의 시간과 한 몸입니다.

지금의 이 현실에서 우리가 깊이 생각해야 하는 것은 유한의 삶을 살면서도 영원의 가치를 자신 안에 이루어내는 자세입니다. 사랑이나 평화나 생명이나 진실은 모두 영원한 가치들입니다. 바로 이런 가치를 자기 몸에 지니고 실천한다면 그는 이미 영원의 세계로 들어선 사람입니다. 죽어야 비로소 영원의 시간과 공간에 진입하는 것이 아닙니다. 숨쉬며 살아가는 일상에서 하나님이 원하시는 사랑·생명·평화의 사명을 감당하고 있다면 그는 영원의 사람입니다. 그 사람의 생명력은 영원으로 통합니다.

창조적 진화의 아름다움

이제 창조론과 진화론의 개념을 정리해보지요. 이는 유한하면서도 영원을 지향하는 인간이 어떤 특징을 지닌 창조물인가를 생각해보기 위함입니다. 대체로 사람들은 창조와 진화가 대립하는 개념이라고 생각합니다. 그래서 창조를 내세우는 성서와 진화에 주목하는 자연과학은 대립관계에 놓여왔습니다. 창조와 진화 논쟁은 특히 『종의 기원』을 쓴 찰스 다윈 이후 계속되었습니다. 『종의 기원』은 가령 인류가 여러 인종으로 나뉘는데, '류'類의 하위단위인 '종'種, 즉 인종이 어떻게 서로 갈라지게 되었는가를 따져보고 있습니다. 물론 이 『종의 기원』에서는 인간을 직접 다루기보다는 다른 생물체가 그 대상이 되었습니다만 그 바탕에 깔린 생각은 다르지 않습니다.

다윈은 『종의 기원』을 쓴 동기 가운데 하나를, 인류 사회에 불행과 비극을 가져다주는 인종차별을 비판하는 것에 있다고 밝히고 있습니다. 백인이 흑인보다 우월하다는 인종주의적 편견을 반박한 것이지요. '종'은 본래 같은 '류'에서 출발했으며 오랜 시간을 거치면서 서로 신체적 모습이나 특징이 환경에 적응하는 과정에서 달라졌을 뿐이라는 것입니다. '종'의 기원은 애초에 모두 같다, 그러니 인종차별 같은 것은 하지 마라, 그런 주장이 내면에 담겨 있습니다. 환경의 변화 속에서 살아남기 위해 각기 달라진 차이가, 길고 긴 세월 축적되다보니 인종적 차이가 생겨났다는 이야기인데, 그것을 인종차별로 해석해서는 안 된다는 것입니다. 차이가 생겨나기 이전의 출발점이 같다면, 그 첫 출발이 어떻게 이루어졌는가 하는 문제가 남습니다.

창조와 진화를 둘러싸고 애초에 하나님이 인간을 창조하셔서 인간이 시작된 것이냐, 아니면 어떤 미세한 생명체에서 진화했느냐에 대한 논쟁이 전개되어왔지요. 이와 함께 신은 인간의 관념적 산물에 불과하다는 주장도 있습니다. 원서의 제목이 '신이라는 망상' The God Delusion 으로 우리나라에서는 『만들어진 신』이라고 번역된 책을 쓴 영국의 과학자 리차드 도킨스는 신이나 창조를 철저하게 부정하는 진화론자입니다. 자연과 끊임없이 마주하면서 변모해가는 생물학적 세계를 자세히 관찰해보면 신을 전제하는 것은 불가능하다는 것입니다. 전쟁을 지지하거나 극도의 종교적 배타성을 내세우는 교회나 신학적 교조에 대해 도킨스가 비판하는 대목은 경청할 만합니다. 하지만 창조의 내면에 담긴 의미나 섭리에 대한 성찰이 부족한 점은 아쉽게 여겨집니다. 결론적으로 말하자면, 진화는 창조와 대립하지 않습니다.

인간은 창조된 동시에 태어나면서 곧바로 끊임없이 진화합니다. 하나님은 인간을 처음부터 완전한 존재로 창조하지 않았습니다. 그렇다고 불완전한 존재로 창조하신 것도 아닙니다. 하나님은 인간을 끊임없이 새롭게 진화할 수 있도록 창조하셨습니다. 사도 바울은 "그리스도의 장성한 분량만큼 자라나라"고 말했습니다. 인간 진화의 수준을 제시한 것입니다. 이는 창조적 진화의 목표입니다. 우리가 하나님을 만나고 그로써 자신을 새롭게 발견하는 것은 창조적 진화의 능력과 가치를 부여받고 태어났다는 사실입니다. 한 개인에게 '태초의 순간'은 새로운 진화를 향한 도약이 창조적으로 이루어지는 계기입니다.

모든 생명체는 주어진 상황·조건·환경에 적응하고 살아남기 위해서 그에 맞는 변화를 끊임없이 하게 되는데, 자연과학에서는 이것을 진화라고 부릅니다. 이 적응에 실패하면 퇴행하거나 도태됩니다. 그 존재가 지구상에서 사라지게 되지요. 그렇지 않으려면 진화의 길을 선택해야 합니다. 그런데 그것은 어디까지나 살기 위해 불가피하게 택하는 수동적인 차원에 불과합니다. 유독 인간만큼은 이런 수동적 진화에 머무르지 않는 생명체입니다. 인간에게는 창조적인 상상력과 독자적이고도 개성적인 의지가 있습니다. 인간이 창조되었을 때 이 능력은 그 안에 본래 주어졌습니다. 이것을 발견하고 깨우치고 발휘하는 것이 창조적 진화입니다. 그래서 인간은 단순히 환경의 변화에 수동적으로 적응만 하지 않고 자신의 내면에 있는 가치를 새롭게 길어 올리면서 발전된 모습을 만들어갑니다.

도킨스는 『이기적 유전자』라는 책을 통해 유전자가 자신을 세대에 걸쳐 계승시키려는 계획을 가지고 있어, 생명체의 몸이란 단지 그 유전자가 활용하는 도구에 불과하다고까지 말합니다. 이렇게 보면 인간의 몸이란 참 허망하기 짝이 없습니다. 오로지 유전자의 계승을 위해 존재하는 수단적 물질에 지나지 않지요. 그 몸에 주어진 의미와 가치가 유전자 계승이라는 목표에만 매달리는 매우 낮은 수준이 됩니다. 그런 주장에 따르면 생명체란 오랜 기간 진화의 과정을 통해 축적된 유전자 내부에 정보가 만들어진 대로 살아가는 것이며, 하나님에 의한 창조의 여지는 없다고 봅니다. 그래서 DNA의 구조 속에 모든 정보가 이미 들어 있기 때문에 생명체는 그 정보대로 움직인다는 논리가 나옵니다. 하지만 그 DNA 정보라는 것도 생물체의 기능과 모습에만 한정되어 있습니다. 정신이나 영혼과 같은 내면세계에 대한 정보는 DNA를 통해 알 수 없는 노릇입니다.

아무리 앞선 과학적 접근으로도 이 DNA의 분석에서 발견하지 못하는 것이 있습니다. 의지에 대한 정보가 어디에 있는지, 상상력에 대한 정보가 어디에 있는지, 창조적인 예술성의 정보는 어디에 있는지, 초월성을 느끼고 감지하는 것은 어디에 있는지 밝혀내지 못합니다. 아니 발견할 수가 없습니다. 과학이라는 도구는 눈에 보이지 않는 현상에 대해서는 입증이 불가능하기 때문에 존재하지 않는다고 판정합니다. 그러나 과학이 그렇게 결론짓는다고 해서 있는 것이 없는 것으로 바뀌지 않습니다. 사랑의 감정을 과학은 보이는 방식으로 증명하기 위해 뇌파를 찍거나 체온을 촬영하거나 하지만 분석에 성공하지는 못합니다. 사랑하는 사람의 몸과 뇌신경에서 일어나는 생화학적인 반응은 포착할 수 있을지 모르나 그 사랑의 내면에서 피어나는 찬란한 기쁨이나 애절한 마음, 그리움 같은 것은 읽어낼 수 없지요.

사람의 뇌세포에는 하나님의 세계와 소통할 수 있는 영적 능력이 있습니다. 인간이 다른 동물과는 달리 창조적 진화를 할 수 있는 이유가 여기에 있다고 할 수 있어요. 최근의 뇌과학자들은 신적 존재를 의식할 수 있는 능력이 뇌의 내부에 있다고 말하고 있습니다. 과학에서도 인간의 영적 능력에 대한 새로운 깨달음이 생겨나고 있는 것입니다. 의사들 가운데도 수술 전에 기도하는 이들이 있는데 모두 이러한 영적 차원의 기운을 받아들이기 때문이라고 할 수 있습니다. 인간은 이러한 기운을 입고 창조적인 진화를 끊임없이 이루어가는 존재입니다. 영원의 가치에 접속해서 자신을 매 순간 드높입니다. 창조적 진화의 아름다움입니다.

하나님이 창조하신 인간은 세상에 처음 만들어졌을 때에는 불완전하지만 완전을 지향해나가는 존재, 예수 그리스도를 기준으로 해서 그만큼 자라는 힘이 내면에 숨쉬고 있습니다. 이 힘에 눈뜨는 것, 그것이 인간과 하나님의 만남이 이루어지는 순간이고 그런 창조적 진화가 인생의 기쁨을 만들어내는 능력이 됩니다.

하나님은 처음부터 "이렇게 살아라" 하고 미리 지침을 내려 꼭두각시처럼 만들지 않았습니다. "네 스스로 자라나는 기쁨을 느끼고, 완전함에 도달하는 즐거움을 누려라. 내가 도와줄게"라고 하신 겁니다. 아이들이 태어나서 걸음마를 배울 때 부모가 처음에는 잡아주지만 나중에는 잡아주지 않습니다. 왜 그렇습니까? 그 아이가 걷는 기쁨을 스스로 누리기를 부모는 원하기 때문이지요. 아니면 부모가 아이의 창조적 진화의 즐거움을 빼앗는 것이 됩니다. 그렇게 하나님도 인간이 스스로 창조적으로 자신을 만들어나가는 모습이 사랑스러워서 그런 기회를 듬뿍 주시고자 하십니다. 이것이 창조적 진화의 핵심입니다.

진화는 창조의 기획에 어긋나는 것이 아니라, 창조의 과정과 목표입니다. 사람은 완성을 지향해가는 주체적 의지를 가진 존재로 창조되었지요. 태초의 창조는 진화의 가능성을 가진 존재의 출발점이며, 창조는 진화라는 방식으로 여전히 현재진행형입니다. 이것이 '태초의 순간'이 다양하고도 반복적으로 경험되는 까닭입니다. 우리는 하나님의 축복과 뜻 안에서 매일 새롭게 창조되고, 그럼으로써 진화의 상승곡선에 있습니다.

주체적 삶의 존재

창조적 진화의 길을 가는 인간에게는 주체성이 있습니다. 그것은 하나님이 애초부터 존중해주신 가치입니다. 성서를 읽어나가는 것도 이 주체적 성찰을 깊게 하는 과정입니다. 인간의 주체성에 대한 성서의 좋은 보기가 있습니다. 창세기 2장 19절 이하에는 하나님이 많은 동물들을 만들어서 아담에게 데려가시는 장면이 나옵니다.

주 하나님이 들의 모든 짐승과 공중의 모든 새를 흙으로 빚어서 만드시고, 그 사람에게로 이끌고 오셔서, 그 사람이 그것들을 무엇이라고 하는지를 보셨다. 그 사람이 살아 있는 동물 하나하나를 이르는 것이, 그대로 동물들의 이름이 되었다. 그 사람이 모든 집짐승과 공중의 새와 들의 모든 짐승에게 이름을 붙여 주었다. 창세기 2: 19-20

여기에서 아주 깊은 뜻이 있습니다. 코끼리가 지나간다고 해봅시다.

하나님이 아담에게 "이건 뭐라고 부를까?" 묻고, 아담이 "그건 통나무 다리인데요"라고 하면, 하나님이 "아니야, 코끼리지!"라고 하시지 않았습니다. 호랑이의 경우도 그렇습니다. 아담이 "몸이 좀 큰 고양이인데요" 하면, 하나님이 "아니야, 호랑이지"라고 가르치지 않으셨습니다. 즉 성서는 사람이 살아 있는 동물 하나하나를 부르면 그대로 동물들의 이름이 되었다고 기록하고 있습니다. 인간을 만드신 하나님조차도 인간이 가지고 있는 주체성과 세상을 바라보는 시선을 적극 존중하고 아끼셨습니다. 아담이 그 동물을 보면서 아무렇게나 이름을 짓지는 않았겠지요? 보고 관찰하고 서로 관계를 만들어가면서 "그래, 이렇게 부르자"하고서 그 동물의 이름을 생각해냈을 겁니다. 그런 아담의 모습을 하나님께서는 그대로 받아들이셨습니다. 다른 누가 만들어준 생각이 아니라 자신의 주체성을 가지고 세상과 만난 아담입니다.

성찰의 주체성은 하나님이 우리에게 애초부터 불어넣어주신 능력입니다. 하나님이 주신 생명은 이렇게 주체적인 정신을 가지고, 자신의 본성을 실현해가는 힘이 됩니다. 그래서 '나'라는 존재는 하나님의 능력 안에서 '진정한 나'가 될 수 있습니다. 나 자신의 생각과 세계관'을 가지고 생명의 기운을 펼칠 때 비로소 하나님의 생명가치를 지진 인간이 됩니다. 그것은 하나님의 축복을 받은 자신의 운명에 대해 참 주인이 되는 길입니다.

하나님의 사랑은 인간이 남에게 휘둘리거나, 물욕이나 헛된 생각에 빠지지 않고 주체적으로 서게 하는 데 있습니다. 모세가 호렙 산에서 떨기나무 불꽃으로 나타나신 하나님을 사람들에게 어떤 존재로 전할까라고 묻자 하나님은 "나는 스스로 있는 자"라고 대답하시는 장면이 나옵니다. 이는 '절대적 주체성'을 뜻합니다. 인간은 그 하나님의 형상, 그 내면의 진실과 능력을 닮아 하나님이 주신 힘으로 주체적 삶을 스스로 살아가도록 되어 있는 존재입니다. 무엇에 얽매이고 굴종하며 사는 노예가 아닙니다. 성서는 이 길을 보여주고 열어가는 책입니다.

다양하게 경험되는 하나님

다시 하나님이 인간의 코에 생명을 불어넣는 장면으로 돌아가보겠습니다. 그 생명의 주체성이 어떤 과정으로 인간에게 주어졌는지 보지요. 왜 하필이면 코에 생명의 기운을 불어넣으셨을까요? 이는 코로 숨쉬는 인간의 기능과 관련이 있겠지만, 단지 그런 기능적 차원의 이야기가 아닙니다. 오늘날 중동에서는 인사를 나눌 때 서로 코를 맞추고 비비기도 합니다. 우리가 보기에는 이해가 안 되는 행동일 수 있지만 상당한 친밀감이 없이는 하기 어려운 행동입니다. 가령 강아지를 예뻐하는 사람이나 강아지한테 얼굴을 비비지, 그렇지 않은 사람은 그런 행동을 취하지 않습니다. 여기서 하나님과 사람의 관계도 분명히 확인할 수가 있습니다. 코를 마주하면서 친밀하고 사랑스럽게 생명의 기력을 나누어주신 거지요.

상상해보자면 인간이 흙먼지처럼 참으로 미미한 존재인 것 같지만 하나님은 멀리서 거리를 둔 채 장풍으로 "야, 일어나라"가 아니라, 아주 가까이 오셔서 깊이 보듬으시면서 후욱 하고 생명의 숨결을 불어넣으셨을 거예요. 그건 사랑하는 관계에서만 가능한 사건입니다. 그렇게 생명을 얻은 존재가 우리입니다.

이쯤 해서 앞서 잠시 보았던 인간 창조에 대한 성서의 두 기록을 좀더 짚어보지요. 성서를 자세히 읽어보면 인간 창조의 기록에서만 차이가 나는 것이 아니라 남자와 여자가 태어난 장면은 1장과 2장이 다소 다른 내용으로 기록되어 있습니다. 1장에는 그냥 남자와 여자를 창조하셨다고 하였는데, 2장에는 여자를 흙으로 만든 남자의 갈비뼈를 취하여 창조하셨다고 기록하고 있습니다.

하나님이 당신의 형상대로 사람을 창조하셨으니, 곧 하나님의 형상대로 사람을 창조하셨다. 하나님이 그들을 남자와 여자로 창조하셨다. 창세기 1: 27

그 사람이 모든 집짐승과 공중의 새와 들의 모든 짐승에게 이름을 붙여 주었다. 그러나 그 남자를 돕는 사람, 곧 그의 짝이 없었다. 그래서 주 하나님이 그 남자를 깊이 잠들게 하셨다. 그가 잠든 사이에, 주 하나님이 그 남자의 갈빗대 하나를 뽑고, 그 자리는 살로 메우셨다. 주 하나님이 남자에게서 뽑아 낸 갈빗대로 여자를 만드시고, 여자를 남자에게로 데리고 오셨다. 창세기 2: 20-22

과연 어떤 게 맞는 건가요? 좀 혼란스럽기도 합니다. 그런데 그렇게 적혀 있는 까닭이 있습니다. 1장은 창조가 하나님의 형상을 따라 이루어졌다는 것을 강조하고, 2장은 남자와 여자의 관계를 주목합니다. 성서는 같은 사건을 놓고 각기 다른 각도와 초점을 가진 기록들이 중첩되어서 나오다 보니 혼돈이 생길 수 있습니다. 여기서는 남자와 여자를 동시에 만든 것 같은데, 저기서는 남자를 만들고 나서 여자를 만들었다? 그렇다면 성서는 모순 아닌가? 그렇게 생각하다가 하나님의 말씀인데 우리가 잘 몰라서 그렇겠지 하고 그냥 넘어가기도 합니다. 이렇게 기록된 데에는 간략히 정리하면 다음과 같은 사연이 있습니다.

　누군가 병들고 아픈 가운데 하나님을 경험하면서 병을 이겨냈다고 해봅시다. 당사자에게는 매우 소중한 신앙 간증이 됩니다. 또 경제적으로 어려운 위기에 처해 있는데 그 상황을 돌파하면서 하나님을 경험했다고 해봐요. 이 두 사람이 각기 다른 조건과 내용으로 하나님을 만나고 체험한 셈입니다. 그런데 서로 다른 모습의 하나님을 경험했지만 결국 같은 하나님을 고백하고 있는 것이라면, 두 사람의 간증 모두 동등한 의미를 가집니다. 서로 다른 것처럼 보이나 사실은 모순되지 않고 보완적 의미를 가지지 않겠어요? 그런 점에서 성서의 중첩된 기록이나 증언 또는 고백은 우리에게 같은 사건에 대한 보다 풍부한 이해를 하게 합니다.

　히브리 백성들은 기원전 720년경 북쪽의 이스라엘이 앗시리아 제국에 의해, 그리고 586년경 남쪽의 유다가 바빌론 제국에 의해 각기 차례로 나라를 빼앗기고 여기저기 흩어져 살았어요. 그러면서 각자의 자리에서 느꼈던 하나님의 경험이 있었습니다. 이 사람은 이 동네에서, 저 사람은 저 동네에서 하나님을 만났습니다. 신앙의 출발점은 같지만 그들이 경험한 하나님의 모습은 무한대적이니까 각기 자신이 놓여 있는 자리와 시간, 조건과 상황에 따라 다르게 경험합니다.

　하나님을 부르는 명칭도 야훼, 엘, 엘로힘, 엘 샤다이, 아도나이 등 각기 달랐어요. 하지만 그것이 다른 하나님을 가리키는 것은 아니었습니다. 이름을 달리 불렀다 하더라도 본질은 차이가 없었지요. 어떤 사람은 하나님의 격조를 가진 인간의 존엄성에 대한 이야기가 깊이 다가왔고, 어떤 사람에게는 인간이 미미한 존재로부터 시작한 과정이 중요하게 여겨졌습니다. 이 이야기들 하나하나가 사실은 같은 인간 창조와 관련된 하나님의 사건이지만 다른 방식으로 경험되고 그 주어진 메시지의 초점이 또한 다채로웠습니다. 이 서로 다른 신앙 경험과 증언이 한자리에 모였을 때 이것은 옳고 저것은 틀리다고 하지 않았습니다. 각 사람의 신앙 경험이 다 소중하고 의미가 있기 때문에 그 가치도 동등합니다. 이것을 모두 적어 하나의 문서로 만든 결과 성서의 여러 이야기가 중첩되어 보인 것입니다. 그러면서 "어렵고 힘들었던 시절에 만난 하나님은 이런 모습, 저런 모습으로도 나타나시지만 같은 하나님이시지"라고 하게 되었던 것이지요.

하나님의 형상을 본받아 창조된 인간이라는 기록에서 인간의 존엄성을 깨우치게 되었다면, 사람을 흙으로 지었다는 기록을 통해서는 미미한 출발이지만 하나님의 생명을 기력으로 삼아 살아가는 우리 자신을 보게 됩니다. 진토에서 일어난 생명이라는 사실은 우리에게 엄청난 희망을 줍니다. 온 땅이 물에 촉촉히 젖어 있는데 나 홀로 메마른 흙먼지처럼 남아도 하나님은 그런 나를 들어올리셔서 생명의 존재로 창조해주신다는 이 증언은 희망의 절대 근거가 됩니다. 그렇게 주어진 생명의 기력을 뿜어내면서 살아가는 기쁨이 끊이지 않기를 기원합니다.

2 4 하늘과 땅을 창조하실 때의 일은
이러하다. 주 하나님이 땅과
하늘을 만드실 때에, 5 주 하나님이
땅 위에 비를 내리지 않으셨고, 땅을 갈
사람도 아직 없었으므로, 땅에는 나무가
없고, 들에는 풀 한 포기도 아직
돋아나지 않았다.
6 땅에서 물이 솟아서, 온 땅을 적셨다.
7 주 하나님이 땅의 흙으로 사람을
지으시고, 그의 코에 생명의 기운을
불어넣으시니, 사람이 생명체가 되었다.
8 주 하나님이 동쪽에 있는 에덴에 동산을
일구시고, 지으신 사람을 거기에 두셨다.

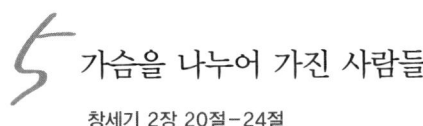

5 가슴을 나누어 가진 사람들

창세기 2장 20절-24절

생명공동체의 원형

아담은 세상에 태어나 최초로 만난 여인에게 "뼈 중의 뼈요 살 중의 살"이라고 감격해하며 탄성을 지릅니다. 에덴에서의 일입니다.

에덴이 어디에 있는지에 대한 고고학적 탐구는 오래 전부터 이루어져 왔습니다. 그렇지만 성서는 우리에게 "에덴의 흔적이 어딘가 있을지 모르니 잘 짐작해서 맞춰보라"는 식의 얘기를 하고 있지는 않습니다. 학자들은 혹시 메소포타미아 문명의 근거가 되는 어떤 지역이 아닐까 하고 상상하기도 합니다. 즉 티그리스 강과 유프라테스 강이 가장 가까이 만나는 어디쯤이라고 짐작하지요. 그곳은 두 거대한 강이 만들어내는 풍요함으로 인해 고대 메소포타미아 문명의 발상지로 지목되어왔습니다. 메소포타미아라는 말 자체가 '두 강 사이의 땅'이라는 뜻이기도 하고, 고대의 가장 발달했던 문명권이었으니 메소포타미아 문명을 떠올리면 에덴을 대강이라도 상상할 수 있지 않을까 생각했습니다. 창세기 2장에서는 에덴에서 갈라져 나온 네 개의 강 가운데 티그리스와 유프라테스 강의 이름을 기록하고 있어 이런 고고학적 추론에 힘을 실어주기도 합니다.

하지만 에덴은 지도상에서 과연 어디에 있는가 하는 식의 질문으로 그 본질이 파악되지는 않습니다. 성서가 말하는 에덴은 인간이 지도를 들고 탐사여행을 떠나 발견할 수 있는 어떤 지리적 공간을 지칭하고 있지 않기 때문입니다. 에덴이란 그 본질이 인류가 상상할 수 있는 범주를 뛰어넘는 하나님의 은총이 구체화된 현장이라는 의미입니다. '생명공동체의 원형'입니다. '생명공동체'라고 한 것은 하나님이 애초에 그곳을 생명의 기쁨이 가득 찬 곳, 인간에게 생명의 축복을 마음껏 누릴 수 있도록 해주신 곳이기 때문입니다. 남자와 여자는 그곳의 최초 주인공이었습니다.

하나님은 사람(남자 아담)을 그곳에서 살게 하시고 필요한 모든 것을 주셨습니다. "동산에 있는 모든 나무의 열매는 네가 먹고 싶은 대로 먹어라"라고 하셨어요. 하고 싶은 대로 다하고 많은 생명체들과 친밀한 관계를 맺도록 격려해주셨지요. 이사야서 11장 6절은 하나님의 평화가 이루어지는 때가 이르면 어떤 현실이 오는지를 예언하고 있습니다. "그때에는, 이리가 어린 양과 함께 살며 표범이 새끼 염소와 함께 누우며, 송아지와 새끼 사자와 살진 짐승이 함께 풀을 뜯고, 어린 아이가 그것들을 이끌고 다닌다." 이런 꿈이 현실이 되는 곳이 다름 아닌 에덴입니다. 따라서 에덴은 하나님이 인간에게 마련해주신 평화로운 생명공동체입니다.

사랑을 나눌 수 있는 상대

여기서 하나님은 여자를 만들어내십니다. 남자는 그 여자를 보고, 감격해합니다.

> 그때에 그 남자가 말하였다. "이제야 나타났구나, 이 사람! 뼈도 나의 뼈, 살도 나의 살, 남자에게서 나왔으니 여자라고 부를 것이다." 창세기 2: 23

하나님이 아담에게 여러 동물들을 이끌고 오셨고 이름도 짓게 하셨지만 아담은 그 동물들을 보면서 "세상에 이렇게 예쁜 새가 있다니?" "세상에 이렇게 큰 동물도 있네" 하며 탄성을 지르지는 않았습니다. 그런데 여자의 등장에서 우리는 "세상에 이렇게 아름다운 여인이 내 앞에 나타나다니!" 하는 인간 최초의 탄성을 듣습니다. 당신의 뼈와 살이 모두 나의 뼈와 살과 다를 바 없다. 어디 있다가 이제 나타났는가 하면서 놀라워하지요. 굉장한 사건입니다. 인간이 모여 살게 되는 생명공동체는 이렇게 감격으로 시작했습니다.

'하와'라는 이름은 나중에 지어졌지만 일단 여기서 여자를 하와라고 부르기로 합시다. 성서 본문은 하와라는 이름이 붙기 이전에, '이쉬'라는 단어로 표현되는 남자에게서 나왔다고 해서 '잇샤'라고 부릅니다만 편의상 그냥 하와로 하겠습니다. 그럼 이 하와는 어떻게 해서 출현하게 되었을까요? 처음에는 흙먼지 같은 존재가 하나님의 손길에 의해서 인간 아담이 창조되었고, 하나님은 그에게 필요한 모든 환경을 다 마련해주셨지만 그래도 무언가 하나 부족하다고 느꼈그 '아, 그가 외롭구나' 하는 데에 생각이 이르렀습니다. 그 대목을 성서는 "그의 짝이 없었다"라고 적고 있습니다. 사랑을 나눌 대상이 없음을 하나님은 안타깝게 여기셨습니다.

그 사람이 모든 집짐승과 공중의 새와 들의 모든 짐승에게 이름을 붙여 주었다. 그러나 그 남자를 돕는 사람, 곧 그의 짝이 없었다. 창세기 2: 20

우리는 여기서 함께 살아갈 삶의 동반자가 있어야 인간 창조의 과정이 완결됨을 알게 됩니다. 인간이 외롭게 지내면, 그 생명의 기력은 시들고 말기 때문이지요. 하나님은 인간 자신의 갈망과 꿈과 행복에 대해 마음을 함께 나눌 수 있는 존재, 한마디로 사랑을 나눌 수 있는 상대를 만들어주신 거지요. 아담이 하나님께서 주신 에덴의 축복을 누군가와 매 순간 행복하게 나누고 싶어하리라는 것은 당연합니다. 그럼으로써 기쁨이 커지고 그 기쁨으로 인해 삶이 힘들지 않지요. 아니 없던 힘도 생기게 됩니다. 하나님으로부터 받은 생명의 기운을 인간이 서로 나누라는 말입니다. 인간의 진정한 역사는 이렇게 사랑의 이야기로 출발합니다.

남자의 갈비뼈로 만든 여자

아담이 여자를 보고 "내 뼈 중의 뼈요 살 중의 살"이라고 합니다. 인류 최초의 가장 놀라운 사랑의 고백이자 프러포즈였습니다. 그런데 여자는 아담이 잠든 사이에, 그의 갈비뼈로 만들었다고 했습니다.

그래서 주 하나님이 그 남자를 깊이 잠들게 하셨다. 그가 잠든 사이에, 주 하나님이 그 남자의 갈빗대 하나를 뽑고, 그 자리는 살로 메우셨다. 주 하나님이 남자에게서 뽑아 낸 갈빗대로 여자를 만드시고, 여자를 남자에게로 데리고 오셨다. 창세기 2: 21-22

하나님이 꿈인지 생시인지 모를 비몽사몽 간에 아담의 갈비뼈를 몰래 빼낸 사건이 일어납니다. 아담은 자기도 모르는 사이에 갈비뼈 하나가 없어졌으나, 눈을 떠보니까 웬 아름다운 여자가 눈앞에 서 있어서 놀라고 기뻤지요. 비록 자신의 동의를 구하고 생긴 일은 아니지만 아담의 심장은 뛰었습니다. 아름답기 그지없는 누드의 여인을 처음 본 남자의 심정이 어떠했겠어요? 한숨 자고 일어나보니 예기치 않았던 환희의 순간이 찾아왔습니다. 아담이 잠든 사이에 하나님께서 아담이 좋아하고 사랑하게 될 누군가를 옆에 만들어놓고 기뻐하게 하는 유쾌한 창조의 사건이 벌어진 것입니다.

여자를 아담의 갈빗대로 만들었다는 대목은 그동안 논쟁거리가 되어왔습니다. 남자의 갈비뼈는 여자에 비해 하나가 부족하다, 처음부터 예비 타이어처럼 여분으로 만든 뼈니까 없어도 괜찮다는 등등의 얘기부터 여자는 남자보다 열등하고, 남자에게 복종해야 하는 존재로 생각하는 여성 차별적 주장들까지 있습니다. 여성들은 하나님이 나중에 만드신 것들이 더 고등한 존재이니 여자가 남자보다 낫다고 반박하기도 합니다. 두 주장 모두 누가 더 낫고 더 못한가 우열을 가리는 식의 논쟁일 뿐입니다. 여자는 남자의 갈비뼈에서 나왔고 남자는 흙에서 나왔으니 흙과 갈비뼈를 비교하면 그 가치평가는 또 어떤가요?

아무튼 이런 식의 얘기들은 본질과는 무관한, 소모적이고 낭비적인 논쟁입니다. 과연 하나님께서 사랑하는 남자와 여자를 창조하면서 우열의 관계를 따지려 하셨을까요? 또 서로 아끼고 사랑하는 사이에 내가 낫니, 네가 낫니 하는 식이 되면 이미 사랑이 아니지요.

사랑은 가슴에서 태어나는 것

뼈는 인간의 형체를 만듭니다. 거기에 살이 붙어야 비로소 몸이 완성되고, 체온을 나눌 수 있는 것 아니겠습니까? 뼈와 살은 핵심을 말합니다. 이것이 없으면 아무것도 아니지요. 아담은 부족한 것이 없고, 모든 것을 자기 마음대로 할 수 있다고 여겼는지 모르나 뼈와 살이 없으면 사는 의미도 없고 완성된 존재도 아니라는 이야기입니다. 즉, '존재의 핵심이 되는 사람'이 지금 아담 앞에 서 있습니다. 그는 한 번도 본 적이 없지만 보는 순간 첫눈에 "저 여인은 내 존재의 중심이야. 그대가 없으면 나는 아무것도 할 수 없어요" 하고 감격합니다. 아담은 하와를 자신의 육체적 욕망을 채우는 성적 대상으로 여기거나, 지배관계로 대하지 않아요. 그저 기쁩니다. 그 기쁨은 자신의 존재와 깊고 깊게 이어지고 있습니다.

남자의 갈빗대에서 여자를 만들어냈다는 그 의미가 도대체 무엇인가를 깨닫는 게 중요합니다. 아담에게 지고의 사랑을 고백하도록 한 이 여인은 그냥 만들어진 게 아닙니다. 이 여인에 대한 사랑은 아담의 가슴에서 태어났습니다. 가슴에서 태어난 것, 그것이 사랑 아닙니까? "이 여인은 너의 몸 일부를 가지고 만들었다. 그런데 그것은 갈비뼈와 하나로 붙어 있던 네 가슴 자체다. 결국 너와 한몸이다." 그 여자를 보면서 아담이 아무런 감동이나 느낌이 없었다면 그저 각기 독립적으로 존재하는 인간일 뿐이지요. 그러나 아담은 그렇게 반응하지 않았습니다. "아, 당신은 나의 가슴에서 태어난 존재입니다. 당신이 없으면 나는 없는 것과 같습니다. 당신이 있어서 내가 있습니다."

'남자의 갈비뼈로 만든 여자'란 여자의 생물학적 출생 근거를 말하는 것이 아니라, 남자와 사랑의 관계를 가지게 된 존재가 그 남자에게 어떤 의미를 가지는지를 깨우치는 말씀입니다. 갈빗대는 가슴을 보호하는 소중한 뼈입니다. 그걸 내어주도록 한 겁니다. 그래서 그 비어있는 공간을 꽉 채우는 것은 사랑을 나누는 존재가 출현할 때 가능해집니다. 사랑하는 사람들은 서로 껴안습니다. 그로써 비워진 마음, 영혼을 채우지요. 가슴의 체온을 나눕니다. 심장의 맥박을 함께 나누지요. 가슴으로 느끼면, 굳이 서로 말을 하지 않아도 알 수 있습니다.

이와는 출발이 다른데, 그것을 사랑으로 포장하는 경우가 적지 않아요. 가슴에서 태어난 사랑이 아닌데도 프러포즈를 합니다. 돈을 보고, 지위를 보고, 학벌을 보고 합니다. 가슴에서 태어난 사랑이 아닌 것은 관계를 그저 유지할 뿐입니다. 언제 무너질지 모르면서 그냥 계속 지탱하는 겁니다. 그러다가 종국에는 무너지고 맙니다.

사랑은 가슴에서 몸으로 갑니다. 가슴의 뜨거움을 통해서 상대의 몸을 향해 가고, 그것이 한몸이 되는 과정입니다. 성서도 "그들은 마침내 한몸이 되었더라"라고 적고 있습니다. 사랑의 순서는 이렇게 되어야 합니다. 가슴의 뜨거움을 먼저 떠올릴 필요가 있습니다.

돕는 배필의 의미

창세기는 아담 앞에 서 있는 여성을 '돕는 자, 돕는 배필, 짝'으로 표현하고 있습니다.

> 그 남자를 돕는 사람, 곧 그의 짝이 없었다. 창세기 2: 20

이 구절은 여자의 주체성을 의미하기보다는 남자를 돕는 보조적인 존재로 규정한 느낌이 들 수 있습니다. 이 말대로 하면, "너는 그냥 나를 도와라. 결정은 내가 한다"는 식의 오만한 태도가 나오기 쉬운데, 그것은 여성은 남자보다 열등하고 남자에게 종속적이라는 주장의 근거가 되기도 하지요.

그러나 한 가지 알아둘 것이 있습니다. 성서에서 '성령'을 '보혜사'保惠師라는 말로도 쓰고 있는데, 이는 '너를 돕는 하나님의 영'이라는 뜻이지요. 여기에서 우리는 '돕는다'라는 말의 분명한 뜻을 알게 됩니다. 사람에게 보혜사 성령이 필요한 까닭은 인간이 갖지 못하는 힘을 하나님의 영이 채워서 일으켜 세워주신다는 뜻입니다. 여성에게는 남성이 갖지 못하는 힘이 있다는 뜻입니다. 여성이 채워주지 못하면 남자는 인간으로서 완성되지 못한다는 의미가 있습니다. 인간이 생명체로서 가장 먼저 경험하게 되는 것도 여성인 어머니의 몸입니다.

여성들은 본능적으로 또는 본질적으로 보살피고 채워주고 치유하는 마음의 힘이 있습니다. 남성들이 뼈를 세운다면, 여성들은 그 뼈에 살을 채웁니다. 남성들은 자기가 세운 목표를 향해 나아가는 성향이 강한 반면, 여성들은 다른 사람들과 교감하는 능력이 발달해 있습니다. 그래서 인지 실제 여성들은 아주 작은 일에도 잘 웃습니다. 즉 반응을 잘 하지요. 개그맨들의 이야기를 들어보면 남성들, 그 가운데 중년 이상의 남자들을 웃기기란 정말 힘들다고 합니다. 그들은 어디 한번 웃겨보라는 듯 팔짱을 끼고 고자세로 앉아 있다고 합니다. 거기에 비해 여학생들은 금세 반응을 보이며 쾌활하게 잘 웃습니다. 중학생만 되어도 남자아이들은 반응을 별로 하지 않는다는군요. 남성의 경우에는 자기가 설정한 어떤 체계나 격식을 고집하고 그걸 앞세워 다른 사람이 들어설 여지가 별로 없습니다. 이런 태도가 일정하게 안정적 기운을 만들어주기는 하지만, 생명의 기력을 자유롭게 뿜어내는 데는 문제가 있습니다.

또 여성들은 남성들에 비해서 잘 웁니다. 남의 아픈 사정에 대해 쉽게 공감하고 고통을 나누기 때문이지요. 남성들이 추상적 논리와 관념적 언어에 익숙한 편이라면, 여성들은 구체적인 발상과 정서적 사고에 능합니다. 그러니까 여성이 남자를 돕는다는 것은 남성들한테 더 중요한 얘기입니다. 혼자서 모든 것을 다할 수는 없습니다. 하나님이 남자를 여자에게 데려가신 것이 아니라, 남자한테 여자를 데리고 가시지 않았나요? 그 존재의 가치를 보다 풍요하게 하고, 하나님 외에 그 가치를 실현시키는 데 힘이 되는 근본적 존재가 누구인지를 일깨워주시는 장면입니다.

가슴이 따뜻한 사람

에덴동산에서 두 사람은 아무것도 걸치지 않고 맨몸으로 만나 사랑합니다. 오직 두 사람 사이에서. 자신의 존재 그 어느 부분도 가리고 숨길

이유가 없었습니다. 이는 서로에게 가장 안전하고 행복한 존재양식입니다. 생명의 능력을 서로 나누고 전하는 데에 별도의 전도체가 중간에 있을 필요가 없습니다. 그 어떤 순도 백 퍼센트의 전도체라도 이와는 비교할 수 없습니다. 이렇게 가슴을 터놓고 마주할 수 있는 사람, 그런 사랑이 있는 사람은 행복합니다. 이것을 소중하게 여기지 않으면 생명의 기력이 막히는 비극에 처할 수 있지요. 아담과 하와는 서로 가리는 것이 없는, 그래서 생명의 기운을 최상으로 나누며 살았습니다. 그런 기운으로 인간은 새롭게 만들어져갑니다.

한 인간의 사는 모습이 하늘을 나는 독수리가 될 것인가, 들판을 질주하는 표범이 될 것인가, 또는 어두운 곳을 드나드는 들쥐가 될 것인가는 그 영혼의 형성 과정에 달려 있습니다. 살아가면서 나누는 기운이 어떠한가에 따라 개인이나 사회, 역사가 다른 모습을 갖추어갑니다. 가슴을 나누며 사는 공동체는 서로를 '뼈 중의 뼈 살 중의 살'로 생각하겠지만 그렇지 않으면 서로의 뼈를 부수고 살을 찢어 피를 흘리게 할 것입니다.

남자와 여자가 하나님의 사랑으로 창조되었고, 두 사람은 가슴으로 맺어진 관계입니다. 인류 공동체의 시작은 그러했습니다. 가슴이 따뜻한 사람은 행복합니다. 남도 행복하게 합니다. 그런 기쁨이 우리의 일상이 되기를 기원합니다.

2 ²⁰ 그 사람이 모든 집짐승과
공중의 새와 들의 모든 짐승에게
이름을 붙여 주었다. 그러나 그 남자를
돕는 사람, 곧 그의 짝이 없었다.
²¹ 그래서 주 하나님이 그 남자를 깊이
잠들게 하셨다. 그가 잠든 사이에,
주 하나님이 그 남자의 갈빗대 하나를
뽑고, 그 자리는 살로 메우셨다.
²² 주 하나님이 남자에게서 뽑아낸
갈빗대로 여자를 만드시고, 여자를
남자에게로 데리고 오셨다.
²³ 그때에 그 남자가 말하였다. "이제야
나타났구나, 이 사람! 뼈도 나의 뼈,
살도 나의 살, 남자에게서 나왔으니
여자라고 부를 것이다.
²⁴ 그러므로 남자는 아버지와 어머니를
떠나, 아내와 결합하여 한 몸을
이루는 것이다.

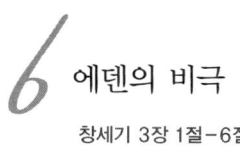

6 에덴의 비극

창세기 3장 1절-6절

뱀의 유혹

"뼈 중의 뼈, 살 중의 살"이라고 고백하며 사랑을 나누었던 아담과 하와. 어느 새 두 사람은 서로 비난하고 책임을 떠넘기는 관계가 됩니다. 무슨 일이 일어난 것일까요? 사태가 그리 되어버린 것은 누구의 책임이었을까요?

에덴에서 아담과 하와는 무엇이든지 자유롭게 할 수 있었습니다. 단, 하나의 예외가 있었지요. '선악과'를 먹지 말라는 것이었습니다. 하나님은 이 원칙을 사람이 어기면 죽는다고 하셨습니다. '죽이겠다'가 아니라 '죽는다'고 했으니 선악과를 먹는 것은 자살행위와 같습니다. 생명공동체에 죽음을 부르느냐 마느냐는 그곳에 살고 있는 인간에게 달려 있었고, 적어도 이 시점까지는 '죽음'이란 존재하지 않았습니다. 하나님이 아담에게 이 말씀을 하신 때는 아직 여자가 창조되기 전의 일이었습니다.

주 하나님이 사람을 데려다가 에덴동산에 두시고, 그곳을 맡아서 돌보게 하셨다. 주 하나님이 사람에게 명하셨다. "동산에 있는 모든 나무의 열매는, 네가 먹고 싶은 대로 먹어라. 그러나 선과 악을 알게 하는 나무의 열매만은 먹어서는 안 된다. 그것을 먹는 날에는, 너는 반드시 죽을 것이다." 창세기 2: 15-17

그런데 이 죽음의 경고를 가볍게 여기는 사건이 벌어집니다. 뱀의 유혹이 사건의 발단이었고, 인간에게 생사의 갈림길이 여기서 비롯되었습니다. 죽음이 고개를 치켜들고 인간을 시험하기 시작합니다.

뱀은, 주 하나님이 만드신 모든 들짐승 가운데서 가장 간교하였다. 뱀이 여자에게 물었다. "하나님이 정말로 너희에게, 동산 안에 있는 모든 나무의 열매를 먹지 말라고 말씀하셨느냐?" 창세기 3: 1

"모든 들짐승들 가운데 뱀이 가장 간교하였다"라고 되어 있는데, 여기서 간교하다는 말은 뱀이 생물학적으로 원래 그렇다는 것은 아닙니다. 뱀은 간교한 생각 일체를 압축적으로 상징합니다. 왜 뱀이 그렇게 됐을까요? 강대한 고대 제국에서 뱀은 왕의 권세를 상징했습니다. 이집트 파라오의 왕관 앞머리에는 고개를 바짝 치켜든 뱀, 특히 코브라가 형상화되어 있었습니다. 대단히 위력적이고 독기 가득한 권력이 뱀의 형상으로 나타나고 있습니다. 사람들은 이 뱀의 상징을 보면서 권력에 대한 공포를 느끼게 되었습니다. 성서는 이런 권세를 두려움의 대상으로 보는 게 아니고 간교하다고 일깨웁니다. 즉 "무서워 떨지 마"가 아니라 "속지 마!"라고 하고 있습니다. 속지 않으면 두려워할 이유가 없습니다. 정신을 차리면 뱀의 속임수에 넘어가지 않고 그 사특한 힘에 굴복하지 않습니다.

이 선악과 사건을 봐도, 하나님의 진실을 왜곡하는 영과 삿된 생각이 뱀으로 형상화되어 인간을 기만하려 들지요. 그런데 묘한 것은 뱀이 남자가 아니라 여자에게 말을 겁니다. 속일 상대를 선택하는 것도 치밀하게 꾸민 교활한 술책에서 나옵니다. 선악과와 관련한 이야기는 하나님이 여자를 창조하시기 전에 남자인 아담에게 하셨기 때문에, 여자로서는 그 책임에 대한 부담이 상대적으로 적을 수 있습니다. 뱀은 일종의 약한 고리를 치는 격이지요. 그런 점을 염두에 두고 뱀은 여자를 공세의 목표로 삼습니다. 과연 이후에 문제가 생기자 하나님은 하와가 아니라 아담에게 먼저 물으십니다.

뱀의 논법, 하와의 논법

뱀은 하나님의 말씀에 대해 여자가 의문을 갖도록 이야기를 시작합니다.

> "하나님이 정말로 너희에게, 동산 안에 있는 모든 나무의 열매를 먹지 말라고 말씀하셨느냐?" 창세기 3:1

뱀은 "하나님이 정말 그러셨어?"라며 몰아붙이듯 묻고 있지요. '정말'이라는 말을 강조해서 의심을 불러일으키는 것 말고도 뱀은 "모든 것을 먹지 말라고 했어?"라고 합니다. 모든 것이 금지의 대상인 양 이야기를 풀어나가고 있습니다. 이렇게 물었을 때, 상대는 아니라고 부인하게 되어 있습니다. 그 질문방식에는 큰 문제가 없어 보입니다. 그런데 뱀은 이런 표현을 씀으로써 '허용'보다는 '금지'를 부각시키고, 그것이 큰 논란거리인 것처럼 여기게 유도하고 있지요. 하나님 말씀의 근본을 뒤집고 있습니다. 하나님의 말씀은 "다 허용되어 있다"에 주안점이 있습니다. 그에 더해 허용의 수준이 "먹고 싶은 대로 먹어라"라고 하셨듯이 무한대입니다. 다만, "이것만 지키면 된다"라는 최소한의 의무를 일러주신 겁니다. 같은 말도 "다 할 수 있는데, 이것만은 안 돼"라고 금지의 의도로 말하는 것과, "이것만 지키면 너의 자유는 무한하다"라고 말하는 것은 전혀 다른 이야기입니다. 앞의 논리로 그 뜻을 새기면 자유의 한계로 보일 수 있으며, 뒤의 논리는 허용된 자유의 가치에 강조점이 놓이게 됩니다. 그렇기 때문에 이 선악과에 대한 사전 경고는 한마디로 하나님이 인간에게 주신 자유를 지키고, 생명을 지키는 방법에 대해서 일깨우신 사건입니다. 이에 반해 뱀의 질문은 '금지와 한계'의 문제를 주시하도록 교묘히 초점을 이동시키고 있습니다. 이에 여자는 다음과 같이 답합니다. 얼핏 보면 대체로 맞는 말인 듯합니다.

> "우리는 동산 안에 있는 나무의 열매를 먹을 수 있다. 그러나 하나님은, 동산 한가운데 있는 나무의 열매는, 먹지도 말고 만지지도 말라고 하셨다. 어기면, 우리가 죽는다고 하셨다." 창세기 3: 2-3

그녀는 "동산에 있는 모든 나무의 열매"라고 하지 않고, 그저 "동산 안의 열매"라고만 말합니다. 먹고 싶은 대로 마음껏 먹을 수 있다는 언급도

하지 않습니다. 하나님이 자신에게 준 그 '모든 것'에 대해 감사의 인식이 없습니다. 그와 함께, 뱀의 논리에 따라 "이게 안 돼" 하면서 다 된다는 말을 별 볼일 없게 만드는 쪽으로 가고 있습니다. 만일 여자가 대답하기를 "단지 하나만 빼고, 동산 안의 모든 열매를 마음껏 먹으라고 하셨지"라고 했다면 이는 '먹을 수 있는 것'에 강조점이 생깁니다. 허용된 것을 강조하는 논리인데, 이와는 달리 '모든 열매'라는 말이 빠진 상태에서 "이건 안 되게 되어 있다"라고 하면 제한을 강조하는 논법이 되지요.

사람을 평할 때에도 "저 사람은 다 좋은 데 이게 문제야"라고 말하는 경우와, "그게 문제이긴 하지만 그것 빼고는 다 좋아"라고 말하는 것은 큰 차이가 있습니다. 뱀의 질문을 받은 여자가 자신에게 주어진 자유의 크기를 염두에 두고, "다 되는 판에 이거 하나 안 된다고 문제되지 않아"라고 했다면, 뱀이 더 이상 파고들 여지는 없었을 것입니다. 그러나 그 틈을 내어주기 시작한 거지요. 뱀은 "하나님이 먹지 말라고 한 그것이 진짜 문제다. 다 먹으라고 한 말은 이 하나에 비하면 아무것도 아니야"라고 할 수 있는 여지가 생기고 맙니다. 뱀의 논법은 "다 준 것 같지? 사실은 결정적인 것을 안 주셨어. 그거 하나면 모든 것을 다 가질 수 있어"가 됩니다. 선악과가 금단의 열매가 아니라 갈망의 대상이 되도록 집요하게 논리를 전개시키고 있습니다.

여자의 대답에서 우리는 그녀가 그 금지된 열매를 가진 나무의 이름을 명확하게 거명하지 않는 것을 목격합니다. 대단히 중요한 대목입니다. 여자는 '선악과'라는 말 대신 '동산 한가운데 있는 나무 열매'라고만 합니다. 그런데 동산 한가운데에 무슨 나무가 있습니까? 바로 생명나무와 선악과 나무였습니다.

주 하나님은 보기에 아름답고 먹기에 좋은, 열매를 맺는 온갖 나무를 땅에서 자라게 하시고, 동산 한가운데는 생명나무와 선과 악을 알게 하는 나무를 자라게 하셨다. _{창세기 2: 9}

동산 한가운데 있는 나무는 생명나무를 가리킬 수도 있고, 선악과를 가리킬 수도 있습니다. 하나님께서는 생명나무의 열매를 먹지 말라는 얘기는 하지 않으셨습니다. 여자가 동산 한가운데 있는 나무라고 그냥 뭉뚱그려서 말하고 있지만, 사실은 뱀이나 여자나 이것이 무엇을 의미하는지 알고 있습니다. 애매하게 표현하지만 그 내용은 서로 명확하게 인식하고 있습니다. 여자는 선악과라는 단어는 절대로 입 밖에 내지 않았고, 뱀도 '그 나무'라고 했지 '선악과'라고 하지 않았습니다.

하나님은 분명하게, "동산에 있는 모든 나무의 열매는 네가 먹고 싶은 대로 먹어라. 그러나 선과 악을 알게 하는 나무의 열매만은 먹어서는 안 된다. 그것을 먹는 날에는 너는 반드시 죽을 것이다"라고 하셨는데, 이걸 모호하게 표현하고 있지요. 누가 뇌물을 주면서 "이거 뇌물입니다" 하고 주지는 않습니다. "이건 제 작은 성의인데요"라고들 하지요. 그러면 "나는 성의를 받았을 뿐이지, 뇌물을 받은 적은 없습니다"라고 말하면서 나중에 추궁당해도 발뺌할 구실을 만듭니다. 하나님이 뱀에게 "너 사람에게 선악과를 먹어도 되는 것처럼 얘기했어?" 그러면 뱀이 "저는 선악과라는 얘기를 한 적이 없습니다"라고 빠져나갈 수도 있습니다. 여자는 과장까지 합니다. 그냥 먹지 말라고 하셨는데, "먹지도 말고 만지지도 말라"고 하셨다는 겁니다. 언제 만지지도 말라고 하셨나요? 그 나무의 열매를 먹지 말라고 한 것을 어기면 죽는다고 하자 뱀은 이렇게 말합니다.

뱀이 여자에게 말하였다. "너희는 절대로 죽지 않는다." 창세기 3: 4

'절대로'라는 말을 뱀이 쓰고 있지요. 자신의 말을 지엄한 자리에 올려놓습니다. 하나님은 "반드시 죽는다"고 하셨는데, 뱀은 "절대로 죽지 않는다"라고 했으니 하나는 거짓이고 하나는 진실입니다. 여자는 하나님이 말씀하신 "반드시 죽는다"에서 '반드시'도 빼놓고 말했습니다. 여자가 일차적으로 죽음의 경고를 무디게 했다면, 뱀은 아예 그것을 부정하는 데까지 나아간 겁니다.

관계의 변조

관심의 대상은 이제 선악과로 압축되어갑니다. 처음에는 "문제 혹시 있어?" "아니, 문제없어." "너 몰랐구나, 그거 문제잖아!" "그게 문제였던가? 듣고 보니 정말 그런 것 같네"라는 논리의 변화가 진행되는 가운데, "하지만 그 문제는 잘못 건드리면 내가 죽는데"라는 지점까지 나갔습니다. 그러나 뱀은 하와에게 "먹어도 너한테 좋은 일만 생기지, 절대 나쁜 일은 안 생긴다"라고 하나님의 말씀을 근본적으로 허물고 맙니다.

하나님은, 너희가 그 나무 열매를 먹으면, 너희의 눈이 밝아지고, 하나님처럼 되어서, 선과 악을 알게 된다는 것을 아시고, 그렇게 말씀하신 것이다. 창세기 3: 5

뱀은 사람에게 마치 굉장한 비밀을 말해주는 듯합니다. "사실 이거 왜

못 먹게 하시는 줄 알아? 그거 알면 죽지 않는다는 것에 대해서 확신을 가질 수 있어." 그래서 뱀이 뭐라고 얘기합니까? "하나님과 같이 된다." 하나님은 자신과 같아질 경쟁자를 배제하기 위해서 선악과 먹는 것을 가로막고 계시다는 겁니다. "하나님이 너를 속인 거야. 그거 먹는다고 절대 죽지 않아." 누가 속고 있는지 똑바로 알라는 것이지요.

뱀의 이야기는 결국 "이 선악과에 손대는 것을 두려워해야 할 존재는 네가 아니라 하나님이다. 네가 하나님처럼 될까봐 금지시킨 것이다"라고 말하고 있습니다. 뱀은 이 모든 '비밀의 누설'이 마치 인간을 위한 것인 양 위장합니다. 뱀의 논리에 따르면, 하나님은 선악과를 자기가 독점하기 위해서 거짓말을 하고 있는 셈인데, 그럼 그 다음에 나와야 할 행동은 무엇이겠습니까? 하나님이 독점하고 있는 선악과의 구조를 깨뜨려야겠지요. 그렇게 해서 선악과의 금지선을 넘는 순간 인간은 하나님과 같은 수준으로 격상된다고 보게 만듭니다.

그렇다면 뱀은 지금 무얼 한 걸까요. 성서는 하나님이 인간을 사랑하시고 6일 동안 생명의 자리를 만드셨다고 했습니다. 뱀은 이 사랑의 관계를 경쟁과 시기의 관계로 바꿔버립니다. 서로 사랑하는 남편과 아내가 경쟁하나요? 서로 아끼는 이들이 상대를 시기하고 그보다 위에 서려 하나요? 부모와 자식이 경쟁합니까? 자식의 탁월함을 부모가 질투합니까? 뱀은 하나님과 인간을 서로 적대해야 할 경쟁자처럼 생각하게 만든 것입니다. 하나님과 인간의 관계를 변조시켰지요. 그러자 이 선악과를 보는 눈이 변했습니다. 올바른 인식의 틀을 갖는 일은 이처럼 중요합니다.

여자가 그 나무의 열매를 보니, 먹음직도 하고, 보암직도 하였다. 그뿐만

아니라, 사람을 슬기롭게 할 만큼 탐스럽기도 한 나무였다. 창세기 3 : 6

생각의 구조가 바뀌면 같은 존재도 달리 보이고, 그로써 선택도 달라집니다. 뱀의 유혹은 하와의 마음에 하나님의 지위에 대한 탐욕을 불러일으키고 있습니다. 뱀의 계략은 여기서 일단 성공합니다.

자유의 은총이 담긴 선악과

선악과를 먹지 말라고 하신 것은 "에덴에서는 네가 하고 싶은 대로 다할 수 있다. 그러나 그 자유를 날로 성장시키고 지켜내기 위해서는 그대들에게 이 원칙이 꼭 필요하다"라고 하시는 일깨움이라고 했습니다. 하나님의 이 경고는 자유를 제한한 경계선이 아니라 자유를 허용한 출발점이었습니다.

선악과 자체가 무엇인지 생각해봅시다. 선악과는 선과 악을 아는 나무라고 하는데, 그렇다면 사람에게 선과 악을 구별할 능력이 있으면 안 되나요? 선과 악을 판단하고 옳고 그름을 알면 문제가 생깁니까? 그것을 모르고 사는 것이 좋을까요? 그렇지는 않습니다. 우리가 매일매일 삶에서 옳고 그름의 판단을 하지 않고 살기는 어렵습니다. 도리어 그 판단을 매순간 치열하게 하는 것이 인생입니다.

문제는 선과 악을 하나님처럼 알려고 하는 데 있습니다. 그것은 선과 악에 대한 판단을 절대화함을 뜻합니다. 인간의 판단이 얼마나 유동적이고 그릇된 것이 많은데, "내가 보는 것이 절대적이야"라고 할 수는 없습니다. 자신의 선악 판단을 절대화하며 그것을 하나의 권력으로 만들면 무서운 일이 벌어집니다. "나는 언제나 옳다. 나의 판단은 신의 판단과 동일하다. 모두 나에게 순종하라"는 사태가 벌어질 수 있겠지요.

선과 악의 절대 기준을 갖고 계신 분은 오직 한 분 하나님밖에 없습니다. 생사를 주관하는 권세도 하나님에게만 있습니다. 그런데 이 절대 기준과 생사여탈의 권력이 인간의 손에 주어지면 생명을 짓밟는 절대악이 됩니다. 사람이란 선과 악에 대한 쟁투와 고민과 판단의 과정을 끊임없이 거쳐야 되지만, 그렇게 해서 도달한 결론을 절대적 위치에 세우고 그걸 권능으로 삼으면 자신의 판단은 심판의 권세를 갖게 됩니다. 우리들은 때로 선하기도 하고 때로 악하기도 합니다. 그렇다면 어느 순간의 모습이 우리의 진정한 모습이겠습니까? 그 모두 우리의 모습 아닌가요?

어느 하나를 특정하게 자신의 모습이라고 절대화시킬 수 없습니다. 인간에게는 이런 모습 저런 모습이 있게 마련입니다. 또 어떤 사람은 누가 봐도 명백하게 악을 저질렀지만 그럴 수밖에 없는 사연이 있는가 하면, 시대에 따라서 선악을 판단하는 기준도 달라질 수 있습니다. 인간이 자신의 판단을 절대화하게 될 경우에는 인간 사이에 자유나 생명이 파괴되는 결과를 가져올 수밖에 없습니다. 그렇게 죽인 것을 되살릴 능력도 없으면서 말입니다.

노예였던 히브리 백성들은 권력자가 신의 권위를 갖고 절대 힘을 행사하면서 인간의 생사여탈권을 가진 현실을 고통스럽게 체험하고 있었습니다. 자유는 사라지고 생명은 하루살이 목숨에 불과했습니다. 절대화된 인간의 판단과 권력이 견제되지 못하고 최상의 지위를 점거하게 되면, 인간은 자유를 박탈당하고 죽음으로 몰리게 됩니다. 하나님께서 "너는 그것만은 절대로 하지 말라"고 하셨던 겁니다. 하나님께서는 "그것은 나

주 하나님에게 속한 것이다. 선과 악에 대해 고민하도록 나는 너에게 양심이라는 것을 주었다. 그 양심을 통해서 세상을 보면 옳고 그른 것이 무엇인지 너 스스로 알 수 있을 것이다. 하지만 인간의 생명에 대해서 판단을 내리는 권세는 너는 갖고 있지 않다"는 이야기가 이 안에 있는 겁니다. 그것을 인간이 행사하려들 때 비극적인 사태가 일어납니다. 어떤 종교나 권력도, 인간의 주장도 모두 절대화되면 사람들은 숨을 쉬지 못합니다. 실로 선악과의 존재는 자유에 대한 한계가 아니라 자유를 무한대로 성장시킬 수 있는 소중한 은총임을 일깨웁니다. 하지만 뱀은 인간에게 그 은총의 가치를 망각하게 만들고 하나님의 지위에 대한 욕망을 성공의 척도로 오해하게 만들고 있습니다.

뱀의 계략을 여자가 이겨낼 수 있는 기회가 적어도 세 번은 있었습니다. 첫 번째는 인간은 하나님과 경쟁의 대상이 아니라는 사실을 떠올리는 것이었습니다. 하나님이 경쟁자를 세상에 창조하시겠습니까? 그런 존재가 가능이나 한가요? 사랑을 경쟁관계로 만들겠느냐고 도리어 따져 물었다면 뱀의 이야기는 무력해질 수 있었습니다.

두 번째는 "네 말대로 이것을 먹으면 하나님과 같은 지위에 오르는 능력을 얻게 된다고 하자. 그러면 그걸 왜 내가 뻔히 보이는 곳에 두셨을까? 당연히 숨겨놓지 않으셨을까?" 하고 물어야 했습니다. 동산의 한가운데 있으니 어디를 가도 보일 텐데 그것에 은폐된 비밀이 있는 양 말하지 말라고 입을 닫게 만들었다면, 뱀의 유혹은 힘을 잃었을 것입니다.

마지막 세 번째는 신뢰의 문제입니다. "뱀아, 나는 무슨 일이 있어도 너의 말보다 나를 사랑하시는 하나님의 말씀을 끝까지 신뢰한다"고 했다면 뱀이 어쩌지 못했을 것입니다. 무슨 일이 있어도, 또 어떤 누구의 말보다 하나님 말씀을 더 믿겠다는데, 어떻게 이 마음을 흔들 수 있겠습니까?

그러나 질문은 여전히 남습니다. 왜 선악과를 하필이면 거기에다 두셨을까 하는 것입니다. 인간이 선악과를 먹게 될 줄 모르셨다면 전지전능한 하나님이 아니며, 아시고도 일부러 그렇게 놓아두었다면 덫을 놓은 셈이니까요.

탕자 아들을 품은 아버지의 마음

이 문제를 풀기 위해 신약성서의 한 대목을 생각해보기로 하지요. 우리가 흔히 '탕자의 비유'라고 알고 있는 이야기입니다.

예수께서 말씀하셨다. "어떤 사람에게 아들이 둘 있는데, 작은 아들이 아버지에게 말하기를 '아버지, 재산 가운데서 내게 돌아올 몫을 내게 주십시오' 하였다. 그래서 아버지는 살림을 두 아들에게 나누어주었다.

며칠 뒤에 작은 아들은 제 것을 다 챙겨서 먼 지방으로 가서, 거기에서 방탕하게 살면서, 그 재산을 낭비하였다. 그가 그것을 다 탕진했을 때에, 그 지방에 크게 흉년이 들어서, 그는 아주 궁핍하게 되었다. 그래서 그는 그 지방에 사는 어떤 사람을 찾아가서, 몸을 의탁하였다. 그 사람은 그를 들로 보내서 돼지를 치게 하였다. 그는 돼지가 먹는 쥐엄 열매로라도 배를 채우고 싶은 마음이 간절했으나, 주는 사람이 없었다.

그제서야 그는 제정신이 들어서, 이렇게 말하였다. '내 아버지의 그 많은 품꾼들에게는 먹을 것이 남아도는데, 나는 여기에서 굶어 죽는구나. 내가 일어나, 아버지에게 돌아가서, 이렇게 말씀드려야 하겠다. 아버지, 내가 하늘

과 아버지 앞에 죄를 지었습니다. 나는 더 이상 아버지의 아들이라고 불릴
자격이 없으니, 나를 품꾼으로 삼아주십시오.'

그는 일어나서, 아버지에게로 갔다. 그가 아직도 먼 거리에 있는데, 그의
아버지가 그를 보고 측은히 여겨서, 달려가 그의 목을 껴안고, 입을 맞추었
다." 누가복음 15: 11-20

두 형제가 있었고, 동생은 형의 그늘에 가려진 채 살고 싶지 않았는지
독립을 결심합니다. 그래서 작은 아들은 독립할 자금으로 아버지 살아생
전에, 자기 몫의 유산을 미리 받으려 했습니다. 유산은 아버지가 돌아가
신 후에 형제간에 나누는 것이 당연한데, 이 말을 미리 거론하는 자체가
불손하고 부담스러운 일입니다. 하지만 둘째는 어느 날 아버지를 찾아가
서 말합니다.

상상의 각본을 쓴다면 이렇지요. "아버지, 저 독립하겠습니다. 그러니
어차피 제가 받을 유산인데 그 몫을 미리 좀 내주십시오." 그런데 아버지
는 이 말에 불같이 화를 내며 아들의 뺨을 때린 것도 아니고, 걱정스럽게
앞날에 대해 묻지도 않았습니다. 그냥 "알았다" 하고 유산을 내줍니다.
아들은 유산을 받고 먼 곳으로 떠났습니다. 아버지는 그 아들이 집을 나
가면 고생을 할 거라고 생각했지만, 그냥 나가게 했던 것입니다. 그렇게
기세 좋게 나갔던 아들은 인생에 실패하고 형편이 곤궁해져서 다시 아버
지에게 돌아오게 됩니다.

만약 그 아들이 평소 아버지에게 정을 느끼지도 못하고 불만이 가득했
다면, 집에는 절대 돌아가지 않겠다고 마음먹었을 것입니다. 하지만 아
들은 거지꼴을 하고 가더라도 아버지는 나를 내칠 분이 아니라는 믿음이

있었지요. 아들은 아버지가 자신을 매사에 추궁하지도, 간섭하지도 않았으며, 언제나 "그래, 한번 해봐"라고 믿어주었고, 모든 걸 잘 아시면서 스스로 겪고 일어설 수 있는 기회를 주신 거라고 뒤늦게 깨달았을 것입니다. 그러기에 그가 집으로 돌아왔을 때 아버지는 멀리서도 한눈에 아들을 알아보고, 달려나와 사랑으로 맞아주었지요. 하나님의 인간에 대한 마음도 이와 다르지 않을 것입니다.

인간을 믿어주시는 하나님

하나님이 사람에게 자유를 주면 무슨 일을 저지를지 모른다고 생각하여 아예 선악과를 딴 곳에 숨겼다면 그것은 인간을 기본적으로 불신하셨음을 뜻합니다. 그러나 하나님께서는 "그래, 문제가 생길 줄 알지만 그것 때문에 너를 믿을 수 없는 존재로 생각하거나 대하고 싶지는 않다. 내 말을 귀하게 여긴다면 이탈을 한다고 해도 반드시 다시 내게로 돌아올 거야" 하는 마음을 품고 계시지 않으셨을까요. 문제의 소지가 있다고 해서 처음부터 봉쇄하는 것이 아닙니다. 그렇게 하면 인간에게 주체적 성찰의 기회도 주지 않고 못 믿을 존재라고 못박는 일입니다.

아담과 하와를 믿었던 것은, 이들이 잘못은 저지를 줄 예상하지 못해서가 아니라 그럼에도 불구하고 마침내는 자신들의 잘못을 알고 본래의 마음을 회복할 수 있음을 기대했기 때문입니다. 이 믿음이 있기 때문에 주위에서 혹시 "하나님, 거기 갔다놨다가는 큰일납니다. 저 인간들이 어떤 인간들인 줄 아십니까? 절대로 믿지 마세요" 종용해도 하나님은 "그렇긴 그래, 그거 치워라" 하고 대답하시지 않습니다. 하나님은 이같이 말

쓸하십니다. "괜찮아. 결국은 스스로 배우게 될 거야. 내가 믿지 못해서 저 나무를 그들의 눈앞에서 없애는 것보다 저 과정을 거쳐 내 마음을 깊이 깨닫는 것이 더 좋아. 나는 저들을 끝까지 믿고 싶다. 이 마음을 나는 포기하지 않을 거야."

우리는 이런 하나님의 신뢰를 받은 존재입니다. 사랑하기 때문입니다. 그 사랑이 우리를 그 어떤 상황에서도 지켜내는 능력이 됩니다. 하나님의 마음을 소중히 여긴다면, 인생을 살아가는 우리의 자세는 달라질 것입니다. 우리를 끝까지 믿고 최대한의 자유를 주셨으니 이를 밑바탕 삼아서 생명의 능력을 선하게 발휘할 수 있어야 합니다. 이들이 선악과보다는 생명나무의 가치에 눈뜨고 그것을 선택할 줄 알았다면 그 삶은 전혀 달라졌을 것입니다. 무엇이 더 소중한가를 깨달으면 헛된 선택은 하지 않습니다. 하나님이 어떤 분이신가를 모르면 우리의 인생은 자신의 욕심으로 잘못된 길로 들어섭니다.

에덴동산의 선악과는 선악의 절대 주관자가 하나님 한 분뿐임을 일깨우는 동시에, 우리를 한없이 신뢰하시는 하나님의 사랑과 마음을 그대로 보여주는 감격이 있습니다. 하나님은 언제나 우리를 믿고 계십니다.

3 ¹ 뱀은, 주 하나님이 만드신 모든
들짐승 가운데서 가장 간교하였다.
뱀이 여자에게 물었다. "하나님이 정말로
너희에게, 동산 안에 있는 모든 나무의
열매를 먹지 말라고 말씀하셨느냐?"
² 여자가 뱀에게 대답하였다. "우리는
동산 안에 있는 나무의 열매를 먹을 수 있다.
³ 그러나 하나님은, 동산 한가운데 있는
나무의 열매는, 먹지도 말고 만지지도
말라고 하셨다. 어기면, 우리가 죽는다고
하셨다." ⁴ 뱀이 여자에게 말하였다.
"너희는 절대로 죽지 않는다.
⁵ 하나님은, 너희가 그 나무 열매를 먹으면,
너희의 눈이 밝아지고, 하나님처럼
되어서, 선과 악을 알게 된다는 것을
아시고, 그렇게 말씀하신 것이다."
⁶ 여자가 그 나무의 열매를 보니,
먹음직도 하고, 보암직도 하였다. 그뿐만
아니라, 사람을 슬기롭게 할 만큼
탐스럽기도 한 나무였다. 여자가
그 열매를 따서 먹고, 함께 있는
남편에게도 주니, 그도 그것을 먹었다.

7 우리는 지금 어디에 있을까

창세기 3장 7절-13절

성공의 그늘

에덴동산에서 뱀과 여자의 대화를 보면, 그 말 한 마디 한 마디가 고리가 되어서 결국에는 유혹에 넘어가는 것을 알게 됩니다. 그것이 "성공의 길이야"라고 꾀고 있지만, 결국 실패로 가는 길이었지요. 성공이라고 여긴 사건 안에 실패의 씨가 숨어 있음을 보지 못할 때 우리가 겪게 되는 운명입니다.

지난 세기 동안 이루어진 우리의 경제 성장을 보면 상당히 성공했다고 자부할지 모릅니다. 하지만 그 과정에서 우리의 인간성은 얼마나 타락했는지 묻지 않을 수 없습니다. 돈이면 뭐든지 다 되는 황금만능주의 사회에서는 인간의 존엄성이나 생명존중 같은 가치들은 존중받지 못하게 됩니다. 돈은 인간생활에 꼭 필요하지만, 그것이 사람 위에 있게 되면 인간은 비참해집니다. 돈이라는 힘 앞에 인간은 굴복하고, 돈이 없는 사람들은 푸대접 받게 될 테니까요. 돈을 가진 사람도 이런 사회풍조 속에서 비인간적으로 되기 쉽습니다. 인간의 아름다움에 눈뜨기보다는 소유의 규모가 더 중요해지는 겁니다.

소유에 몰두하는 인간은 정신이 공허합니다. 그런 인간에게서 사람들은 존경심도 매력도 느낄 수 없습니다. 프랑크푸르트학파의 사회심리학자 에릭 프롬은 그의 책 『소유냐, 존재냐?』에서 존재의 가치가 빛날 때 진정한 인간사회가 이루어짐을 역설했습니다. 에덴에서도 하와가 선악과에 대한 탐욕보다는, 하나님이 주신 자신의 존재가치에 눈을 떴다면 뱀의 감언이설에 자신을 그토록 쉽게 내주지 않았을 겁니다.

무너진 관계

사람의 관계는 겉보기로만 판단할 수 없습니다. 함께 있다고 해서 함께 있는 것이라고 단정할 수 없고, 멀리 떨어져 있다고 해서 멀리 있다고 말할 수 없는 것이 인간관계입니다. 대화를 하면, 서로간의 벽이 사라진다고 보지만 대화를 하지 않는다고 해서 소통이 또 안 되는 것은 아닙니다.

이런 이야기를 꺼내는 까닭은, 에덴동산 사건 이후 아담과 하와, 그리고 하나님의 관계에 겉으로는 보이지 않는 균열이 생기고 말았기 때문입니다. 처음에는 아무것도 입지 않아도 거리낌이 없었던 아담과 하와가 이제는 서로에게 자신을 그대로 드러내기에 부끄러운 존재가 되었고, 하나님 앞에서도 숨는 자들이 되었습니다. 함께 있는데 함께 있는 것이 아니고, 자신을 감추고 있지만 드러나는 모순된 상황을 목격하게 됩니다.

에덴에서 금지된 선악과를 먹은 후, 아담과 하와는 이 일을 어떻게든 수습해야 하는 현실에 직면합니다. 먹은 것을 토해내어 나무에 다시 매달 수도 없고 안 먹었다고 시치미를 뗄 수도 없었지요. 이제 이들은 자신의 정직한 모습이 사라진 현실을 깨닫게 될 것입니다. 성서는 남자와 여자가 처음에는 자신들의 벌거벗은 몸을 부끄러워하지 않았다고 적고 있는데, 그건 서로에게 숨길 것이 없는 관계였다는 뜻이지요. 이제 그런 관계를 지속시킬 수가 없게 되었습니다.

하나님과의 관계에서도 역시 감출 것이 생겼습니다. 그것은 서로에게 '정직한 소통'이 어려워졌음을 의미하겠지요. 에덴에서의 사건은 선악과를 먹은 것이 문제이지만, 실제 일어난 결과는 하나님과 인간의 관계, 인간과 인간의 관계가 무너진 사건입니다. 뱀이 노린 목표입니다. 그 결과 자신의 진상에 대한 잠정적인 '은폐' 말고 다른 도리가 없게 되었습니다.

존재의 부끄러움

은폐를 어떻게 합니까?

그러자 두 사람의 눈이 밝아져서, 자기들이 벗은 몸인 것을 알고, 무화과나무 잎으로 치마를 엮어서, 몸을 가렸다. 창세기 3: 7

첫 번째 은폐 방식은 무화과나무 잎으로 치마를 엮어서 몸을 가렸습니다. 과연 그런다고 가려지나요? 잎이 크건 작건 간에 엮기에 따라서는 가능할지도 모릅니다. 하지만 바람이 불면 어떻게 될까요? 아담과 하와로서는 최선의 방법이었겠지만 한마디로 미봉책에 불과합니다.

은폐라는 방식은 누구와 누구 사이에 문제가 되고 있습니까? 자칫 하나님과 인간이라고 생각하기 쉬운데, 성서 본문을 보면 그렇지 않습니다. 선악과를 먹은 후 두 사람의 눈이 밝아져 자기들이 벗은 몸인 것을 알고, 무화과나무 잎으로 치마를 엮어서 몸을 가렸다고 되어 있습니다. 몸을 가린 사건은 인간과 하나님의 관계 이전에, 선악과 이후 달라진 남자와 여자 사이의 관계에서 발생한 문제입니다. 그 전에는 벗어도 부끄러운 줄 몰랐는데, 이젠 서로 자신의 정직한 모습을 보일 수도 볼 수도 없게 된 겁니다.

몸을 가리는 장면은, 흔히 명화로도 많이 접하는데 대부분 어디를 가립니까? 치부입니다. 그러나 성서에는 그냥 몸을 가렸다고만 되어 있습니다. 치부를 가리면 이는 선악과 문제를 성性과 관련된 사건으로 오해할 수 있는데, 그림을 그린 당시의 성윤리를 기반으로 해서 상상한 결과에 불과하지, 성서에 나타난 사실과는 관계가 없습니다. 이왕 말이 나왔으니 한마디 덧붙이자면, 성性은 무화과나무 잎으로 가릴 부끄러움의 대상이 아니라 생명의 축복입니다. 아담과 하와에게 닥친 문제는 성이 부끄러운 것이 아니라 '자기의 존재 자체'가 부끄러운 것입니다. 몸의 특정한 부위를 가렸다는 뜻이 아니라 자기의 존재 자체를 정직하게 드러낼 수 없다는 뜻입니다. 이것이 무화과나무 잎으로 몸을 가린 사건의 본질입니다.

은폐의 두 번째 방식이 있습니다.

날이 저물고 바람이 서늘할 때에, 주 하나님이 동산을 거니시는 소리를 들었다. 창세기 3: 8

평상시 아담과 하와가 하나님이 동산에서 거니시는 소리를 들었다고 한다면 어땠을까 상상해봅시다. 물론 무척 반가웠겠지요. 그런데 지금은 두려운 소리로 바뀌었습니다. 똑같은 소리고 똑같은 상황인데, 이를 받아들이는 두 사람의 마음은 완전히 달라졌습니다. 하나님이 오시니까 "만나서 얘기나누자"가 아니라 "얼른 숨자"로 되었습니다. 날이 저물고 바람이 서늘할 때에 하나님과 만나 정겹게 얘기나누었던 그들이 하나님의 눈길을 피해 은신처를 찾게 되었어요. '동산 나무 사이'라는 그 길도 이전에는 별도 보고 서늘한 바람도 맞고 풀 냄새도 느끼며 즐겁게 산책했던 공간인데, 이제 두려움과 공포로 자기를 감추어야 하는 현장이 되었습니다. 하나님과의 만남이 기쁘지 않게 되었습니다.

반갑고 정겨운 누군가의 인기척이 들리면 마음이 즐겁고, 그 때부터 이미 기다리기 시작합니다. 그 기다림은 그냥 기다림이 아니라 설렘과 뜨거운 감격과 즐거움으로 변하는 에너지가 되지 않습니까? 그런데 이 에너지가 다 사라진 것입니다. 자기 안에 있는 그 벅찬 생명의 힘이 시드는 사건이 벌어진 거지요.

숨어야 할 이유가 생긴 관계는 소통이 끝나고, 소통이 단절되면 기가 통하지 못합니다. 말 그대로 기가 막히는 상황이 됩니다. 마주했을 때 숨이 막히면 자연스럽게 피하게 됩니다. 하나님이 인간의 코에 숨결을 불어넣으신 것은 가까이 마주한 정겨운 관계라는 의미인데, 이제 그 관계를 유지하는 일이 어려워지고 말았습니다.

인류에게 던진 첫 질문

하나님은 어떻게 하셨나요?

주 하나님이 그 남자를 부르시며 "네가 어디에 있느냐?" 하고 물으셨다. "하나님께서 동산을 거니시는 소리를, 제가 들었습니다. 저는 벗은 몸인 것이 두려워서 숨었습니다" 하고 그가 대답하였다. 창세기 3: 9-10

인간이 성서에서 최초로 하나님으로부터 받은 질문은 바로 "아담아, 네가 지금 어디에 있느냐?"입니다. 간단한 말 같지만 대단히 의미심장한 물음입니다. "너는 지금 어디에 있니?"라고 물으면 우리는 대체로 자신이 처해 있는 물리적인 현장 내지 공간에 대해서 대답합니다. 그런데 이 질문은 좀더 깊은 얘기를 하고 있습니다. "여러분은 지금 인생의 어느 지점에 있다고 생각하십니까?" 더 나아간다면 "지금 어디로 가고 있으며 무엇을 보고 있습니까?" "서 있습니까, 앉아 있습니까?" "달려가고 있나요, 걸어가고 있나요?" 자기 존재에 대한 물음은 끝이 없습니다.

하나님께서 물으셨을 때에, 아담은 어디에 있었던 것일까요? 성서는 동산 나무 사이에 숨었다고 적고 있는데, 그곳은 그냥 동산 나무 사이가 아닙니다. 그건 자신이 생각하기에는 가장 안전하다고 생각되는 자리였습니다. 그러나 그들이 기대했던 것과 달리 그곳은 하나님과 결별하는 자리일 수 있습니다. 있지 말아야 할 자리에 있었던 셈입니다. 두 번째 은폐방식이 안고 있는 비극입니다.

아담에게 던져진 최초의 질문은 우리 자신에게도 끊임없이 물을 수밖에 없는 물음입니다. 그 질문을 통해 삶을 깊이 성찰하는 일은 소중하지요. 우리 자신의 운명과 진로에 관계되어 있는 문제이기 때문입니다.

이후 상황은 어떻게 되었을까요? 피할 수 있다고 생각했지만 도망갈 데가 없습니다. 이제 아담은 그 자리에서 진실과 정직하게 대면해야 합니다. 그러려면 우선 일어났던 일을 정즉하게 털어놓아야 합니다. 그런데 아담은 자기가 지금 어떤 처지에 놓여 있는지 정확히 인식하지 못합니다. 이어진 대목은 책임전가와 관련 있는 부분인데, 우리는 왜 책임전가가 가능했는지 이유를 알 수 있습니다. 자기가 지금 어떠한 상황에 놓여 있는지에 대해서 철저하고 분명하게 아는 사람은 남에게 책임을 떠넘기지 않습니다. 주체적으로 책임을 지려는 사람이 어떻게 그럴 수 있겠습니까? 그러나 아담은 책임을 전가합니다.

책임을 회피하는 아담

하나님이 "어디에 있느냐?"고 묻자 아담은 "하나님이 부르시는 소리를 제가 들었습니다, 벗었으므로 두려워하여 숨었나이다"라고 대답합니다. 이 말이 맞는 말인가를 분명히 짚어봐야 합니다. 벗은 사실이 두려운 것이 아니라 그 전에 저지른 일 때문에 두려웠지요. 아담이 정확하게 자신의 잘못을 인정하고 고백했다면 앞으로 나갈 방향이 잡혔을 텐데 여기서부터 어긋나기 시작합니다.

벗은 몸이란 두려움의 문제가 아니라 부끄러움의 문제였잖아요. 아담은 이 부끄러움의 문제가 하나님 앞에 드러나는 것이 두려웠습니다. 두려움의 궁극적인 이유는 먹지 말라고 하신 것, 자신의 자유를 지킬 수 있는 그 방법을 어겼던 데 있었지요. 두려움의 뿌리는 벗은 몸이 아니라 하나님의 사랑을 저버린 데 있었습니다. 아담은 이것을 정확하게 이야기하지 않았습니다. 그랬기 때문에 하와에게 책임을 떠넘길 수밖에 없었지요.

하나님께서 이 모든 사태의 전말을 모르고 계시지는 않으셨을 겁니다. 그런데 왜 굳이 계속 질문을 던지신 걸까요? 그 과정을 통해 인간이 자신의 현실을 제대로 인식하도록 하시려는 수순입니다. 당사자가 분명하게 알아야 해답의 실마리를 찾을 수 있습니다. 자기 내면이 진실한 눈과 정직한 생각으로 현실을 바라봤을 때 진정 자신과 상황을 변화시킬 수 있는 지혜의 힘이 나오지요. 다른 사람의 이야기로 일시적인 충격은 줄 수 있겠지만 시간이 지나면 곧 잊어버릴 수가 있습니다. 진실한 자신과 마주해야 답이 나옵니다.

하나님이 던지신 질문은 어떤 것이었습니까?

하나님이 물으시기를 "네가 벗은 몸이라고, 누가 일러주더냐? 내가 너더러 먹지 말라고 한 그 나무의 열매를, 네가 먹었느냐?" 하시니. 창세기 3: 11

"네가 벗은 몸이라고, 누가 일러주더냐?" 하는 질문은 누가 그런 거냐고 책임소재를 단순히 묻는 것으로 끝나지 않습니다. 몰라서 물으시는 게 아니기 때문입니다. 선악과를 먹지 말라고 했는데, "네가 나의 말보다 더 귀를 기울인 존재가 도대체 누구냐?" 하고 물어보시는 겁니다. 덧붙여 하나님은 "내가 네게 먹지 말라고 한 그 나무"라고 하시지요. 다시 여기서 이 선악과에 관해서는 하나님이 아담에게 직접 이야기하셨음을 확인하게 됩니다. 아담과 하와가 함께 있을 때가 아니라 아담에게만 단독적으로 하신 이야기이고, 따라서 이 사건에 대한 일차 책임은 당연히 이야기를 직접 들은 아담에게 있지요. 그래서 "내가 너에게"라고 이야기를 하셨던 겁니다. 일차적이고 직접적인 책임을 일깨우는 셈입니다. 뱀은 여자에게 말을 걸고 유혹했으나, 하나님이 남자에게 먼저 이 일에 대해 물으시는 까닭은 바로 여기에 있습니다. 아담은 어떻게 대답했나요? 먹지 말라고 한 것에 대해서는 먹었으니까 꼼짝없이 수긍합니다. 그러나 여전히 책임은 "저한테 있지 않습니다"라고 이야기합니다.

주체적인 책임의식

그 남자는 핑계를 대었다. "하나님께서 저와 함께 살라고 짝지어주신 여자, 그 여자가 그 나무의 열매를 저에게 주기에, 제가 그것을 먹었습니다" 창세기 3: 12

아담은 "하나님께서 저와 살라고 짝지어주신 여자가"라고 합니다. 여자만 걸고 넘어진 것이 아니고 하나님 당신이 이 여자를 나한테 소개해주는 바람에 내 처지가 이렇게 되었다고 하면서 하나님도 한꺼번에 비난합니다. 여자도 문제가 있지만 만약에 그 여자를 당신이 만들지 않았고 나한테 데리고 오지 않았다면 문제가 생기지 않았을 것이라고 합니다. "내가 잘못하기는 했지만 이 모든 사태의 근원적인 책임이 사실은 하나님, 당신한테 있는 것 아닙니까?"라고 반문하고 있습니다. 아담의 책임의식은 전혀 보이지 않습니다. 여자를 보고 "살 중에 살 뼈 중에 뼈, 내가슴에서 태어난 그대여"라고 했던 그가 이제는 "저 여인이"라고 손가락질하고 있습니다. 자기는 이 모든 책임에서 벗어나 있는 것입니다.

제2차 세계대전이 끝난 후 일본에서 전범재판을 할 때도 피고석에 나왔던 사람들은 "나는 명령에 따랐을 뿐이요. 나에겐 죄가 없소"라고 얘기했습니다. 일본의 정치철학자 마루야마 마사오는 『현대정치의 사상과 행동』이라는 책에서 이 문제를 깊게 파고듭니다. 전쟁을 일으키고 대학살을 저지른 자들의 책임의식 없는 행동을 신랄하게 비판했습니다. 독일 나치스에 대한 전범재판이 열렸을 때도 마찬가지였습니다. 『전체주의의 기원』과 『예루살렘의 아이히만』을 쓴 독일의 정치철학자 한나 아렌트는 이 현실을 증언합니다. 이들 나치스 군부는 뉘른베르크 전범재판에 나와서 "총통 히틀러의 명령에 따랐을 뿐이오. 나는 할 수 있는 것이 없었소"라고 대답했습니다. 자기의 주체적인 책임을 철저하게 회피하지요.

하나님이 물론 여자를 창조하셨지만 아담과 강제로 결혼시킨 것은 아닙니다. 선택은 어디까지나 아담 자신이 했습니다. "아, 예쁘고 너무 사랑스럽다" 하면서 프러포즈한 것 아닙니까? 여자라고는 오직 하와밖에 없었다고 생각할 수도 있겠지만 그래도 자기가 싫으면 그만이지요. 자신의 주체적인 선택이 중요합니다. 그런데 뱀과 관련된 이야기에서 여자도 이와 같은 논법으로 이야기합니다. "내가 스스로 그런 것이 아니라 뱀이 꾀어 그렇게 된 겁니다."

주 하나님이 그 여자에게 물으셨다. "너는 어쩌다가, 이런 일을 저질렀느냐?" 여자도 핑계를 대었다. "뱀이 저를 꾀어서 먹었습니다" 창세기 3: 13

물론 여자의 말도 맞지만 뱀은 선악과를 먹도록 빌미만 제공했지, 강제로 먹게 한 것은 아니었습니다. 뱀은 선악과를 먹으면 어떻게 되는지 이야기만 했을 뿐입니다. 여자든 남자든 둘 다 똑같이 선악과 사건에 대한 책임의식이 전혀 없습니다. 하나님이 동물들을 만드시고 아담에게 동물들의 이름을 짓게 하셨던 것을 다시 생각해보면, 인간의 주체적인 생각과 판단을 하나님께서 깊이 존중해주신 것 아닙니까? 그렇다면 그런 인간이 "내가 한 것이 아닙니다. 다 저쟈가 꾀어서 했어요"라고 항변하면 자신의 주체성을 부정하는 꼴입니다.

　뱀이 아무리 유혹했다 해도 인간은 끊임없이 주체적 선택을 했어야 합니다. 뱀의 꾐이 도전이라면 인간은 그 드전을 하나님이 주신 지침으로 이겨냈어야 합니다. 뱀의 유혹이란 아담과 하와로 그치는 것이 아니라 오늘의 현실 속에서도 반복될 수 있습니다. 그때마다 하나님이 다 막아주신다면 사람은 하나님의 꼭두각시에 불과합니다. 이미 입력된 프로그램대로 움직이는 기계와 다를 바가 없습니다. 인간은 하나님이 주신 양심과 믿음의 능력, 그리고 자신의 내면적 성찰을 통해 그 상황을 뚫고 나가는 힘이 필요합니다. 하나님은 매 순간의 기회를 통해 이를 끊임없이 일깨워주십니다. 인간은 환경이나 본능어 휘둘리는 존재가 아니라 스스로의 각성과 결단에 의해서 하나님과 만느는 존재입니다. 그 만남도 하나님이 조정해서 인형처럼 이루어지는 게 아니라 우리 마음에서 스스로 일어나서 다가가는 것이 중요합니다.

자신과 하나님 앞에 정직하게

현실에 대해 책임의식이 있으면 자기에게 정직해지고 또 자기에게 정직한 사람은 자기의 부족함을 알고 상대방에게 너그러워질 수 있습니다. 아담과 하와의 관계가 어그러진 것은 선악과를 먹고 난 이후 몸에 퍼진 독이 그들의 영혼을 지배한 결과입니다. 그 독이란 자기를 절대화하고 상대를 능멸하는 것이며, 권리는 누리고 책임은 저버리는 생각입니다.

선과 악에 대한 절대적 주관자가 되겠다는 탐욕의 마음은 인간을 타락시킵니다. 그런 인간은 거짓된 모습으로 살아가게 됩니다. 자기를 더 크고 힘 있는 존재로 보이기 위해 허위의 탈을 뒤집어쓰고 자신의 진실된 모습을 가립니다. 권력자는 권위를 앞세우고, 재력가는 위세를 부리며, 지위가 높은 자들은 교만에 빠집니다. 그럴수록 그들의 내면은 황폐해지며 진정한 자기 모습은 사라집니다.

자기 잘못으로 현실이 비극이 되면, 인간은 책임을 면하기 위해 안전한 곳으로 도피합니다. 그러나 자신에게 떳떳하고 하나님 앞에 정직한 자만이 자신을 진정으로 지킬 수가 있습니다. 그렇지 않으면 더 이상 물러설 자리는 없습니다. 그 결과가 에덴에서의 추방입니다. 동산나무 사이에 숨으면 살 것같이 여겼지만 그렇지 못했습니다. 그곳은 은폐가 아니라 자기 죄가 폭로되는 자리였고 하나님과 멀어지는 현장이었습니다. 생명의 근원이신 하나님과 결별하면 생명은 시들고 결국 죽게 됩니다. 선악과를 먹고 자신을 선과 악의 절대 주재자로 만들려는 자는 하나님의 생명과 사랑으로부터 멀어지고 비극적 운명에 처합니다.

자신과 하나님 앞에 정직한 자세는 자기를 살릴 뿐만 아니라 하나님과 모든 인간관계를 회복하는 길입니다. 책임져야 할 일이 있으면 당당히 책임져야 합니다. 피하려다가 더욱 깊은 수렁으로 빠져들 수 있습니다. 거듭 강조하지만 언제나 자신의 주체적인 성찰과 선택이 중요합니다. 하나님은 생명을 택할 능력을 우리에게 주셨고, 그 능력을 온전하게 발휘하는 것은 결국 우리 자신의 책임과 권리입니다. 우린 자신을 감추기 위해 걸쳤던 가면들을 모두 벗어야 합니다. 하나님 앞에 본래의 모습대로 설 때 진정한 생명의 힘이 주어집니다. 성서에 등장하는 무수한 인간들은 그렇게 하나님과 진실하게 만났습니다.

3 7 그러자 두 사람의 눈이 밝아져서,
자기들이 벗은 몸인 것을 알고,
무화과나무 잎으로 치마를 엮어서,
몸을 가렸다. 8 그 남자와 그 아내는,
날이 저물고 바람이 서늘할 때에,
주 하나님이 동산을 거니시는 소리를
들었다. 남자와 그 아내는 주 하나님의
낯을 피하여서, 동산 나무 사이에 숨었다.
9 주 하나님이 그 남자를 부르시며
"네가 어디에 있느냐?" 하고 물으셨다.
10 "하나님께서 동산을 거니시는 소리를,
제가 들었습니다. 저는 벗은 몸인 것이
두려워서 숨었습니다" 하고 그가
대답하였다. 11 하나님이 물으시기를
"네가 벗은 몸이라고, 누가 일러주더냐?
내가 너더러 먹지 말라고 한 그 나무의
열매를, 네가 먹었느냐?" 하시니,
12 그 남자는 핑계를 대었다. "하나님께서
저와 함께 살라고 짝지어주신 여자,
그 여자가 그 나무의 열매를 저에게
주기에, 제가 그것을 먹었습니다."
13 주 하나님이 그 여자에게 물으셨다.
"너는 어쩌다가, 이런 일을 저질렀느냐?"
여자도 핑계를 대었다. "뱀이 저를
꾀어서 먹었습니다."

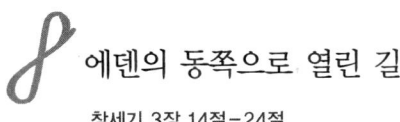

8 에덴의 동쪽으로 열린 길

창세기 3장 14절-24절

징벌이 아닌 은총으로

에덴동산에서 아담과 하와는 뱀의 유혹에 빠진 이후 서로가 책임을 떠넘기고 진실을 은폐하려 했지만 성공하지 못했습니다. 이제 에덴의 주역이었던 인간의 운명은 과연 어떻게 될까요? 상황은 분명해졌고, 사건의 책임도 구체적으로 드러났습니다. 이로써 하나님은 심판을 내리십니다. 징벌은 뱀, 여자, 남자의 순서로 진행되었습니다. 사건의 전말에 대해서는 남자, 여자, 그 다음 뱀의 순서로 물으셨는데, 사실 뱀에게는 질문을 던지지 않고 그대로 판결을 내리십니다. 뱀의 말은 들어볼 필요조차 없다는 뜻이겠지요. 에덴에서 영원히 지낼 수 있을 거라 생각했는데, 이제 그곳은 추방당하는 자리가 됩니다. 되돌아가지 못하는 곳, 더 이상 머무를 수 없는 곳이 됩니다.

그러나 하나님의 말씀을 어겼다고 해서 인간을 영원한 저주의 대상으로 삼지는 않으십니다. 오직 사탄이라고 할 뱀만 심판의 대상이었습니다. 에덴에서 쫓겨나가는 인간에게 하나님은 가죽옷을 만들어주시는데 이는 그들에게 보호막을 입혀주신 것입니다. 맨몸으로 내쫓지 않고 살아남아서 새롭게 시작할 수 있는 가능성을 주셨습니다. 아무런 방비책도 없이 그냥 징벌을 내려서 살아남으려면 살아남고, 죽으면 죽는 대로 방치하겠다는 마음이 아니었습니다. 심판의 때에도 새롭게 살길을 열어주신 겁니다. 심판조차도 새로운 은총임을 깨닫게 하시는 하나님입니다. '징벌'이 도리어 축복의 과정으로 변하는 역설이 여기에 있습니다. 이것을 안다면, 어려운 우리의 현실에서도 많은 용기와 희망이 생길 수 있습니다.

배로 기며 흙을 먹는 뱀의 운명

우선 뱀의 경우를 보기로 하지요.

"들짐승 가운데서 네가 저주를 받아, 사는 동안 평생토록 배로 기어다니고, 흙을 먹어야 할 것이다." 창세기 3: 14

뱀은 아담과 하와가 죄를 저지르도록 부추겼습니다. 그동안은 자유로운 신체로 이리저리 활보했겠지요. 계획했던 대로 하와가 있는 곳에 가서 인간을 유혹하고, 이들을 결국 무너지는 길로 이끌었습니다. 하지만 이제는 가고 싶은 곳으로 마음대로 움직일 수 있는 신체적 자유가 엄청나게 제한되어버렸습니다. 여기에서 뱀이 평생 배로 기어다닌다고 하는 것은 단순히 우리가 알고 있는 뱀의 움직이는 특징만을 의미하지 않습니다. 행동의 자유가 축소되었음을 뜻합니다. 배로 기게 되었다는 말은 그 이전에는 그렇지 않았음을 전제하니까요.

에덴동산 사건에서 가장 중요한 주제 가운데 하나는 자유의 상실이란 역설입니다. 선악과만 먹으면 하나님의 지위조차 다 내 것이라고 생각을 했는데 그 반대로 모든 것을 상실하는 결과를 초래하게 된 것이지요. 뱀 역시 인간을 유혹하면 "이제 이 인간들을 하나님 편에서 내 편으로 끌고 올 수 있다. 나는 이들을 내 맘대로 부릴 수 있어. 나의 자유의 힘은 더 커지는 거야"라고 생각했을 겁니다. 그런데 그런 자유가 커지기보다는, 오히려 뱀은 흙바닥을 기어다니는 신세가 되었습니다. 얻음과 잃음, 잃음과 얻음의 역설은 성서에서 중요한 주제로 지속해서 나타납니다. 앞선 자가 뒤처진 자가 되고 나중 된 자가 처음 된 자가 되는 역설도 마찬가지입니다. 우리는 성경을 보면서 얻은 것뿐만 아니라 잃은 것도, 앞선 것뿐만 아니라 뒤처진 것도 깊이 생각하게 됩니다.

뱀이 배로 기게 된 것과 함께 또 하나 주목할 대목은, 하나님이 뱀에게 "너는 흙을 먹어야 할 것이다"라고 하신 말씀입니다. 사실 뱀이 흙을 먹나요? 그렇지 않지요. 개구리 같은 동물들을 잡아먹지 않습니까? 그렇다면 기어다니는 뱀의 입에 흙이 많이 들어오니까 그냥 뭉뚱그려서 "흙을 먹는다"라고 말했을까요? 얼른 납득하기 어렵습니다.

어떤 사람이 부패와 비리를 통해서 부를 쌓았다고 합시다. 아무리 맛있는 음식을 먹는다고 하더라도 세상이 부패와 비리의 진상을 다 알고 있다면 그게 어디 제대로 넘어가겠습니까? 호화로운 식탁이 아마도 모래를 씹는 맛이겠지요. 이런 상황을 떠올려본다면 하나님이 뱀에게 내리신 징벌의 의미를 파악할 수 있습니다. 뱀은 인간과 인간 사이, 그리고 인간과 하나님 사이를 이간질하며 사람을 자기의 영향력 안에 두려고 했지만, 결과는 흙을 먹는 신세나 다를 바 없이 됐습니다. 그와 같은 처지가 되면 어떤 화사한 옷을 입어도 남루하게 보일 것이고, 어떤 맛있는 음식도 쓴 맛이 들 것이며, 어떤 높은 지위를 얻는다 하더라도 초라해집니다. 그 인간의 꼴이 존엄해야 모든 것이 빛납니다.

다른 사람을 생명의 자리에서 죽음의 자리로 끌고 가면서, 권세가 생길 줄 아는 자들은 그로 말미암아 온 세상을 기어다니는 신세가 될 것입니다. 온 천지를 기세 좋게 다닐 것 같지만, 흙바닥을 뒹굴며 헤매게 될 것입니다. 이런 현실에서는 누리고, 가지고, 취할 수 있는 모든 것들이 허무해집니다. 아무리 많이 먹어봐야 흙을 먹는 것이며, 아무리 다녀봐야 기어다니는 꼴입니다. 이것이 뱀이 받은 징벌의 진상입니다.

인간의 발꿈치도 물 수 없다

하나님께서 뱀에게 하신 의미심장한 말씀이 하나 더 있습니다.

"내가 너로 여자와 원수가 되게 하고, 너의 자손을 여자의 자손과 원수가 되게 하겠다. 여자의 자손은 너의 머리를 상하게 하고, 너는 여자의 자손의 발꿈치를 상하게 할 것이다." 창세기 3: 15

여자는 뱀의 머리를 밟고, 뱀은 그 발꿈치를 물게 될 터이니 "여자들이여, 뱀을 조심하라"는 이야기입니까? 아니면 "뱀이여, 여자의 발을 경계하라"는 이야기일까요? 하나님은 뱀에게 "네가 혹시 이 일로 너의 정체와 거짓을 폭로한 여자를 공격해도 그건 구모한 일이다. 기껏 너는 그 여인의 발꿈치를 물 수 있을는지 모르지만 '네 머리는 깨지고 말 것이다'라고 말씀하시는 겁니다. 사탄의 계략을 무서워할 이유가 없다는 거지요.

이 이야기를 들으면 참으로 감사하고 자신감이 생깁니다. 성서는 뱀을 두려운 존재로 묘사하지 않고 '간교'하다고 했습니다. 바로 그것입니다. "뱀이 나타났다고 해서 무서워하지 마라. 혹시 그로 말미암아 네 발꿈치가 상할는지 모르지만 그걸로 죽지 않는다. 대신 그러한 뱀, 사탄, 악의 공격 앞에서 너는 그 머리를 상할 수 있다"는 이야기입니다. 그렇기 때문에 뱀은 스스로 살기 위해 발꿈치도 물지 못하게 됩니다. 결국 이 대목은 단순히 뱀에 대한 징벌을 넘어 인간을 지켜주시는 하나님이라는 속 깊은 뜻이 담겨 있습니다. 이 메시지를 읽어내면, 징벌 또는 심판도 우리에게 또 다른 은혜가 됩니다. 뱀이 공격하려는 이들을 하나님이 지켜주신다는 선언이 이 안에 담겨 있습니다.

선악과 사건을 통해서 뱀이 의도했던 타는, 선악과를 먹는 것 자체가 아니라 하나님과 인간을 분리시키는 것이었습니다. 하나님이 인간을 추방시키셨으니 뱀의 목표가 달성된 것처럼 보입니다. 그러면 하나님은 뱀의 계략에 넘어가신 걸까요? 아닙니다. 하나님은 인간을 사랑하고 인간을 어떻게든 지켜내시려 합니다.

산고의 고통, 생명의 기쁨

여자에게는 이렇게 말씀하셨습니다.

"내가 너에게 임신하는 고통을 크게 더할 것이니, 너는 고통을 겪으며 자식을 낳을 것이다. 네가 남편을 지배하려고 해도 남편이 너를 다스릴 것이다." ^{창세기 3: 16}

이 내용을 두 대목으로 구별해보면 첫째, 생명의 잉태와 산고에 대한 이야기 둘째, 남자와의 관계에 대한 이야기이지요. 임신을 하고 아이를 낳는 일련의 과정은 쉽지 않습니다. 열 달 동안의 수고는 물론, 산고^{産苦}라고까지 하지요. 아이를 출산하는 것은 참으로 고통스럽습니다. 그렇다면 이러한 과정이 왜 주어졌을까요?

성서에 등장하는 여성들은 아이들이 태어나면 하나같이 기뻐합니다. 사실 열 달의 수고와 산고는 아이들이 태어나는 기쁨에 비하면 아무것도 아니지요. 여성들은 첫 아기를 낳는 과정에서 너무 힘겨운 나머지 대체로 "둘째는 절대 안 낳을 거야"라고 말한다고 합니다. 그러나 어느새 그 사실을 잊고 둘째를 낳곤 하지요. 요즈음은 여러 가지 이유로 하나만 낳는 가정들이 많지만 자식을 낳아 키우는 보람과 기쁨이 더 크기 때문에 산고의 기억은 이내 희미해집니다.

산고는 그 자체로는 고통입니다. 아무리 짧은 순간이라도 힘겨운 과정입니다. 에덴에서의 문제 중에 하나는 거저 주어진 것에 대해 쉽게 생각하고 그 은총을 깨닫지 못한 것이었습니다. 그러면 그 은총을 베푼 분이 근본적인 책임을 져야 하는 걸까요? 아닙니다. 은총에 대해 깊이 성찰하지 못한 인간에게 문제가 있습니다. 아무런 대가 없이 거저 주신 것은 너무 감사한 일입니다. 그런데 좋은 것이 쉽게 주어지면 그 가치를 제대로 깨닫지 못합니다. 인간이 축복의 가치를 분명하게 인식하지 못할 때, 그

가치를 각성하게 되는 과정을 겪게 되지요. 물론 과정은 뼈저립니다만, 그로써 자신에게 주어진 축복이 얼마나 소중한가를 절감합니다.

우리는 여기서 중요한 것을 발견합니다. 하나님은 이 과정을 통해 인간에게 고통보다 기쁨을 깨닫게 해주시려는 데 그 본질적 의도가 있다는 점입니다. 하나님은 인간에게 고통을 주고 괴로워하는 인간의 모습을 즐기는 가학 취미를 가진 절대자가 결코 아니십니다. 그것이 어떤 방법이든 인간이 축복의 가치에 눈뜨고 그로써 기쁨을 얻을 수 있다면 하나님은 그걸 택하십니다. 이것을 알면 고통의 의미가 남다르지요.

산고의 과정을 거쳐 얻게 된 이 생명이 얼마나 소중한가, 얼마나 귀한가 하는 것을 깨닫게 된다면, 그리고 그 생명과의 관계에서 사랑을 느끼게 된다면 "아, 하나님도 이러셨구나. 우리를 세상에 만들어 놓으시고 얼마나 기뻐하셨을까. 그 기쁨을 이렇게 우리 스스로 짓밟다니 얼마나 마음이 아프셨을까" 하고 그 아픔을 다른 방식으로 경험하게 됩니다. 죽을 것만 같은 고통이지만, 그 고통은 고통이 아닙니다. 격렬하게 아프기는 하지만 결국 생명의 기쁨에 도달합니다. 그 고통은 몸에 흉터로 남지 않습니다. 지진처럼 몸을 흔들기는 하지만 상처는 아닙니다. 그래서 이 고통은 순간으로 끝나고, 그 이후에는 생명의 기쁨이 열립니다. 산고는 생명이 태어나는 과정에서 숨겨진 은총임을 깨우칠 필요가 있습니다.

인간은 아파봐야만 알게 되는 것이 있습니다. 꺾이고 잃어봐야 알게 되는 가치가 있습니다. 아무리 말을 해도 말로는 알 수 없는 것들이 있습니다. 그러나 아픔 자체가 성숙은 아닙니다. 중요한 것은 이 아픔을 어떤 자세로 받아들이는가 하는 문제입니다. "아, 여기에 미처 몰랐던 은총이 있었구나"를 인식하는 순간 고통을 이겨내고, 그 다음에 올 기쁨을 기다리게 됩니다. 고통을 통과하면서 강해지고 깊어지고 넓어지는 것이지요. 이와 반대로 "이게 도대체 뭐야? 내가 이걸 겪어야 돼?"라고 불평한다면 그 고통을 견디는 순간들이 스스로 저주스럽게 느껴질 것입니다. 뿐만 아니라 고통의 원인을 하나님 탓으로 돌리고 비난하게 될 것입니다.

'고통의 의미'를 알게 될 때에는 더는 내려갈 데가 없는 심연에 처했을지라도 그곳으로부터 순식간에 빠져 나올 수 있습니다. 그 능력을 얻게 되면 그 이후의 인생에서 때로 어려운 고비가 있을지라도 당당하게 돌파해나갈 수 있습니다. 그만큼 성숙해지고, 그 영혼의 내공이 부쩍 자라서, 다음과 같이 고백할 수 있게 되지요.

> 내가 비록 죽음의 그늘 골짜기로 다닐지라도, 주께서 나와 함께 계시고, 주의 지팡이와 막대기로 나를 위로해주시니, 내게는 두려움이 없습니다.시편 23: 4

이리하여 우리 안에 고통을 대하는 성숙한 자세가 생기게 됩니다. 인생과 역사의 비극 앞에서 "어쩔 수 없지" 하고 체념하거나 혼절해 무너지는 것이 아니라, 그 비극이 되레 자신의 생명을 일으켜 세우는 능력으로 변모하는 것입니다. 그리스 비극이 '비극' 그 자체의 운명적 불가피성을 주목하고 있다면, 히브리 신앙은 그 운명을 넘어서는 믿음과 축복을 간증하고 있습니다. 그리스 비극의 영웅들은 저마다 탁월한 용기를 가지고 있지만 자신의 운명을 피하지는 못하지요. 그러나 성서의 보통 사람들은 하나님의 뜻을 겸손히 성찰하고 마침내 그 비극을 넘어섭니다.

히브리인들은 노예로 살면서 고통을 겪었지만 그 고통을 넘어서는 성찰의 기쁨을 얻었습니다. 다른 종족 위에 군림했던 때와는 달리 자기 존재에 대해 심각하게 생각하기 시작했습니다. 인간의 운명과 하나님의 뜻을 하나로 엮어 사고할 수 있게 된 거지요. 이는 많은 고난과 고통을 겪는 과정에서 하나님이 주신 소중한 영감입니다. 처음에는 "왜 하필 나는 이런 고통을 겪어야 돼? 하나님은 이런 때에 어디에 계신 거지?"라고 불만을 토로했을지 모릅니다. 그러다가 결국에는 "이 고난은 결코 헛된 것이 아니다"라고 고백하게 됩니다. 창세기 1장에 나오는 어둠과 흑암과 어지러움이라고 하는 것은 그로써 모든 것이 암울해지는 끝이 아니라, 하나님의 축복 가운데서 도리어 새로운 빛을 여는 창조의 재료가 됐습니다. 고통도 그 뜻을 알면, 우리 영혼의 능력이 될 수 있습니다.

흙을 일구어 생명을 키우다

하나님이 여자에게 말씀하신 남자와의 관계도 눈여겨볼 필요가 있습니다. "네가 남편을 지배하려고 해도 남편이 너를 다스릴 것이다"라는 대목을 놓고, 대체로 사람들은 "그러니까 여자는 아무 소리 말고 그냥 남자 밑에서 숨죽이며 살아라"라고 이야기하기도 합니다. 그러나 자세히 읽으면 "너는 남자의 다스림을 받게 될 것이다"라는 구절 앞에 하나가 더 있음을 주목하게 됩니다. "네가 남자를 지배하려고 해도"라는 대목입니다. 지배의 문제를 제기하고 있습니다. 남자와 여자의 관계는 다스리고 다스림을 받는 관계가 아닙니다. 만약에 여자가 남자를 지배하거나 조종의 대상으로 삼으면 반대로 "그러겨는 네가 당하게 될 것"이라는 경고입니다. 사랑의 관계를 지배의 관계로, 배후조종의 관계로 설정하지 말라는 거지요. 에덴동산에서도 사실은 하와가 아담을 조종해서 선악과를 같이 먹고 말았습니다. 아담을 자기 욕망의 공범자로 만든 겁니다. 사람을 지배의 대상으로, 타자를 조종의 대상으로 삼는 것은 인간관계를 무너뜨리는 원인이 됩니다. 여자는 남자의 지배를 받도록 운명지어졌다는 이야기가 아닙니다.

구덩이를 파는 자는 거기에 빠질 수가 있고, 담을 허무는 자는 뱀에게 물릴 수가 있다. 전도서 10: 8

바로 이런 얘기입니다. 그건 남자가 여자를 지배하려 해도 마찬가지입니다. 사람은 사람을 그런 대상으로 삼지 말아야 하지요.
하나님께서 또한 남자에게는 다음과 같이 말씀하셨습니다.

"네가 아내의 말을 듣고서, 내가 너에게 먹지 말라고 한 그 나무의 열매를 먹었으니, 이제, 땅이 너 때문에 저주를 받을 것이다. 너는, 죽는 날까지 수고를 하여야만, 땅에서 나는 것을 먹을 수 있을 것이다." 창세기 3: 17

지금까지 거저 쉽게 주어졌던 것들이 이제는 땀을 흘리지 않고서는 얻을 수가 없게 되었습니다. 죽는 날까지 수고해야만 땅에서 나는 것을 먹을 수 있다는 대목은 우리의 노동이 얼마나 고역인가를 일깨우고 있습니다. 하나님께서 에덴에 이런 모든 우주의 아름다운 생명을 만들어내시기 위해서 하루를 온통 바치고 그 하루하루가 쌓여 6일이 되었음을 우리는 알고 있습니다. 그만큼 하나님은 우리를 사랑하고 만물이 소중함을 꼭 기억하라고 하셨던 겁니다. 그런데 그 가치를 제대로 알아보지 못한 인간은 이제 직접 수고해봐야만 겨우 알게 될 거라는 이야기이지요.

사람이 아무리 애를 쓴다 하더라도 갑자기 나무 한 그루를 자라게 할 수 있을까요? 사람이 지금까지 없었던 최고의 기술을 발휘한다 해도 하루 만에 계곡의 절경을 만들어내고 말라버린 강에 물을 다시 유유히 흐르게 할 수 있을까요? 사람이 땅에 있는 줄기를 잡아 뽑아 키를 높인들 벼가 하루아침에 자라서 이삭을 낼까요? 분명 그럴 수는 없습니다. 진종일 작열하는 태양 아래에서 땀을 흘리고 힘들게 노동하는 과정을 겪을 때에 쌀 한 톨, 나무 한 그루, 풀 한 포기가 이 세상에서 어떤 생명의 능력을 가지고 자라나는지를 절실하게 깨달을 수 있습니다. 모든 것이 거저 주어진 줄 알았는데 알고 보니 과정이 있고 애씀이 있었던 겁니다.

아담은 앞으로 에덴과는 전혀 다른 상황에 맞닥뜨리게 됩니다. 이제는 그 땅이 아담에게 아무런 대가 없이는 어떤 열매도 주지 않게 되었습니다. 땅이 가지고 있는 생명을 사람에게 좀체 쉬사리 내어주지 않는 겁니다. "이제 땅이 너 때문에 저주를 받을 것이다"라고 하신 말씀은 바로 이런 뜻입니다. 땅의 생명과 새롭게 만나기 위해 아담은 땀을 흘려야 하는 노역의 과정을 요구받게 되었습니다. 하나님의 창조적 노동을 닮아야 할 인간의 노동이 고역을 감당하게 된 것입니다. 다행스럽게도 그 고역은 결실의 때가 오면, 창조의 기쁨으로 승화됩니다. 하나님은 죽도록 고생만 하라고 명령하지 않으셨습니다. 나무를 심기 위해서나 텃밭을 일구기 위해서 땅을 한 번이라도 파본 적이 있는 사람이라면 그 과정이 얼마나 힘든지 압니다. 풀을 뽑는 것도 생각만큼 쉽지 않습니다. 풀을 뽑은 뒤, 흙을 파내려가다 보면 돌도 나옵니다. 아주 작은 크기의 땅을 파는 것도 간단하지 않습니다.

　그 땅이 땀을 쏟는 노동의 과정을 거치면서 참으로 많은 것을 내어놓게 됩니다. 작은 텃밭을 잘 일구면 일 년 먹을 채소도 생산할 수 있습니다. 땅이 주는 생명의 축복입니다. 이 소중함을 직접 체험할 때에 비로소 그것의 가치가 얼마나 큰가를 몸소 깨닫지요. 몸으로 겪는 것, 몸으로 아는 것, 이것이 그 사람의 영혼이 될 때에 참된 능력이 됩니다. 이 수고하는 과정을 통해서 아담은 거저 주어졌던 축복과 자유의 가치를 새롭게 알 수 있습니다. 그것이 은총입니다. 안다는 것은 그냥 머리로 알게 되는 게 아닙니다. 뼈저리게 느끼고 배워야만 진실로 안다고 할 수 있습니다. 그래서 몸으로 아는 겁니다. 그렇지 않아도 히브리어는 "안다"는 단어 "야다"를 남자와 여자의 동침이라는 말로도 씁니다. 몸으로 상대를 알 때 안다는 거지요. 인생의 지혜와 지식도 마찬가지입니다. 온몸에 뼈저린 아픔을 체험하며 알게 된 것은 절대로 잊지 않게 됩니다. 그것이 살아 있는 지식이 되고 현실의 힘이 됩니다.

　인간의 최종적인 운명에 대해서는 하나님이 이렇게 말씀하십니다. 그것도 두 번씩이나 기록되어 있습니다.

　　"너는 흙에서 나왔으니, 흙으로 돌아갈 것이다. 그때까지, 너는 얼굴에 땀을 흘려야, 낟알을 먹을 수 있을 것이다. 너는 흙이니, 흙으로 돌아갈 것이다." 창세기 3: 19

　이 말씀을 보통은 인생의 무상함으로 여깁니다. 하나님은 왜 그렇게 말씀하셨을까요? 인간은 애초에 흙에서 왔다고 하셨는데, 그렇다면 그 흙을 땀 흘려 개간하는 것은 다름 아닌 자신을 개간하는 것입니다. "흙으로 돌아갈 것이다"라는 두 번의 강조 사이에 있는 말씀은 "그때까지, 너는 얼굴에 땀을 흘려야, 낟알을 먹을 수 있을 것이다"입니다. 흙과 사람이 이렇게 새롭게 만나는 것은 의미심장한 사건입니다. 땅을 개간하고 땀 흘리며 생명을 자라나게 하는 것은, 나와 분리된 별개의 어떤 흙이 아니고 나와 같은 생명체의 변화를 뜻합니다. 흙은 곧 나이고, 나는 곧 흙입니다. 흙에서 나서 흙으로 돌아가는 존재가 나라면 흙을 파서 생명을 기르는 것은 곧 나를 새롭게 태어나게 하고 자라게 하는 것입니다. 그것은 내 안의 생명을 기르며 나를 개간하게 하는 것이고 나를 메마르지 않게 하는 것이며 나를 풍요하게 하는 작업입니다. 그것은 자신을 새롭게 만들어가는 노동입니다. 이 대목 다음에 드 한 번 인간이 흙을 간다는 이야기가 나옵니다. 그만큼 이 말씀은 의미심장합니다.

> 그래서 주 하나님은 그를 에덴동산에서 내쫓으시고, 그가 흙에서 나왔으므로, 흙을 갈게 하셨다. 창세기 3: 23

뱀은 흙을 먹는 것으로 그쳐 비극적 존재가 되지만, 인간은 그 흙과 새롭게 만납니다. 그 흙을 경작해 생명의 관계로 만나는 겁니다. 뱀과 인간은 같은 흙 앞에서 이렇게 서로 다른 운명이 되지요. 똑같은 흙인데, 인간은 흙 속에서 생명의 기운을 얻고 뱀은 흙을 먹고 독기를 뿜어냅니다. 그러므로 이 수고의 과정은 단지 땅을 개간해서 먹을 것을 장만한다, 또는 이 지구의 생명을 살리겠다는 이야기가 아니라 바로 그것이 나의 문제이고 실존이며 삶이 됩니다. 흙을 만지면서 나의 원초적인 생명의 시작을 느끼게 됩니다. 흙에서 났으니 이는 당연합니다.

그 흙 속에서 자신을 쉽게 열지 않는 생명과 애를 써서 만나는 것은 흙을 사랑함으로써 이루어지는 일입니다. 흙의 생명을 담아내는 노동을 통해 흙이 내는 생명의 그 무수한 축복과 만나는 거지요. 땅이 내놓는 생명이 결실을 이루어가는 모습은 그 땅을 일구는 존재의 성장과 결국 같습니다. 씨앗이 떨어져 싹을 내고 줄기를 뻗어 열매를 맺어가는 과정은 그 흙을 가는 사람의 삶의 모습과 그대로 일치하기 때문입니다. 그 자신의 인생과 그 영혼도 싹을 내고 줄기를 뻗어 열매를 맺어갑니다. 그로써 하나님의 숨결을 느끼게 됩니다. 하나님의 생명이 함께 하시지 않으면, 그 노동은 흙에서 새로운 시작을 도모할 수 없습니다.

흙으로 돌아간다는 말씀을 허무라는 각도로 바라보면 그것은 인간 운명의 비극성에 대한 예고로 들리겠지만, 이 모든 것 속에 깊이 숨어 있는 은총의 물줄기를 보면 달리 읽힙니다. 그것은 "너는 흙에서 태어났으니 흙으로 끝나는 허무한 인생이 될 것이다"가 아닙니다. 하나님의 사랑과 은총이 있으면 어떤 인간의 운명도 헛되게 끝나지 않는다는 것이 성서의 핵심 메시지입니다. 그런 의미에서 보자면 믿음이란, 보이지 않는 흙 바닥에 살아 움직이는 하나님의 지혜와 은총을 발견하는 일이라고 할 수 있습니다. 하나님이 그 흙 이곳저곳에 숨겨놓으신 생명의 힘을 받아서 기쁨의 나무도 심고 사랑의 열매도 거두며 희망의 텃밭도 가꾸는 은혜로운 시간을 맞으시길 바랍니다.

여전히 축복으로 열린 길

아담은 자기 아내의 이름을 하와라고 하였다. 그가 생명이 있는 모든 것의 어머니이기 때문이다. 주 하나님이 가죽옷을 만들어서, 아담과 그의 아내에게 입혀주셨다. 창세기 3: 20-21

하와라는 이름은 이때 비로소 처음 등장합니다. 처음에 남자와 여자의 관계는 사랑으로 시작했다가, 책임을 전가하는 관계로 바뀝니다. 그런데 하나님의 징벌이 내려지고 난 이후 아담은 여자에게 더 이상 그 책임을 묻지 않습니다. 저주하거나 비난하지 않습니다. 하나님으로부터 모든 이야기를 듣고 난 다음에 아담은 하와에게 '생명의 어머니'라는 이름을 붙입니다. 참 놀라운 변화입니다. 이것은 이 심판 속에 숨겨져 있는 은총의 비밀을 감지했던 사람만이 생각할 수 있는 이름입니다. 이로써 남자와 여자의 관계는 두 사람만의 관계로 끝나는 것이 아니라 이들을 통해서 이어지는 '생명'의 기쁨으로 성숙해지게 됩니다. 두 사람의 만남은 그래서 하나 더하기 하나가 둘이 되는 것이 아니라 '무한대'가 되지요. '생명의 어머니와 흙이 된 아버지의 결합', 그토써 무한한 축복의 세계가 펼쳐질 것임을 하나님은 우리에게 일깨우고 계십니다. 이들은 에덴에서 행복을 누리다가 뱀의 유혹을 이기지 못해 불행해지지만, 생명이 완전히 박탈된 것은 아니었습니다. 하나님께서는 여전히 축복의 통로를 열어놓으셨습니다. 아담과 하와에게 입혀주시는 가죽옷은 그 축복의 통로를 향해가는 과정에서 이들이 겪을 고난을 이겨내도록 하나님께서 준비해주신 선물입니다. 그들은 이제 에덴으로 돌아갈 길이 없어지고 만 것 같지만 사실은 그 길이 열려 있습니다.

> 에덴동산의 동쪽에 그룹들을 세우시고, 빙빙 도는 불칼을 두셔서, 생명나무에 이르는 길을 지키게 하셨다. 창세기 3: 24

　그 길을 막고 흔적을 지워 다시는 찾지 못하게 하신 것이 아닙니다. 길은 여전히 존재하고, 다만 그 길을 통과하는 환경과 과정이 달라졌을 뿐입니다. 에덴의 동쪽에 있는 하나님의 무장 세력인 '그룹'들과 그 무기가 되는 '빙빙 도는 불칼'이 사라지면, 그 길은 기쁘게 지나갈 수 있습니다. 절대로 닫힌 것이 아닙니다. '에덴의 동쪽'이라는 단어는 이후 다시는 돌아갈 수 없는 한때의 꿈, 막혀버린 이상理想을 의미하지만, 성서를 읽고 하나님의 마음을 깨달아가다보면 이 길이 아직도 열려 있음을 알게 됩니다.

　세상이 캄캄하고 더 이상 길을 발견할 수 없는 때에 우리는 말합니다. "길을 잃었어요. 아무리 찾아봐도 길이 보이지가 않네요." "내가 지금 어디에 서 있는지, 어디로 가야 할지 모르겠습니다." 단테의 『신곡』 첫 장면은 그렇게 길이 보이지 않는 숲에서 헤매고 있는 인간의 모습을 그리고 있습니다. 그건 인간이 처한 보편적인 운명의 현실입니다. 그럴 때 우리는 먼저 하나님의 말씀의 세계로 돌아가보는 겁니다. 잘 읽고 잘 듣고 잘 보면, 지금껏 보지 못했던 길들이 보이고, 우리를 압도해온 절망의 위력은 무장해제당합니다. 낙담한 마음은 누그러지고 우리는 다시 일어납니다. 세상 모든 것이 끝났다고 주저앉고 싶을 때에도, 성서는 우리에게 "아니다, 끝나지 않았다, 참된 생명은 지금부터 시작이다"라는 일깨움으로 새롭게 살아가는 기쁨을 얻게 합니다.

하나님이 인간에게 쏟아 부으시는 이 사랑이 우리의 믿음을 통해서 능력이 되기를 바랍니다. 사랑은 믿으면 능력이 됩니다. 사람과 사람 사이에서도 그렇지 않습니까? 사랑으로 얻은 능력이, 꽉 막힌 세상에서 여전히 열려 있는 길을 발견하는 축복이 되면 정말 좋겠습니다.

3 ¹⁴ 주 하나님이 뱀에게 말씀하셨다. "네가 이런 일을 저질렀으니, 모든 집짐승과 들짐승 가운데서 네가 저주를 받아, 사는 동안 평생토록 배로 기어다니고, 흙을 먹어야 할 것이다. ¹⁵ 내가 너로 여자와 원수가 되게 하고, 너의 자손을 여자의 자손과 원수가 되게 하겠다. 여자의 자손은 너의 머리를 상하게 하고, 너는 여자의 자손의 발꿈치를 상하게 할 것이다."
¹⁶ 여자에게는 이렇게 말씀하셨다. "내가 너에게 임신하는 고통을 크게 더할 것이니, 너는 고통을 겪으며 자식을 낳을 것이다. 네가 남편을 지배하려고 해도 남편이 너를 다스릴 것이다."
¹⁷ 남자에게는 이렇게 말씀하셨다. "네가 아내의 말을 듣고서, 내가 너에게 먹지 말라고 한 그 나무의 열매를 먹었으니, 이제, 땅이 너 때문에 저주를 받을 것이다. 너는, 죽는 날까지 수고를 하여야만, 땅에서 나는 것을 먹을 수 있을 것이다.
¹⁸ 땅은 너에게 가시덤불과 엉겅퀴를 낼 것이다. 너는 들에서 자라는 푸성귀를 먹을 것이다. ¹⁹ 너는 흙에서 나왔으니, 흙으로 돌아갈 것이다. 그때까지, 너는 얼굴에 땀을 흘려야, 낟알을 먹을 수 있을 것이다. 너는 흙이니, 흙으로 돌아갈 것이다."
²⁰ 아담은 자기 아내의 이름을 하와라고 하였다. 그가 생명이 있는 모든 것의 어머니이기 때문이다. ²¹ 주 하나님이 가죽옷을 만들어서, 아담과 그의 아내에게 입혀주셨다.
²² 주 하나님이 말씀하셨다. "보아라, 이 사람이 우리 가운데 하나처럼, 선과 악을 알게 되었다. 이제 그가 손을 내밀어서, 생명나무의 열매까지 따서 먹고, 끝없이 살게 하여서는 안 된다." ²³ 그래서 주 하나님은 그를 에덴동산에서 내쫓으시고, 그가 흙에서 나왔으므로, 흙을 갈게 하셨다. ²⁴ 그를 쫓아내신 다음에, 에덴동산의 동쪽에 그룹들을 세우시고, 빙빙 도는 불칼을 두셔서, 생명나무에 이르는 길을 지키게 하셨다.

9 형제를 죽이다

창세기 4장 1절–8절

가인의 탄생

사는 동안 우리는 종종 누군가를 편애하거나 편애를 받곤 합니다. 사람은 누구나 어떤 특정인에게 받게 되는 편애에 대해서 민감하게 문제를 제기합니다. 그러나 어디까지나 다른 사람이 편애를 받을 경우입니다. 만약 자신이 편애의 대상이 된다면 이야기는 달라집니다. 누군가로부터 특별한 사랑을 받는다는 것, 누구라도 마다하기가 쉽지 않을 것입니다. 말로는 누구에게도 치우치지 않는 사랑을 주장하지만, 그 내면엔 자신이 특별한 사랑의 대상이 되길 바라고, 또 그렇게 된다면 기뻐하겠지요. 그런데 문제는, 이렇게 되지 못할 경우 그 편애를 받는 다른 사람이 경쟁자로 보이고, 그 경쟁자를 제거의 대상으로 생각하게 될 수 있습니다. 아담과 하와의 아들들인 가인과 아벨은 그런 비극을 겪게 됩니다. 하지만 처음부터 그렇게 죽음의 그림자가 어른거렸던 것은 아니었습니다. 가인의 탄생은 기쁨으로 시작했습니다.

> 아담이 자기 아내 하와와 동침하니, 아내가 임신하여, 가인을 낳았다. 하와가 말하였다. "주의 도우심으로, 내가 남자 아이를 얻었다." 창세기 4: 1

에덴에서 쫓겨나면 당장 죽을 것 같고, 더는 버티지 못할 것 같았는데 이들에게는 아들이 태어나면서 생각지도 못한 축복을 경험합니다. 죽음의 처절한 고통을 겪을 줄 알았지만 가인의 탄생을 통해 생명의 새로운 시작이 자기들에게 주어질 수 있다는 희망을 발견합니다. 하와는 첫 아들 가인을 낳고 "주의 도우심으로 내가 남자 아이를 얻었다"고 고백하는데, 산고에 담겨 있는 하나님의 은총을 알게 된 것이라 할 수 있습니다.

'낳았다' 함은

가인을 낳고 난 뒤 아담과 하와는 아벨을 얻게 됩니다. '낳았다'라고 하는 이 표현은 성서 전반에 걸쳐서 대단히 중요한 의미를 가지고 있습니다. 신약성서의 첫 번째 책인 마태복음의 첫 장은 '낳고, 낳고, 낳고'가 연속적으로 기록되어 있습니다.

> 아브라함의 자손이요 다윗의 자손이신 예수 그리스도의 족보는 이러하다. 아브라함은 이삭을 낳고, 이삭은 야곱을 낳고, 야곱은 유다와 그의 형제들을 낳고. 마태복음 1: 1-2

이 대목을 그냥 할아버지와 아버지, 그 자손으로 이어지는 계보의 순서를 적어놓은 것으로만 읽으면 그 깊은 뜻을 알지 못합니다. 아브라함은 나이가 많아 이미 늙었고 그의 아내 사라는 더군다나 불임이라 자식을 낳을 수 없는 형편이었습니다. 즉 아브라함에서 이삭으로 이어질 가능성이 없었습니다. 그러기에 "아브라함은 이삭을 낳고"라는 이 짧은 문장 속에는 닫혀 있던 생명의 역사가 기적처럼 열리고 이어지는 놀라움이 담겨 있습니다.

이삭은 또한 야곱으로 이어질 가능성이 없었습니다. 이삭은 야곱과 에서 두 자식을 낳았는데 에서가 장자였기에 "이삭은 에서를 낳고"가 타당한 계보 서술 방식이 됩니다. 게다가 야곱은 형 에서와 적대했기에 오랫동안 집을 떠나 있었고, 언제 돌아올지 모를 운명이라 이삭에서 야곱으로 이어지는 흐름은 단절될 가능성이 훨씬 높았던 것입니다.

그러나 잃어버릴 뻔했던 아들 야곱이 이삭을 잇는 주체가 됩니다. 따라서 "이삭은 야곱을 낳고"라는 대목 역시 불연속이 될 역사가 새로운 미래로 연결되는 감격을 보여줍니다. 야곱에게는 열두 아들이 있었고 이들은 훗날 히브리 종족의 열두 지파를 구성하게 됩니다. 이들도 오랜 기근으로 말미암아 죽게 생긴 현실과 마주해서 앞날을 기대할 수 없었는데, 요셉이 우여곡절 끝에 식량이 풍부한 이집트 제국의 총리대신이 되는 사건을 통해서 살아남게 됩니다. "야곱이 유다와 그 형제들을 낳고"라는 대목은 그런 역사를 함축하고 있습니다. 그러므로 마태복음의 이 '낳고, 낳고, 낳고'는 생명을 탄생시킬 수 없는 현실을 돌파하는 거대한 흐름을 일깨우고 있는 셈입니다. 불임의 현실을 이겨내고 희망과 기쁨, 목표와 의지가 이어지는 역사가 마태복음 첫 장에 나와 있는 족보의 진정한 의미입니다.

그 역사가 절정으로 향하고, 그 희망이 거대한 힘으로 솟아나서 등장한 존재가 바로 그리스도 예수라는 사실이 바로 마태복음 첫 장의 선언입니다. 따라서 "낳았다"고 하는 것은 절망의 역사를 돌파해낸 생명의 승리를 뜻합니다. 사무엘의 어머니 한나도 오랫동안 아이를 낳지 못하다가 아이를 갖게 됩니다. 그런데 이것은 단순히 한 아이가 세상에 태어난 개인적인 사건이 아닙니다. 그 시대와 역사와 사회가 고통스러운 현실에서 뭔가 희망을 낳고 싶었던 간절한 염원이 현실이 되었음을 뜻합니다.

당시 이스라엘의 현실은 어지러웠고 캄캄했습니다. 정신적 지주였던 실로의 지도자도 영적으로 혼미한 상태라 모든 것이 암담했습니다. 이런 순간, 불임으로 오랜 세월 고통을 겪던 한나가 사무엘을 낳았다는 것은 절망과 좌절의 현실을 이겨낼 가능성이 태어났다는 의미지요. 아담과 하와가 가인과 아벨을 낳은 것도, 에덴의 추방 이후 생명의 역사가 단절된 것이라고 여겼는데 "주의 도우심으로" 그 힘겨운 현실을 뚫고 나갈 수 있는 새로운 능력과 의지가 태어났다는 이야기가 됩니다. 그런데 안타깝게도 상황이 어렵게 됩니다. 주어진 생명의 축복, 그 기회가 그만 고통으로 변합니다.

제물에 담긴 마음과 정성

누구나 세상에 태어나 아름다운 생활을 하고 싶고, 행복한 가정을 꾸리고 싶으며, 매일매일 새로운 인생을 살고 싶어하게 마련입니다. 그런 삶을 원하지 않는 사람은 한 사람도 없을 것입니다. 엑스트라가 아니라 인생의 당당한 주역이 되고 싶어합니다. 자신이 구상하고 계획했던 일들이 잘 되어나가길 바라지요. 아담과 하와에게도 "이제 우리가 비록 에덴을 떠났지만, 한번 열심히 살아봅시다. 이렇게 아이들도 자라고 있지 않소"라며 기뻐했을 거예요. 아이들은 무럭무럭 자라나고 제몫을 할 만큼 장성하지요. 창세기는 그들의 장성함을 다음과 같이 기록하고 있습니다.

> 아벨은 양을 치는 목자가 되고, 가인은 밭을 가는 농부가 되었다. 창세기 4 : 2

이 대목을 우리는 이제 농경과 유목 문경이 각기 분리되는 시점에 이르렀다고 이해할 수도 있겠지요. 이는 문화인류학적 해석입니다. 또는 각기 나름의 생활방식을 택한 것이라고 할 수도 있습니다. 그런데 그 다음에 문제가 생기게 됩니다. 사건의 발단은 제사였습니다. 그것은 하나님과 인간의 관계를 보여주는 현장입니다.

> 세월이 지난 뒤에, 가인은 땅에서 거둔 곡식을 주께 제물로 바치고, 아벨은 양 떼 가운데서 맏배의 기름기를 바쳤다. 창세기 4 : 3-4

여기에서 "세월이 지난 다음에"라는 것은 시간이 지나야 곡식도 자라고, 양들도 자라니까 그렇겠거니 생각할 수 있습니다. 그런 표현을 굳이 쓰지 않아도 그 정도쯤이야 모두 알 수 있습니다. 그럼에도 이런 표현을 쓰고 있는 것에는 까닭이 있습니다. 에덴에서 추방된 이후 아담이 가족을 먹여살리기 위해 땀을 흘리며 노동을 했으리라고 충분히 상상할 수 있는데, 아담이 하나님에게 제사를 지냈다는 기록은 없습니다. 아들 대代

로 내려가 가인과 아벨 때가 돼서야 비로소 제사를 지냈다고 볼 수 있습니다. 이제 뭔가 좀 정신을 차리고 여유가 생겨서 이 감사를 표현할 방법을 찾기 시작한 셈이지요.

어렵고 힘들 때에는 하나님이 축복을 내려주시면 온갖 좋은 것으로 감사를 드릴 것처럼 마음먹습니다. 그런데 막상 상황이 괜찮아지면, 그게 쉽지 않습니다. 내놓기가 아까워집니다. 여기도 저기도, 쓸 데가 좀 많은가요? 사람과 사람 사이에서도, 큰일을 겪으면서 도움을 받으면 평생 은혜를 잊지 않을 것처럼 생각하지만, 시간이 지나면 그 마음도 시들해지고 적당히 넘어가는 것이 대부분 사람들의 모습입니다. '세월이 지난 뒤'라는 시점은 그런 감사의 마음도 식고 자기 성취에 만족해서 "이건 내가 땀 흘려 이룬 건데 뭘"하는 마음이 생길 만한 때입니다. 그 시점에 가인과 아벨이 하나님 앞에 서게 된 것입니다. 두 형제는 따로따로 하나님에게 제물을 바쳤으나, 한쪽은 그다지 기쁘지 않은 상황이 되었습니다. 가인은 '하나님으로부터 거부당한 자'가 된 것입니다.

> 주께서 아벨과 그가 바친 제물은 반기셨으나, 가인과 그가 바친 제물은 반기지 않으셨다. 그래서 가인은 몹시 화가 나서, 얼굴색이 변하였다. 창세기 4: 4-5

이 대목을 대충 읽고 넘어가면, 하나님은 아벨이 바친 것은 받으시고 가인의 제물은 거부하셨다고 기억하기 쉽습니다. 그러나 본문은 아주 분명하게 하나님은 "아벨과 그가 바친 제물은 반기셨으나, 가인과 그가 바친 제물을 반기지 않으셨다"고 되어 있습니다. 제물만이 아니라 그 제물을 바친 존재 자체가 함께 언급됩니다. 아벨은 양을 쳤고, 가인은 농사를 지었는데, 아벨의 제물만 받으셨다고 하나님이 육식체질이라고 여길 수 없습니다. 밭에서 나는 곡식보다 양고기를 좋아하신 것도 아닙니다.

하나님은 제물 자체를 가지고 평가한 게 아니라, 그 제물을 바친 주체, 아벨과 가인을 주목하십니다. 두 사람의 이름이 제물보다 앞서서 '아벨과 그의 제물' '가인과 그의 제물'이라고 기록되어 있습니다. 제물을 바친 그 존재 자체가 판단의 기준입니다. 아벨의 경우에는 "양 떼 가운데 맏배의 기름기"라고 표현되어 있는데, 이것은 무언가 특별히 선택했다는 점을 일깨우고 있는 반면, 가인은 "땅에서의 소산"이라고만 표현되어 있을 뿐이지 그 소산에 대한 특별한 자세가 언급되지 않습니다. 두 사람을 비교해볼 때에 아벨은 '과연 어느 것이 좋을까?' 하고 깊이 들여다보고 선택을 했으나, 가인의 경우에는 그런 태도를 읽어낼 만한 대목이 없습니다. 달리 말하면, 아벨은 하나님에게 특별한 관계를 가지고 감사를 드리려는 의지가 있었던 반면, 가인은 그렇지 않았음을 짐작케 합니다.

자기성찰의 기회를 버린 가인

가인이 자기 제물이 거부당한 뒤 불만스러운 표정을 짓자 하나님이 그에게 말씀하십니다. "왜 그러느냐? 얼굴빛이 좋지 않구나. 죄가 너의 문 앞에 도사리고 있으니 정말 조심해라." 하나님은 가인의 내면에 나타나고 있는 마음을 꿰뚫어보십니다.

주께서 가인에게 말씀하셨다. "어찌하여 네가 화를 내느냐? 얼굴색이 변하는 까닭이 무엇이냐? 네가 올바른 일을 하였다면, 어찌하여 얼굴을 펴지 못하느냐? 그러나 네가 올바르지 못한 일을 하였으니, 죄가 너의 문에 도사리고 앉아서, 너를 지배하려고 하니, 너는 그 죄를 잘 다스려야 한다." ^{창세기} 4: 6-7

"네가 올바른 일을 했다면 얼굴색이 변하지 않았겠지"라는 말은, "일이 왜 이렇게 됐는지 잘 알고 있는 사람은 바로 너지 다른 사람이 아니"라는 말과 같습니다. 하나님은 가인의 성찰을 촉구하고 계십니다. 그런데 아버지 아담이나 그 아들 가인이나 모두 문제의 출발을 자기에게서 찾는 것이 아니고 밖에서 찾았음을 보게 됩니다. 아담은, "당신이 나랑 살라고 짝지어준 그 여자 때문에" 하고 하나님과 여자를 한꺼번에 비난함으로써 "내가 문제의 출발점이 아니고 하나님 당신과 저 여자 때문이야"라고 했는데, 가인도 그 아버지 아담과 다르지 않습니다. 자신의 주체적 성찰이 보이지 않습니다. 가인이 아벨을 죽이려 들기 전에 하나님께서 가인에게 이렇게 자기 성찰의 기회를 주셨음에도 불구하고, 가인은 아벨을 죽일 마음을 품고 결행 준비를 합니다.

경쟁과 지배의 논리를 넘어

화가 난 가인은 아벨을 자신의 경쟁대상으로 보았고, 아벨만 없으면 모든 것이 해결된다고 여겼습니다. 경쟁은 한 사회를 발전시키는 동력이 될 수도 있지만 경쟁의 가치를 무조건 떠받들면 사회 구성원 간에 적대감이 확산되고 누군가를 짓밟고 올라서야만 살 수 있다는 생각을 하게 됩니다. 그런 사회에서는 가인과 아벨이 처했던 비극이 되풀이됩니다. 가인은 아벨을 어떻게 죽입니까?

> 가인이 아우 아벨에게 말하였다. "우리 들로 나가자." 그들이 들에 있을 때에, 가인이 그의 아우 아벨을 쳐죽였다. 창세기 4: 8

형이 아우에게 들로 나가자고 속이고 데리고 가서 죽여버립니다. 이런 가인의 모습은 가인에게만 한정되지 않습니다. 사람이 살아가는 동안에 마음속에서 얼마나 많은 다른 사람을 죽입니까. 그래서 "죄가 문 앞에 도사리고 있다"는 하나님의 경고를 깊이 새길 필요가 있습니다. 이걸 제대로 마음에 두지 않으면 인간은 때로 '살인의 추억'이 아니라 '살인의 리허설'을 하게 됩니다. 혹시라도 그런 마음이 들 경우 잘 참아야겠습니다.

그런데 하나 생각해볼 바가 있습니다. 참을 '인'忍자는 칼 '도'刀자가 마음 '심'心자 위에 턱 하니 있는 형상입니다. 그래서 참는다는 것은, 마음에 품고 있는 칼을 독하게 결심하고 뽑지 말라는 뜻이라고 합니다. 아무리 원한이 사무쳐도 마음속에서 그 칼을 꼭 붙잡고 있으라는 거예요. 하지만 성서는 분을 참고 원한을 참을 때, 참을 '인'자를 얘기하지 않습니다. 그런 방식을 취하는 것은 매우 위험하기 때문입니다. 마음속의 비수는 어느 순간에 자기도 모르게 불쑥 튀어나와 상대를 찌를 수 있습니다. 뿐만 아니라 더는 참지 못하고 폭발해버리면 "너, 내가 얼마나 참았는지 알아?" 하고 도리어 그 참은 것이 더 무서운 분노의 무기가 되어 상대를 찌르고 자신도 죽일 수 있습니다. 잘못 참으면 인간성이 나빠지고 그 과정이 엄청난 스트레스가 되어 인생도 망가집니다. 비극적 운명으로 더욱 빠져드는 계기가 되는 거지요. 따라서 끊을 '단斷'의 의지가 필요합니다. 깊이 성찰을 해서 "이건 아니지"하고 단칼에 분과 화, 그리고 한의 마음을 자르는 것이 중요합니다. 그 칼을 마음속에 품고 있으면 안 됩니다.

그래서 하나님께서는 가인에게 "그런 마음을 잘 다스려라. 아벨을 죽이고 싶은 마음의 싹이 올라올 때, 쳐라. 미움이 생기면 내버려두지 마라. 자라기 전에 끊어라" 말씀하신 거지요. 일단 미움이 자라면 모든 것이 부정적으로 보입니다. 즐겁게 웃는 것도 비웃는 것으로 보입니다. 슬퍼하는 모습은 가증스럽게 보이고, 아파하면 잘 됐다고 조롱합니다. 가인이 아벨에 대한 살의를 품었을 때 하나님께서 "너의 얼굴색이 좋지 않다"고 하시면서 성찰의 기회를 주셨을 때, '단斷의 의지'가 작동되어야 했지요. 그렇게 해서 비워진 마음에 생명에 대한 사랑을 채워넣어야 했습니다. 하나님의 말씀을 떠올려 생명을 해하는 죄를 다스릴 마음의 힘을 얻어야 합니다. 가인은 하나님과 자신의 관계를 바로 세우면 자기가 하나님으로부터 받아들여지지 못했던 것을 해결할 수 있었는데, 그러기보다는 아우 아벨을 제거해버렸습니다. 하나님과의 관계가 바로 서지 않았고, 그로 말미암아 형제를 죽인 이중의 죄를 짓고 만 것입니다.

자기 성찰은 이토록 중대한 의미를 가집니다. 성찰이 깊어야 책임전가의 유혹을 이기고, 자기로부터 시작하는 생명의 역사를 새롭게 쓸 수 있는 기회를 잃지 않습니다. 인간관계를 경쟁적 적대감으로 대하는 존재는 생명을 파괴해도 무감각해지고 그것이 당연하다고 생각할 수 있습니다. 경쟁과 지배가 아니라 사랑과 생명의 가치를 최선의 자리에 올려놓고 살아가는 인간, 그런 공동체가 다름 아닌 하나님 나라의 원형입니다.

오늘날 우리는 경쟁과 지배의 논리를 통해 무수한 가인을 배출하는 시대를 살고 있는지도 모릅니다. 가인이 아벨을 죽인 사건은 그래서 도처에서 되풀이되고 있습니다. 이런 세상을 종식시키고 서로에게 생명과 사랑의 힘을 나누고 전할 수 있는 능력을 절실하게 갈망하는 데서 축복은 시작됩니다. 그로써 사람을 죽이는 사회가 아니라 죽어가던 사람도 살리는 공동체를 세워나갈 수 있습니다. 우리 모두가 그런 삶의 주인공이 될 수 있기를 바라는 마음 간절합니다

4 ¹ 아담이 자기 아내 하와와
동침하니, 아내가 임신하여, 가인을
낳았다. 하와가 말하였다. "주의
도우심으로, 내가 남자 아이를 얻었다."
² 하와는 또 가인의 아우 아벨을 낳았다.
아벨은 양을 치는 목자가 되고,
가인은 밭을 가는 농부가 되었다.
3 세월이 지난 뒤에, 가인은 땅에서 거둔
곡식을 주께 제물로 바치고, 4 아벨은
양 떼 가운데서 맏배의 기름기를 바쳤다.
주께서 아벨과 그가 바친 제물은
반기셨으나, 5 가인과 그가 바친 제물은
반기지 않으셨다. 그래서 가인은 몹시
화가 나서, 얼굴색이 변하였다.
6 주께서 가인에게 말씀하셨다.
"어찌하여 네가 화를 내느냐? 얼굴색이
변하는 까닭이 무엇이냐? 7 네가 올바른
일을 하였다면, 어찌하여 얼굴을 펴지
못하느냐? 그러나 네가 올바르지 못한
일을 하였으니, 죄가 너의 문에 도사리고
앉아서, 너를 지배하려고 하니,
너는 그 죄를 잘 다스려야 한다."
8 가인이 아우 아벨에게 말하였다.
"우리 들로 나가자." 그들이 들에 있을
때에, 가인이 그의 아우 아벨을
쳐죽였다.

10 가인의 표식

창세기 4장 9절-16절

가인의 완전범죄?

가인은 완전범죄를 저질렀다고 여기고 사건이 종료된 것으로 믿었습니다. 그러나 발각의 위기가 오자 그는 발뺌을 합니다. 일단 위기를 모면하고 당장 살아남기 위해서였겠지요. 인간은 자기방어 본능이 있어 곤란한 상황에서 최대한 빨리 벗어나고 싶어하게 마련입니다. "나는 그 시간 그 자리에 없었다"라는 부재입증不在立證의 알리바이를 내세우게 됩니다.

사람의 목숨이 달려 있을 경우 발뺌할 때에는 문제가 매우 커집니다. 죽은 자는 있는데, 죽인 자는 없다? 가인은 아벨을 죽이고 나서 이 모든 것을 은폐해버리고 완전범죄라고 확신하는데, 그 결과는 어떻게도 수습이 되지 않는 상황으로 치닫습니다. 가인은 아벨을 들로 데리고 가 죽이는데, 그 '들'은 살해의 현장이기도 하지만, 목격자가 없었기에 증인과 증거가 없다는 논리를 세울 수 있는 곳이기도 합니다. 즉, "나는 모른다"

를 밀고 나가면 된다는 것입니다. 가인은 이 사건이 수습된 것이라고 믿었으며 자신의 안전이 지켜졌다고 생각할 수 있었을 것입니다.

너의 아우는 어디 있느냐

그러한 확신이 이제 여지없이 무너지게 됩니다. 살인을 저지른 자만 알고 있는 사건의 진상을 과연 누가 알겠습니까? 그런데 하나님이 가인에게 묻습니다.

> 주께서 가인에게 물으셨다. "너의 아우 아벨이 어디에 있느냐?" 그가 대답하였다. "모릅니다. 제가 아우를 지키는 사람입니까?" 창세기 4: 9

동생 아벨이 어디 있느냐는 질문은 평소 보였던 아벨이 안 보인다는 이야기이지요. 여기에서 유심히 봐야 하는 것은 그냥 "아벨은 어디 있는가?"라고 하지 않으시고, '너의 아우 아벨'이 어디에 있느냐고 하셨습니다. 아벨과 가인의 관계를 부각시킨 질문방식입니다. 아벨의 행방을 다른 사람은 몰라도, 형인 가인은 알고 있으리라는 의미를 담고 있습니다. 이것은 "왜 없지?"라는 질문과 상통합니다. 그것은 "그 까닭과 그 소재를 적어도 너만큼은 알고 있겠지?"라는 질문이 됩니다. 하나님께서 아벨이 어디에 있는지, 왜 안 보이게 되었는지 모르시고 "가인아, 너의 아우 아벨을 빨리 좀 찾아봐라"고 하는 이야기는 아닙니다.

하나님은 진실을 모르셔서가 아니라 가인의 입으로 직접 진실을 듣고 싶으셨던 겁니다. 그러나 가인은 끝까지 '모르쇠'로 일관합니다. 그렇다면 하나님 앞에서 인간의 거짓이 과연 어디까지 가능할까요? 가인은 아우의 행방에 대해 일단 "모릅니다"라고 부인합니다. 자신은 아무런 상관이 없음을 주장합니다. 이 "모릅니다"는 "그걸, 왜 저한테 물어요?"라는 반박이 담겨 있는 말입니다. "제가 아우를 지키는 사람입니까?"라는 대답이 나올 수밖에 없습니다.

아벨의 운명에 대해 가인은 아무런 상관이 없다는 주장을 펴고 있습니다. 아우가 위기에 처해 있을 때 형이라면 어떻게 합니까? 최대한 자기 능력 안에서 당연히 지켜줘야 합니다. 형이 아니더라도 누군가의 위험을 보면 그냥 지나치기 어렵습니다. 만일 자기 능력 밖이라고 해도 어떻게 해서든 방법을 찾으려고 애를 쓰겠지요. 가인이 정말로 아우 아벨이 어디에 있는지 모른다고 해봅시다. 이런 하나님의 질문에 가인은 어떻게 대답해야 옳은 걸까요? 적어도 "정확히는 모르지만, 한번 알아보겠습니다"라고 해야 되는 거 아니겠습니까? 그러나 가인은 그런 말을 전혀 하지 않고 있습니다.

하나님의 논증방식

이제 하나님이 이 문제를 어떻게 풀어나가시는지 살펴보지요. '하나님의 논증방식'입니다. 그래야만 하나님의 생각을 명확히 알 수 있습니다. 이 사건은 목격자도 증인도 없습니다. 어떤 흉기를 사용했는지, 또 어디에 매장했는지 그 넓은 들판을 찾을 도리가 없습니다. 이 사건의 범인을 어떻게 찾을 수 있을까요? 들판에 떨어진 머리카락을 찾으면 알 수 있을까요, 나무나 바위에 묻은 지문을 찾아보면 될까요? 아마도 어려울 것입니다. 단지 혐의만 있을 뿐입니다. 가인의 양심에 기대면 안 될까요? 그것도 여의치 않습니다. 가인은 분명한 어조로 모른다고 했지요. 이 사건은 자칫 영원한 미궁 속으로 빠질 듯합니다.

죽은 자는 말이 없다고들 합니다. 과연 그럴까요? 억울하게 죽은 자는 침묵하고 범인은 혐의를 부정하고 있습니다. 바로 그때 하나님이 말씀하십니다.

너의 아우의 피가 땅에서 나에게 울부짖는다. 이제 네가 땅에서 저주를 받을 것이다. 땅이 그 입을 벌려서, 너의 아우의 피를 너의 손에서 받아 마셨다. 창세기 4: 10-11

사람을 죽인 현장을 누구도 본 자가 없고, 그 비명소리를 들은 자도 없으면 모든 진실이 과연 땅속에 묻히고 말까요? 그렇지 않습니다. 하나님은 이를테면 이렇게 말씀하고 계십니다. "너는 그 소리를 듣지 못하지만 이 울부짖는 소리가 나에게 들린다." 하나님은 광야에 있던 모세를 부르셔서 이집트 제국에 보내실 때, 그에게 어떻게 이야기하시지요?

지금도 이스라엘 자손이 부르짖는 소리가 나에게 들린다. 이집트 사람들이 그들을 학대하는 것도 보인다. 출애굽기 3: 9

모세는 애당초 가지 않겠다고 버팁니다. 하나님의 부르심에 "예" 하고 나서지 않습니다. 그건 당연했어요. 흔히 짐작하는 것처럼 모세가 겸손하기 때문이었을까요? "왕년에 내가 목숨을 걸고 우리 동포를 짓밟는 자들을 해치웠는데, 동포들은 도리어 나를 멸고해 쫓겨나게 하지 않았습니까? 은혜도 감사도 모르는 그들이 나를 이 지경으로 만들었는데, 내가 거기를 또 가야 한다고요? 그자들은 고생을 더 해봐야 합니다. 그 정도 어려움으로는 깨닫지 못합니다." 이런 마음이 들 수 있는 상황이었습니다. 그러나 하나님은 모세의 행동을 계속 촉구하십니다. "저 절규하는 소리를 너는 깊이 들어라. 어떻게 그것을 외면할 수가 있겠느냐? 저 소리에 절대 귀를 막지 마라."

우리도 세상이 듣지 못하는 그 통절한 울부짖음에 귀를 기울일 수 있을 때, 고난에 빠진 인간을 구하시는 하나님의 역사가 시작됩니다. 가해자들은 이 울부짖는 소리에 무감합니다. 권력은 오히려 그 소리를 억압합니다. 승자의 역사는 그것을 망각하고 지워버립니다. 그러나 하나님은 들으시고 기억하십니다. 누가 짓밟고, 누가 짓밟히는지.

가인이 아벨을 죽이고 나서 하나님이 하신 말씀도 억울하게 희생당한 이들 편에 계신 하나님을 우리에게 드러내고 있는 장면입니다. 하나님은 "네가 무슨 일을 저질렀느냐? 네 아우의 피가 땅에서 나에게 울부짖는다"라고 하시면서, 증거부재의 현실에서 움직일 수 없는 증거를 제시하십니다. 하나님이 그 절규를 들으셨는데 부인할 도리가 있겠습니까?

이 세상에는 우리가 알지 못하는 억울한 죽음이 헤아릴 수 없이 많습니다. 긴 역사와 현실이라는 시간 속에 묻혀 사건의 진상을 모르게 되는 것 같습니다. 그러나 어느 날 그 절규가 사람들의 마음을 움직여서 진실을 파헤치는 일들이 벌어집니다. 역사 속의 무수한 의문사가 진실을 밝혀달라고 하늘에 호소한 결과입니다.

사실을 안다면, 누군가를 억울하게 희생시키는 일은 결코 감출 수 없습니다. 나사렛 예수가 처형당한 십자가는, 당시 로마의 거대한 폭력과 이스라엘 지배세력의 탐욕에 억울하게 희생당하고 짓밟힌 백성들의 통곡과 아픔을 총체적으로 보여주는 현장입니다. 그래서 예수의 부활은 통절하게 희생당한 모든 이들의 희망을 말해주고 있습니다. 그것은 하나님이 그 피어린 울부짖음을 외면하지 않으신다는 증거입니다. 부활은 모든 악과 죽음의 힘을 꺾는 사건이 된 것이지요. 가인에게 하신 하나님의 말씀도 이런 차원에서 보자면, 아벨의 피가 그대로 흙 속에 파묻혀 영원히 망각되지 않는다는 것입니다. 그것은 죽어 말이 없는 자가 아니라, 살아 있는 자의 목소리가 되어 하나님에게 그 억울함을 호소하고 있음을 말합니다. 하나님의 논증은, 현실의 증인과 증거가 있어야 성립하는 것이 아니라 그걸 넘어선 자리에서 오히려 시작됩니다. 하나님 앞에서 완전범죄는 불가능합니다. 가인은 더 이상 부인할 길이 없는 상황에 처합니다. 더이상은 "모릅니다"가 안 통하는 지점에 와버린 거지요. 그런 가인에게 하나님은 살인을 저지른 죄로 가인이 받게 될 징벌을 이야기하십니다.

> 이제 네가 땅에서 저주를 받을 것이다. 땅이 그 입을 벌려서, 너의 아우의 피를 너의 손에서 받아 마셨다. 네가 밭을 갈아도, 땅이 이제는 너에게 효력을 더 나타내지 않을 것이다. 너는 이 땅 위에서 쉬지도 못하고, 떠돌아다니게 될 것이다". 창세기 4: 11-12

하나님은 아담에게는 자기의 근본인 땅을 갈면서 수고하게 될 것이라고 하셨습니다. 아담의 아들 가인은 어떤 사람이었습니까? 농사를 짓는 최초의 인간으로 등장했던 존재 아니었습니까? 그런 가인이 농사를 지어도 생명의 소산을 얻지 못한다는 것입니다. 땅을 갈아 농사를 짓고 추수를 하는 최초의 일꾼 가인. 그러나 그는 이룬 감격적인 성과가 손에서 사라지는 것을 경험합니다. 누군가의 생명을 죽여서 자기의 목표를 이룰 수 있다고 믿었겠지만, 결과는 모든 것을 잃는 결과로 나타납니다.

다 얻을 줄 알지만 사실은 다 놓치게 될 방법을 성공의 전략으로 믿고 선택하는 경우가 대단히 많습니다. 하나님은 가인이 죄로 말미암아 땅에서 저주를 받아 땅을 갈아도 그 땅이 효력을 내지 않으리라고 하십니다. 아담에게는 땀을 흘려 땅을 갈면 그 소산을 먹을 것이라고 하셨지만, 가인에게는 그의 노동이 결실을 얻을 수 없다고 말씀하십니다. 그래서 그 밭을 갈아도 가인에게는 기쁨이 없습니다. 당연합니다. 남의 생명의 기운을 막아버린 존재가 일구는 땅이 어떻게 생명을 내어놓겠습니까? 인간의 생명을 죽인 존재가 땅과 생명의 기운을 통하는 일을 성공시킬 수 없습니다. 모든 생명의 본질은 똑같습니다.

땅을 간다고 하는 것은 땅을 가는 기술이 중요한 것이 아니라, 땅과 내가 어떤 관계를 맺느냐가 보다 중요합니다. 식물을 키우고 동물을 기를 때에도, 가족 간의 관계에서도 마찬가지지요. 원예지식이 많으면 식물을 잘 기를 수 있을까요? 동물학에 해박하면 잘 기를 수 있을까요? 뛰어난 심리학자나 정신과 의사가 식구들의 마음을 모두 헤아리면서 가족 간의 화평을 유지할 수 있을까요? 꼭 그렇다고 말할 수 없습니다.

그 동물과 식물에게 깊은 애정을 갖고 정성을 쏟으며, 그 사람을 진심으로 이해하고 사랑해야 생기가 전해질 수 있습니다. 생명의 기운이 통하는 진실한 사랑이 가장 소중합니다. 지식과 경험은 그런 사랑에 기초할 때 힘을 발휘합니다.

진실한 마음이 있는가

이제 가인은 어떤 운명에 처하게 되나요? 땅을 갈아도 그 소산을 나눌수 없는 비극적인 현실에 처할 뿐 아니라 "너는 이 땅 위에서 쉬지도 못하고, 떠돌아다니게 될 것이다"라고 하나님은 예고하십니다. 아벨이 제거되면, 가인은 자신이 농사를 짓는 땅에서 두 발 뻗고, 평생을 안정되게 살아갈 줄 알았을 텐데, 현실은 완전히 반대가 되고 말았습니다. 그 땅에서 '뿌리 뽑힌 인간'이 되었습니다.

농부는 땅에 정착해서 살아야 하는데 이제 부평초처럼 떠다니게 될 것이라는 이야기는 가인에게 사형선고나 다름없습니다. 그는 어딘가에 뿌리를 내리고 살아야 성공하는 사람이지 유목민처럼 여기저기 돌아다니면서 성공하는 사람이 아닙니다. 가인은 성공의 근거 자체가 사라지게 되지요. 그는 아벨을 제치고 행복해지고 싶어서 그렇게 했겠지만 결과는 불행이었습니다. 생명을 짓밟고 이루어질 수 있는 행복이란 세상에 없습니다.

돌아보면, 가인과 아벨이 제사라는 형식으로 하나님에게 감사를 드리는 기회를 가졌는데, 이 신성한 종교적 행위가 경쟁, 분노, 탐욕과 결부되어 그 제사의 의미는 퇴색되고 말았습니다. 그것은 도리어 가인의 운명에 재앙이 되었습니다.

여기서 언제나 마음가짐이 중요하다고 얘기할 수 있지요. 예수께서 사마리아의 한 우물에서 만난 여인에게 '진정과 신령함'을 강조하시면서 하나님과의 만남에서 필요한 자세를 일깨우신 것도 같은 맥락입니다. 사마리아의 여인은 자신이 긷는 우물물이 야곱 이래 오랜 전통을 가지고 있고, 종교적 정통성과 권위를 그 어느 것도 따를 수 없다고 내세웠습니다. 하지만 정작 중요한 것은 그 여인이 어떤 마음으로 하나님 앞에 있는가 하는 점입니다.

> 예수께서 말씀하셨다. "여자여, 나의 말을 믿어라. 너희가 이 산 위에서도 아니고 예루살렘에서도 아닌 데서 너희가 다버지께 예배를 드릴 때가 올 것이다……참되게 예배를 드리는 사람들이, 경과 진리로 아버지께 예배를 드릴 때가 온다. 지금이 바로 그때다. 아버지께서는 이렇게 예배를 드리는 사람들을 찾으신다." 요한복음 4: 21-23

가인은 이처럼 진실한 마음으로 하나님을 대하는 것이 무엇보다 중요하다는 사실을 망각했습니다. 그로써 자신의 죄를 돌이키지 못하면, 그가 어디에 살아도, 혹여 안정된 정착생활을 외면적으로 유지할 수 있다 해도, 그의 마음과 영혼은 떠도는 자가 되고 말지요. 가인은 어디서도 나그네입니다. 이것이 그에게 내린 징벌이었습니다. 성서에서 '나그네'란 시적 낭만의 이미지를 가지고 있지 않습니다. '누구에게도 보호받을 수 없는 존재'라는 뜻을 가지고 있습니다. 성서는 이방인들, 나그네들, 고아들, 혼자 사는 여인들을 지켜주라고 합니다. 나그네란, 가족들이 있는 것도 아니고, 권력자가 보호해주는 것도 아니며, 기댈 곳이 있는 것도 아닙니다. 어디에서 왔다가 어디로 가는지, 그 출신도 목표도 모르는 떠돌이를 누가 반기려 하겠습니까? 가인은 그런 운명에 처한 것입니다. 그건 달리 말해 공격의 대상이 되기 쉽다는 거지요. 그러자 가인이 호소합니다.

> 가인이 주께 말씀드렸다. "이 형벌은, 제가 짊어지기에 너무 무겁습니다.

오늘 이 땅에서 저를 쫓아내시니, 하나님을 뵙지도 못하고, 이 땅 위에서 쉬지도 못하고, 떠돌아다니게 될 것입니다. 그렇게 되면, 저를 만나는 사람마다 저를 죽이려고 할 것입니다." 창세기 4: 13-14

"이것은 너무나 고통스럽습니다. 살 길은 없습니까?"라는 말입니다. 그때 하나님께서 뭐라고 하시나요? 가인의 저 유명한 '표식' 이야기가 여기서 나옵니다.

주께서 그에게 말씀하셨다. "그렇지 않다. 가인을 죽이는 자는 일곱 갑절로 벌을 받을 것이다." 주께서는 가인에게 표를 찍어주셔서, 어느 누가 그를 만나더라도, 그를 죽이지 못하게 하셨다. 가인은 주 앞을 떠나서, 에덴의 동쪽 놋 땅에서 살았다. 창세기 4: 15-16

가인에게 주신 하나님 용서의 표식

어느 마을에 가인이 들어와 살고 있었는데, 시간이 지나 사람들에게 살인죄의 기록을 가진 전과자라는 사실이 알려졌다고 해봅시다. 어떤 일이 벌어질까요? 당연히 소문이 나고 배척의 대상이 될 것입니다. 그가 아무리 속죄를 하고 반듯하게 살고 있다 해도 과거의 죄로 인한 족쇄를 사람들은 쉽게 벗겨주려 하지 않을 것입니다. 가인이, "저는 그 과거의 옷을 벗었습니다. 이제 정말 진실하게 살기로 했습니다. 매일매일 고통 속에서 회개하고 삽니다. 저는 새로운 인간으로 태어났습니다"라고 해도 사람들은 "못 믿겠어"라고 조롱할 수 있습니다. 뿐만 아니라 그 과거가 자꾸 부풀려지기 시작한다면 어떨까요? 그런 소문과 비난의 대상이 되는 사람은 도저히 살아남을 수가 없을 것입니다. 가인은 고통 속에서 죽을 지경이 됩니다.

이때 가인이 살 수 있는 방법은 뭘까요? 바로 하나님이 주신 가인의 표식입니다. 다름 아닌 하나님의 용서입니다. 그 뜻은 다른 게 아닙니다. "너의 과거가 너의 미래를 발목잡지 않도록 하겠다. 예전의 일로 너의 미래가 망가지지 않도록 하겠다." 이것이 용서의 실제 효력입니다. '가인의 표식'이란, 가인이 자신의 아우를 죽였지만 그 죄가 평생의 사슬이 되어 사람들이 "저자는 사람을 죽인 자야"라고 해서 미워하고 소외시키며 절망의 벼랑으로 몰아넣는 일이 없도록 지켜준다는 뜻이지요. 가인의 표식은 "아, 저자가 가인이구나. 사람을 죽였구나" 하고 누구나 알아보게 하기 위한 것이 아닙니다. 그의 죄와 그의 과거가 아무리 험악하다 할지라도 이제 새롭게 살기로 한다면, 하나님께서 그의 삶을 지켜주시고 보호해주신다는 것입니다.

이러한 하나님의 마음은 성서 전체에 걸쳐 일관됩니다. 아담과 하와가 쫓겨났을 때도 가죽 옷을 입혀주셨고, 징벌을 내릴 때도 뱀이 인간을 공격하지 못하게 막지 않으셨나요? 이것으로 다 끝났구나 하고 생각했는데 사실 그렇지 않지요. 가인의 표식은 죄의 결과로 말미암아 그가 엄청난 고통의 수렁에 빠지게 됐지만 그것으로 끝은 아니라고 용기를 주시는 하나님의 마음을 상징합니다. 사람들의 눈에는 보이지 않는 하나님의 보호하심이 가인이 가는 그 어디에서도 이루어진다는 약속이 주어진 거지요.

요한복음에는 나사렛 예수와 절친했던 마리아와 마르다의 오빠 나사로가 죽는 대목이 나옵니다. 장사한 후 무덤에 묻혀 사흘을 있게 되는데,

예수께서 그의 이름을 불러 일으켜서 살아나게 하시는 이야기입니다. 나사로가 무덤에서 살아 나오는데 예수께서는 이렇게 말씀하십니다.

> 죽었던 사람이 나왔다. 손발은 천으로 감겨 있고, 얼굴은 수건으로 싸매여 있었다. 예수께서 그들에게 "그를 풀어주어서, 가게 하여라"하고 말씀하셨다. 요한복음 11: 44

여기서 수건을 풀라는 것은 무슨 뜻입니까? 시신을 염했던 것을 벗겨내고, 나사로를 죽은 자로 취급하지 말라는 것입니다. 오늘날 우리의 현실을 보면 사람들은 무덤에서 살아나온 사람들을 살아 있는 존재로 대해주지 않는 경우가 적지 않지요. "저 사람은 옛날에 그런 자였대. 이런 나쁜 일을 했대"라면서 이미 돌이켜 사는 사람의 현실을 인정해주지 않고 그 한 번의 실수와 죄, 악몽 같은 과거의 삶을 영원히 지속될 것처럼 그렇게 규정해버리고 맙니다. 시신을 감고 있던 천을 풀어주지 않습니다.

나사로의 이야기는, 한때 그를 칭칭 묶어버렸던 죽음의 흔적을 풀어서 그의 삶을 자유롭게 만들어주라고 하시는 거지요. 가인의 이야기와 일맥상통합니다. 하나님은 가인이 아우를 죽인 죄를 짓고 더 이상 자기 고향에 살 수 없는 지경에 처했다 할지라도 새롭게 살아갈 희망마저 봉쇄하는 분은 아니십니다. 이 깨우침을 소중하게 여긴다면 그것이 가인의 살 길이 됩니다. 이것이 어찌 가인에게만 국한된 이야기이겠습니까?

자신의 가치를 발견하는 생명의 사람

가인은 이로써 자신에게 주어진 가치를 발견하는 존재가 되어갈 수 있었습니다. 예수의 겨자씨 비유가 있습니다. "겨자씨는 세상에서 너무나 작다. 하지만 이것이 크면 엄청나게 될 것이다." 이걸 이해하려면, 우선 이 비유를 듣고 있던 사람들을 떠올릴 필요가 있습니다. 그들은, "너무 초라하고 힘도 없는 내가 뭘 할 수 있겠는가"라고 생각했던 사람들입니다. 바람 한번 불면 존재가 없어질 겨자씨 같은 존재로 자신의 정체성을 규정하고 있는 사람들이지요. 그런데 예수께서는 "아니다, 너희 안에 하나님 나라가 있다. 그것이 자라면 엄청난 것이 된다"라고 격려하며 자신의 가치를 일깨워주십니다. 그뿐만 아니라 그것이 자라면, 단순한 성장을 넘어 하늘을 떠돌며 헤매는 새들에게 거처가 된다는 말씀도 하십니다.

예수께서 또 말씀하셨다. "우리가 하나님의 나라를 어떻게 비길까? 또는 무슨 비유로 그것을 나타낼까? 겨자씨와 같으니, 그것은 땅에 심을 때에는 세상에 있는 어떤 씨보다도 더 작다. 그러나 심고 나면 자라서, 어떤 풀보다 더 큰 가지들을 뻗어, 공중의 새들이 그 그늘에 깃들 수 있게 된다." 마가복음 4: 30-32

나사렛 예수께서는 이 비유를 통해, 겨자씨처럼 미미하게 여겨지는 것에도 놀라운 가능성이 존재함을 일깨우십니다. 이렇게 자신의 가치를 분명하게 인식했다면 가인도 아벨을 미워하고 질투할 이유가 없었을 것입니다. 하나님은 가인이 막중한 죄를 지었지만 그의 과거로 인해 그 가치가 묵살되거나 소멸되는 일이 그 어디에서도 없도록 하셨습니다.

성서는 그런 의미에서, 무엇보다도 사람이 지니는 소중한 가치에 눈뜨게 해주는 책입니다. 그래야 남과 비교하면서 자신의 가치를 스스로 무너뜨리는 어리석음을 저지르지 않습니다. 자신의 가치에 자신감을 가지고 당당하게 살아야 합니다. 그 어떤 좌절의 상황에서도 하늘로부터 생명의 기운을 얻어 다시 일어서는 것이지요.

가인은 생명을 짓밟고 자신의 목표를 이룰 수 있을 것이라고 여긴 인간의 어리석음을 보여줍니다. 알고 보니 자신의 행복에 정작 장애가 되었던 것은 아우 아벨이 아니라 가인 자신이었습니다.

우리 마음 안에 가인이 혹시 존재한다 해도 그를 돌려세우는 생명의 힘이 매순간 주어지기를 소망합니다. 때로 지은 죄로 인해 영혼이 거할 곳 없는 떠돌이가 된다 해도 그것으로 끝이 아닙니다. 하나님이 우리를 지켜주시겠다는 약속을 믿는 이에게는 아담과 가인이 그랬듯이 '에덴의 동쪽'에서도 새롭게 살 길이 열립니다. 그 어느 곳에 있다 해도 하나님의 기운을 받아 '생명의 사람'이 되는 것이 진정 우리가 살 길입니다. 그 길을 따라 사는 기쁨의 인생이 되시기를 기원합니다.

4 ⁹ 주께서 가인에게 물으셨다.
"너의 아우 아벨이 어디에
있느냐?" 그가 대답하였다. "모릅니다.
제가 아우를 지키는 사람입니까?"
¹⁰ 주께서 말씀하셨다. "네가 무슨 일을
저질렀느냐? 너의 아우의 피가 땅에서
나에게 울부짖는다. ¹¹ 이제 네가 땅에서
저주를 받을 것이다. 땅이 그 입을 벌려서,
너의 아우의 피를 너의 손에서 받아
마셨다. ¹² 네가 밭을 갈아도, 땅이 이제는
너에게 효력을 더 나타내지 않을 것이다.
너는 이 땅 위에서 쉬지도 못하고,
떠돌아다니게 될 것이다."
¹³ 가인이 주께 말씀드렸다. "이 형벌은,
제가 짊어지기에 너무 무겁습니다.
¹⁴ 오늘 이 땅에서 저를 쫓아내시니,
하나님을 뵙지도 못하고, 이 땅 위에서
쉬지도 못하고, 떠돌아다니게 될
것입니다. 그렇게 되면, 저를 만나는
사람마다 저를 죽이려고 할 것입니다."
¹⁵ 주께서 그에게 말씀하셨다. "그렇지
않다. 가인을 죽이는 자는 일곱 갑절로
벌을 받을 것이다." 주께서는 가인에게
표를 찍어주셔서, 어느 누가 그를
만나더라도, 그를 죽이지 못하게 하셨다.
¹⁶ 가인은 주 앞을 떠나서, 에덴의 동쪽
놋 땅에서 살았다.

11 문명의 발전과 인류의 정신적 위기

창세기 4장 16절-26절, 5장

믿음의 공동체가 시작되다

본문 해석에 들어가기 전에 한 가지 정리하고 가겠습니다. 그렇지 않으면, 혼란이 생길 수도 있습니다. 가인이 쫓겨났을 때, 그는 다른 사람들이 자신에게 해를 가할까 두려웠다고 했습니다. 그런데 의아하지요. 왜냐하면 그것은 아담과 하와의 가족 외에 다른 사람들이 있었다는 이야기가 되는데, 하나님의 인간창조 대목과 어긋나 보이기 때문입니다.

하지만 이러한 문제는 성서가 어떤 책인가를 생각해보면 충분히 이해가 됩니다. 성서는 인간이 처음에 어떻게 태어나서, 어떻게 밭을 갈고, 씨를 뿌리고, 사냥을 하고, 마을 공동체를 이루고 살아왔는가를 서술하고 기록한 역사책이나 인류학 책이 아닙니다. 그런 부분이 없는 것도 아니지만, 설령 그런 경우에도 그 관심의 각도에 차이가 납니다. 역사나 인류학적인 설명을 위해서 필요하다면 가인 말고도 다른 사람들에 대한 기원도 함께 설명해야겠지만, 성서의 관심은 가인이라는 특정한 인물로 압축된 인간의 운명에 있기 때문입니다.

이제 가인 이후의 상황을 보도록 하지요. 성서에 기록된 인류 최초의 살인 사건은, 폭력의 결과는 언제나 가해자에게 부메랑이 되어 돌아온다는 사실을 잘 보여주고 있습니다. 화를 자초하는 인간의 어리석음에 대한 경고입니다. 이렇게 보면 인간은 누가 망하라고 해서 망하는 것이 아니라, 스스로가 비극을 부르는 존재임을 알게 됩니다. 그런 맥락에서 보면 창세기 4장 16절에서 5장에 걸쳐 나오는 이야기 역시 그런 비극의 역사가 어떻게 진행되어가는지를 성찰케 합니다. 결론부터 말하자면, 인간이 문명세계를 건설하고 그것이 역사의 발전을 가져온다고 내세우지만, 그것은 곧 인간 정신의 위기로 치닫는 과정임을 모르는 경우가 허다하다는 것입니다. 바로 노아의 방주를 등장케 하는 현실입니다.

살인죄를 저지르고 집을 나온 가인은 그 자신이 두려워했던 것처럼 파멸하지는 않습니다. 가인이 '죽을죄'를 지었다 해도 하나님은 그런 존재에게조차 자비와 인내로 새로운 가능성을 열어주심을 우리는 보게 됩니다. 한편 가인이 아벨을 죽이고 유랑자의 신세로 전락한 이후 아담과 하와는 과연 어떻게 되었을까요?

아담이 다시 자기 아내와 동침하였다. 마침내, 그의 아내가 아들을 낳고 말하기를 "하나님이, 가인에게 죽은 아벨 대신에, 다른 씨를 나에게 허락하셨구나" 하였다. 그의 아내는 아이의 이름을 셋이라고 하였다. 셋도 아들을 낳고, 아이의 이름을 에노스라고 하였다. 그때에 비로소, 사람들이 주의 이름을 불러 예배하기 시작하였다. 창세기 4: 25-26

아벨이 죽고 가인이 집을 떠난 후 아담과 하와는 다시 셋이라는 아들을 낳습니다. 그런데 여기에서 주목되는 대목은 그 셋이라는 이름을 하와가 지었다는 점입니다. 가인이 태어났을 때도 마찬가지로 하와의 발언이 기록되어 있고, 아담은 가인을 낳았을 때나 셋을 낳았을 때나 무슨 이야기를 했는지 우리는 알 길이 없습니다. 가인이라는 이름의 경우 "얻었다, 낳았다"라는 히브리어 발음과 비슷한 것에서 유래했다고 합니다.

> 아담이 자기 아내 하와와 동침하니, 아내가 임신하여, 가인을 낳았다. 하와가 말하였다. "주의 도우심으로, 내가 남자 아이를 얻었다." 창세기 4: 1

보통 자식의 이름을 아버지가 짓는다고 여기는데, 성서는 애초에 어머니가 이름을 지어주는 모습을 보여줍니다. 아담은 동물과 아내 하와의 이름을 지었을 뿐, 정작 아들들의 이름은 아내 하와가 지었습니다. 자식에 대한 어머니의 발언권이 크다는 것을 알 수 있지요. 야곱의 어머니 리브가나 사무엘의 어머니 한나도 그렇고, 예수님의 어머니 마리아에 이르면 더할 나위 없이 어머니의 위상이 막중합니다. 현실은 아버지를 중심으로 한 사회였는데, 이와는 달리 히브리 성서의 전통 속에서 어머니의 존재가 매우 특별하다는 것을 알 수 있습니다. 새로운 생명을 낳고 길러내는 어머니의 자리란 마땅히 그래야 할 것입니다. 그 어머니가 생명의 탄생을 하나님의 도우심과 축복으로 받아들이는 대목도 귀하게 여길 필요가 있습니다. 자식을 그 자신의 소유로 생각하지 않고 하나님이 맡겨주신 존재임을 염두에 두고 있음을 보여주기 때문입니다.

하와가 아벨의 동생으로 낳은 아들 셋으로부터 에노스가 태어나고

"그때에 비로소, 사람들이 주의 이름을 불러 예배하기 시작하였다"라고 한 대목은 하나님을 예배하는 믿음의 공동체가 등장하기 시작했다는 말입니다. 아담으로부터 3대에 이르자 그런 상황이 만들어진 거지요. 아담이 하나님에게 제사를 지냈다는 기록은 성서에 나오지 않습니다. 2대째인 가인과 아벨 때에 하나님에 대한 감사의 제사가 등장하게 되었고, 가인이 아벨을 살해한 비극적인 사건을 겪고 난 다음 잠시의 전환기를 거친 후에야 비로소 믿음의 공동체가 시작됩니다.

라멕에 이르는 두 계보

창세기 4장과 5장에는 아담에서 노아에 이르기까지의 계보가 각기 따로따로 나옵니다. 같은 핏줄인데 두 개의 계보인 셈입니다. 좀 복잡하게 여겨질 수 있으니 잘 살펴보도록 하지요.

4장에서는 아담의 아들 가인에게서 나오는 후대들의 이야기가 라멕의 대에까지 기록되어 있고, 말미에는 가인이 떠난 아담의 집에서 전개된 상황을 보여주고 있습니다. 이와는 달리 5장에서는 가인과 아벨의 이야기는 나오지 않고 아담에서 셋으로 바로 이어져서 시작이 됩니다. 라멕과 노아의 이야기는 맨 끝부분에 등장합니다. 4장에서 노아의 아버지 라멕이 가인의 후대라고 적혀 있는 기록과, 5장에서 가인이 빠진 채로 아담의 후손으로 라멕이 등장하는 두 계보는 그런 점에서 어느 쪽이 맞는지 의문을 갖게 합니다. 계보 이야기는 등장하는 이름도 익숙하지 않고 그 순서도 뒤죽박죽인 듯해 자칫 미로 속에 빠지는 느낌이 들기도 하는데, 그 의미를 알아가면 숨은 가치를 발견할 수 있습니다.

우선 4장의 상황을 보기로 합시다. 아담과 하와에게서 가인과 아벨이 태어나지만, 아벨은 형 가인에게 죽임을 당하지요. 이후 가인은 집을 떠납니다. 가인은 자기가 매우 어려운 처지에 빠지게 될 것이라고 여겼지만, 그는 놋이라는 곳에 정착합니다.

> 가인은 주 앞을 떠나서, 에덴의 동쪽 놋 땅에서 살았다. 창세기 4: 16

그러고는 가인이 그곳에서 일가를 이루며 도시를 건설하고 후손이 태어나 대가 이어지는 이야기가 나옵니다. 가인에게서 출발하는 새로운 공동체의 출발입니다. 에덴에서 떠나면 아무것도 기대할 수 없다고 여겼지만, 하나님의 은총은 에덴에서만 국한된 것이 아니었습니다.

> 가인이 자기 아내와 동침하니, 아내가 임신하여 에녹을 낳았다. 그때에, 가인은 도시를 세우고, 그 도시를 자기 아들의 이름을 따서 에녹이라고 하였다. 창세기 4: 17

노동을 할 필요가 없는 완전 자연상태인 에덴에서 시작했던 아담과 하와, 이후 노동이 요구되는 농경생활과 유목생활의 기초를 세운 가인과 아벨의 시대를 거쳐, 이제 가인이 도시문명의 건설자가 되는 시대까지 오게 되었습니다. 4장 18절은 가인의 아들 에녹에서 그 후손 라멕까지 이어지는 계보를 간략하게 적고 있습니다.

> 에녹은 이랏을 낳고, 이랏은 므후야엘을 낳고, 므후야엘은 므드사엘을 낳

고, 므드사엘은 라멕을 낳았다. 창세기 4: 18

이 본문을 보면 가인에서 라멕에 이르는 것이 가인-에녹-이랏-므후 야엘-므드사엘-라멕, 이렇게 5대로 되어 있지요. 반면에 5장에는 아담- 셋-에노스-게난-마할랄렐-야렛-에녹-므드셀라-라멕-노아, 이렇게 한참 내려갑니다. 또한 4장의 에녹은 가인의 아들로만 되어 있는데 반해, 5장에서는 에녹이 아담의 6대손이고 하나님과 함께 동행한 사람임을 강 조하고 있습니다. 언제나 하나님과 뜻을 같이한 의인임을 드러낸 것입니 다. 그래서 에녹과 관련된 유명한 대목이 이렇게 적혀 있습니다.

에녹은 하나님과 동행하다가 사라졌다. 하나님이 그를 데려가신 것이다. 창세기 5: 24

하나는 여러 대를 건너뛰어 라멕에 이르고, 다른 하나는 가인은 아예 없고 라멕까지 이어지는 과정이 있음을 보여줍니다. 이 두 계보를 보면 할아버지와 아버지와 아들의 관계를 정리하기가 곤란합니다. 게다가 라 멕의 아버지는 므드사엘인지 므드셀라인지 알기 어렵습니다. 성서가 한 글자도 틀리지 않음을 믿고 있는 사람의 입장에서 보면, 설명이 불가능 한 대목입니다. 그러나 이 두 개의 기록은 각기 주시하는 바가 다르고, 그걸 통해서 말하고자 하는 바가 다르다는 것을 알면 그 의미를 파악할 수 있게 됩니다. 므드사엘과 므드셀라는 동일 인물인데 전승 과정에서 각각 다르게 전해진 호칭인 것도 기억할 필요가 있습니다. 두 계보의 관 심이 어떻게 다른지를 살펴보기 전에, 라멕의 이야기를 좀더 해보지요.

라멕은 노아로 이어지는 매우 중요한 고리이고, 두 계보의 의미가 하나로 합쳐지도록 하는 존재이기 때문입니다.

> 라멕은 두 아내와 함께 살았다. 한 아내의 이름은 아다이고, 또 한 아내의 이름은 씰라이다. 아다는 야발을 낳았는데, 그는 장막을 치고 살면서, 집짐승을 치는 사람의 조상이 되었다. 그의 아우의 이름은 유발인데, 유발은 수금을 타고 퉁소를 부는 모든 사람의 조상이 되었다. 또한 씰라는 두발가인이라는 아이를 낳았다. 그는 구리나 쇠를 가지고, 온갖 기구를 만드는 사람이다. 두발가인에게는 나아마라고 하는 누이가 있었다. 창세기 4:19-22

아담에게는 아내가 하와 단 한 명이었는데, 라멕은 아내가 둘임을 밝히고 있습니다. 성서에서 처음 등장하는 일부다처제의 서술입니다. 이 두 아내에게서 각기 다른 문명의 건설자들이 나오게 됩니다. 아다라는 아내에게서 태어난 아들 야발은 장막을 치고 야생의 짐승을 집짐승으로 길들이는 문명을 일구어냅니다. 유목에서 정착생활 중심의 농경문화가 생겨나는 중대한 갈림길이 만들어지는 것입니다. 야발의 아우 유발은 수금을 타고 퉁소를 분다고 했는데, 그건 먹고 사는 문제가 해결되면서 전문 예술의 세계가 펼쳐지는 것을 보여줍니다. 이를테면 문화의 탄생이라고 볼 수 있겠지요. 라멕의 다른 아내 씰라에게서는 철기문명의 주도자 두발가인이 태어납니다. 이렇게 해서 라멕의 시대에 오면 인류 문명의 중요한 변화가 일어나는 것을 봅니다. 가인이 도시를 세운 이후 라멕에 이르기까지 그 문명의 축적이 대단해진 것입니다. 문화인류학적 견지에서 보자면, 가인은 안정된 삶에서 떨어져 나와 유랑했지만 도전과 응전의 과정을 거쳐 도시문명을 세운 격이고, 세월이 흘러 라멕의 대에서는 보다 거대하고 정교해진 문명의 발전을 이루어냅니다. 이로써 라멕의 자신감은 하늘을 찌를 기세가 되었습니다. 라멕의 권력은 강력해진 것이지요.

라멕이 자기 아내들에게 말하였다. "아다와 씰라는 내 말을 들어라. 라멕의 아내들은, 내가 말할 때에 귀를 기울여라. 나에게 상처를 입힌 남자를 내가 죽였다. 나를 상하게 한 젊은 남자를 내가 죽였다. 가인을 해친 벌이 일곱 갑절이면, 라멕을 해치는 벌은 일흔일곱 갑절이다." 창세기 4: 23-24

여기에서 중요한 것은, 성서가 문화인류학적 증언을 하려는 것이 아니라 문명의 발전으로 평가될 수 있는 역사의 전개가 어떤 문제를 안게 되었는지를 성찰케 한다는 사실입니다. 이것이 6장에 가면 노아가 살고 있던 당대의 이야기로 이어지는 이유입니다. 라멕이 한 발언은 문명의 발전과 함께 생겨난 인간성의 위기를 보여주고 있기 때문입니다.

문명의 발전과 인간의 수명단축

라멕의 발언에 대한 검토를 하기 전에, 4장과 5장의 계보가 각기 다루고 있는 내용과 의미가 어떻게 다른지 보겠습니다. 4장에서 우리는 가인으로부터 시작된 도시문명이 라멕에 이르러서 문명의 역사적 변화를 거치는 것을 보았습니다. 긴 문명사를 압축적으로 증언한 내용입니다. 그런데 5장에는 등장인물들의 나이가 관심의 초점입니다. 나오는 인물들마다 모두 몇 백 살이지요. 그 수명은 상상을 초월합니다. 이건 장수長壽

라는 개념으로는 담아낼 수 없는 놀라운 나이입니다. 생존연령이 모두 초인적이지요.

아담은 모두 구백삼십 년을 살고 죽었다. ……셋은 모두 구백십이 년을 살고 죽었다……에노스는 모두 구백오 년을 살고 죽었다……게난은 모두 구백십 년을 살고 죽었다……마할랄렐은 모드 팔백구십오 년을 살고 죽었다……야렛은 모두 구백육십이 년을 살고 죽었다……므두셀라는 모두 구백육십구 년을 살고 죽었다……라멕은 모두 칠백칠십칠 년을 살고 죽었다. 노아는 오백 살이 지나서, 셈과 함과 야벳을 낳았다. 창세기 5: 5-32

인간에게 구백 살, 팔백 살, 칠백 살이라는 나이가 도대체 가능합니까? 그런데 이 대목이 끝나고 6장에 가면 그 몇 백 살이나 되는 평균수명이 갑자기 현격하게 떨어집니다.

주께서 말씀하셨다. "생명을 주는 나의 영이 사람 속에 영원히 머물지는 않을 것이다. 사람은 살과 피를 지닌 육체요, 그들의 날은 백이십 년이다." 창세기 6: 3

노아는 오백 살이 지나서 셈과 함과 야빗을 낳았다고 하며, 대홍수 이후 350년을 더 살아 950년의 수명을 누리고 세상을 떠납니다. 아브라함은 이런 견지에서 보면 백 살임에도 불구하고 애를 낳느니 못 낳느니 하면서 속을 끓입니다. 노아 이후 사람의 나이가 오백 살에서 사백 살, 사백 살에서 이백 살로 점차 내려가는 것이 아니라 한꺼번에 큰 폭으로 줄지요. 도대체 무슨 일이 일어난 것일까요?

우리는 4장과 5장에 나온 이야기가 하나로 합류하게 되는 의미를 주시할 필요가 있습니다. 4장의 문명사적 발전과 5장의 인간의 수명단축에 대한 이야기는 중요한 메시지를 전하고 있기 때문입니다. 에덴에서 쫓겨나고, 그렇게 나가 살게 된 자리에서도 뿌리를 내리지 못해 추방당한 자가 도시를 만들고 인간의 문명을 엄청나게 발전시켰습니다. 그런 식으로 문명의 발전을 구가했던 사람들이 참으로 오래오래 살았다는데, 갑자기 어느 한순간에 생명의 기력은 쇠하기 시작합니다. 창세기 6장 3절에 제시된 인간수명 120년은 그 이전 조상들에 비하면 거의 10분의 1 수준에 불과하지요.

그와 같은 사태가 발생하기 이전인 라멕 시대를 유심히 살펴보면, 라멕이 한 말은 그냥 흘려들을 수 없음을 알게 됩니다. 그는 "가인을 해친 벌이 일곱 갑절이면, 라멕을 해치는 벌은 일흔일곱 갑절이다"라고 말합니다. 가인을 해치는 경우 그 응보의 대가가 일곱 배라는 이야기는 가인 자신이 한 것이 아니라 하나님이 하신 것이고, 그 이야기 밑바닥에 깔린 의미도 보복보다는 보호에 있었습니다. 가인이 살인죄를 저질렀다고 해서 그를 공격하면 보다 무서운 폭력사태가 전개될 수 있음을 경고하신 겁니다. 폭력의 악순환을 끊도록 하는 말씀입니다.

라멕은 그와 같은 법을 자기가 정합니다. 그 징벌의 무게도 무려 일흔일곱 배라고 합니다. 더군다나 그는 "나에게 상처를 입힌 남자를 내가 죽였다"라고 자신이 얼마나 무서운 사람인지를 공포합니다. 엄청나게 잔혹해진 것입니다. 라멕의 대에 이르러서 유목과 농경의 새로운 지평이 열리고, 문화예술이 꽃을 피우며, 철기문명도 등장하는데, 그 문명의 내면에는 폭력이 지배하는 것입니다. 라멕은 자기에게 상처를 입힌 상대를 죽여버린 것을 내세우면서, 사람들을 두려움에 떨게 합니다.

라멕 시대의 폭력

이렇게 폭력적인 보복상황을 가리켜 '이에는 이, 눈에는 눈'이라고들 합니다. 그러나 라멕은 '이에는 이, 눈에는 눈'이 아니라, 이에는 몽둥이 찜질, 눈에는 칼입니다. 사실 '이에는 이, 눈에는 눈'이란 말은 자신이 당한 만큼 상대에게 반드시 돌려주는 무자비한 보복을 얘기하는 것이 아닙니다. 누군가 자기를 향해 이를 갈았는데, 그 사람을 몽둥이로 내리치면 그것은 '이에는 이'가 아닙니다. 누군가 자신을 날카롭게 쏘아보았다고 해서 칼을 뽑아들고 그를 찔렀다면 이 역시 '눈에는 눈'이 아닙니다. 권력의 차이가 있는 경우, '이에는 이, 눈에는 눈'은 성립하지 못합니다. 입 한번 잘못 놀렸다고 목을 치고, 고개 한번 제대로 숙이지 않았다고 발목을 부러뜨릴 수도 있습니다. 그런 현실을 떠올리면, '이에는 이, 눈에는 눈'이라는 것은 본래, 혹시 이를 잘못 드러냈다고 해서 강자에게 턱이 부서질 처지에 놓인 약자를 지켜내는 중요한 지침이 아닐까요? 이에 따르면 강자는 그에게 악의를 품고 이를 드러낸 자에게 마찬가지로 이를 드러내면 그뿐입니다. 누구도 이렇게 한다고 해서 다치거나 죽지는 않습니다. 하지만 예수님은 그런 방식도 받아들이지 않으셨습니다. 원수마저도 사랑하라 하셨으니, '이에는 이'라는 대응 자체를 애초부터 접으라는 것입니다. 모든 폭력의 싹은 그런 생각에서 나오기 때문입니다. 그렇지 않아도 사람들은 자신이 상처를 받으면 그 이상의 무서운 가격을 하려고 합니다.

라멕은 지금 그런 포악함을 보여주고 있지요. 죽음에 이르는 상처를 받은 것도 아닌데 상대를 죽음으로 몰아넣고, 이를 자신의 권력과시의 증거로 자랑하고 있습니다. 가인으로부터 시작해서 라멕에 이르기까지 도시가 건설되고 철기문명과 문화가 발전하면서 대단한 성과를 이룬 것 같지만 실제로 문명을 주도하는 자들은 매우 잔혹해졌고 폭력을 함부로 휘두르게 되었습니다. 이런 세상이 계속되니 어떻게 인간의 수명이 길어 질 수 있겠습니까? 폭력이 난무하는 현실에서 정의처럼 여겨지고 공포 가 통치의 기반이 된다면 생명은 그 기력을 잃고 무너지게 됩니다.

따라서 4장과 5장의 계보를 하나로 묶어내면 그렇게 발전했다고 내세 우는 인간들의 운명이 어떻게 되고 있는지 직시할 수 있습니다. 이 맥락 을 이해하게 되면, 6장에 있는 노아의 시대가 어떤 위기에 처해 있는지 알게 되지요.

주께서 말씀하셨다. "생명을 주는 나의 영이 사람 속에 영원히 머물지는 않을 것이다. 사람은 살과 피를 지닌 육체요, 그들의 날은 백이십 년이 다."……주께서는, 사람의 죄악이 세상에 가득 차고, 마음에 생각하는 모든 계획이 언제나 악한 것뿐임을 보시고서, 땅 위에 사람 지으셨음을 후회하시 며 마음 아파 하셨다. 창세기 6: 3-6

이 대목을 읽으면 인간이 자신의 역사를 발전시켜 나가는 과정에서 진 정 추구해야 할 바가 무엇인지를 깨우치게 됩니다. 예수께서 "사람이 온 세상을 얻고도 제 목숨을 잃으면, 무엇이 유익하겠느냐?" 마가복음 8: 36라 고 하신 까닭도 그 뜻이 다르지 않습니다. 따라서 4장과 5장에 있는 이야기를 압축하면 "너희가 천하를 얻은 것 같지만 결국 얻은 것이 무엇이냐?"라는 질문이 담겨 있습니다. 정작 얻어야 할 생명은 얻지 못하고 죽음의 권세가 세상을 지배하고 만다면, 인간의 생명은 위기에 봉착하지 않을 수 없습니다.

우리의 현실을 비추어볼 때 라멕의 시대가 시사하는 바가 적지 않습니다. 우리 사회는 과거에 비해 분명히 잘살게 되었습니다. 그러나 인간과 인간 사이의 정겨움은 찾아보기 어렵습니다. 요즈음에는 잘 쓰지 않는 단어 가운데 '인정'人情이란 말이 있습니다. 이제는 사람을 평가할 때 그 사람이 얼마나 인정이 많고 선한가를 보는 것이 아니라 그 사람이 얼마를 벌었는지, 어떤 집에 사는지, 어떤 지위에 있는지가 더 중요한 시대를 살아가고 있는 것입니다. 그런 세상에서는 사람이 사람으로서 제대로 대접받거나 평가되지 못합니다. 아주 작은 권력이라도 생기면 인간을 안하무인 격으로 대하거나 자신에게 조금이라도 해가 되는 상대에게는 격렬히 반격합니다. 가만두지 않겠다고 마음속에 칼을 가는 무수한 라멕이 존재합니다. 사람들의 마음이 작은 일에도 모질게 변하고 너그러운 심성이 죽어가고 있습니다.

생명이 숨쉬는 인류문명의 꿈

나라의 미래를 전망할 때도 라멕을 닮은 마음으로 바라보는 경우가 적지 않습니다. 강한 군사력을 가지고 힘을 과시할 수 있으면 그것을 국가의 발전으로 여기고, 또 그런 나라를 부러워하기도 합니다. 그러나 라멕의 나라는 사람이 아름다운 마음을 가지고 서로 아끼고 위하며 살아가기 힘든 나라입니다. 그런 곳에서는 평화가 위태로워지고 전쟁이 조장되며 의로운 양심을 핍박합니다. 약자들이 강한 자들의 비위를 조금이라도 건 드린다고 생각되면 그 약자들은 일곱 배가 아니라 일흔일곱 배나 되는 응징을 받고 맙니다.

하나님 나라의 의를 구하는 사람들은 이러한 현실에 대해 '의로운 분 노'를 느끼게 됩니다. 성서에 등장하는 모든 예언자들의 마음과 영혼이 그러했습니다. 그들은 라멕의 폭력과 같은 권세가 난무하고 그에 협력 하는 세태에 대해 침묵하지 않았습니다. 아무리 외적인 발전을 이루어 가고 있다 해도, 그 공동체의 내면이 부패와 불의에 무감각해지고 약자 들이 희생되는 현실에 눈감으면, 이들은 가만히 있지 않았습니다. 하나 님의 길을 믿는 의인들은 문명의 발전이 망각하기 쉬운 인간의 고귀한 정신적 가치를 일깨웠습니다. 가인으로부터 출발해서 라멕에 이르는 과 정까지 인류가 쌓아올린 문명은 자신의 능력을 드러내는 데 성공했을지 모르지만, 그 영혼과 마음이 정작 키워내야 할 생명의 기력은 소멸시키 고 말았습니다.

모든 재물과 지위와 명예, 그리고 모든 성공의 길에 우리가 언제나 첨 예하게 깨달아야 할 것은 영혼의 생명력입니다. 이걸 잃으면, 온 세상을 얻는다 해도 결국 모든 것을 잃은 자입니다. 생명이 축복받는 인류문명 으로의 방향전환, 그것이 오늘날 우리 모두에게 절실한 하나님 나라의 꿈이 아닐까요.

4 ¹⁶ 가인은 주 앞을 떠나서, 에덴의 동쪽 놋 땅에서 살았다. ¹⁷ 가인이 자기 아내와 동침하니, 아내가 임신하여 에녹을 낳았다. 그때에, 가인은 도시를 세우고, 그 도시를 자기 아들의 이름을 따서 에녹이라고 하였다.

¹⁸ 에녹은 이랏을 낳고, 이랏은 므후야엘을 낳고, 므후야엘은 므드사엘을 낳고, 므드사엘은 라멕을 낳았다. ¹⁹ 라멕은 두 아내와 함께 살았다. 한 아내의 이름은 아다이고, 또 한 아내의 이름은 씰라이다. ²⁰ 아다는 야발을 낳았는데, 그는 장막을 치고 살면서, 집짐승을 치는 사람의 조상이 되었다. ²¹ 그의 아우의 이름은 유발인데, 유발은 수금을 타고 퉁소를 부는 모든 사람의 조상이 되었다.

²² 또한 씰라는 두발가인이라는 아이를 낳았다. 그는 구리나 쇠를 가지고, 온갖 기구를 만드는 사람이다. 두발가인에게는 나아마라고 하는 누이가 있었다.

²³ 라멕이 자기 아내들에게 말하였다. "아다와 씰라는 내 말을 들어라. 라멕의 아내들은, 내가 말할 때에 귀를 기울여라. 나에게 상처를 입힌 남자를 내가 죽였다. 나를 상하게 한 젊은 남자를 내가 죽였다. ²⁴ 가인을 해친 벌이 일곱 갑절이면, 라멕을 해치는 벌은 일흔일곱 갑절이다." ²⁵ 아담이 다시 자기 아내와 동침하였다. 마침내, 그의 아내가 아들을 낳고 말하기를 "하나님이, 가인에게 죽은 아벨 대신에, 다른 씨를 나에게 허락하셨구나" 하였다. 그의 아내는 아이의 이름을 셋이라고 하였다. ²⁶ 셋도 아들을 낳고, 아이의 이름을 에노스라고 하였다.

그때에 비로소, 사람들이 주의 이름을 불러 예배하기 시작하였다.

5 ¹ 아담의 역사는 이러하다. 하나님이 사람을 창조하실 때에, 하나님의 형상대로 사람을 만드셨다. ² 하나님은 그들을 남자와 여자로 창조하셨다. 그들을 창조하시던 날에, 하나님은 그들에게 복을 주시고, 그들의 이름을 '사람'이라고 하셨다. ³ 아담은 백서른 살에, 자기의 형상 곧 자기의 모습을 닮은 아이를 낳고, 이름을 셋이라고 하였다. ⁴ 아담은 셋을 낳은 뒤에, 팔백 년을 살면서, 아들딸을 낳았다. ⁵ 아담은 모두 구백삼십 년을 살고 죽었다.

⁶ 셋은 백다섯 살에 에노스를 낳았다. ⁷ 셋은 에노스를 낳은 뒤에, 팔백칠 년을 살면서, 아들딸을 낳았다. ⁸ 셋은 모두 구백십이 년을 살고 죽었다.

⁹ 에노스는 아흔 살에 게난을 낳았다. ¹⁰ 에노스는 게난을 낳은 뒤에, 팔백십오 년을 살면서, 아들딸을 낳았다. ¹¹ 에노스는 모두 구백오 년을 살고 죽었다. ¹² 게난은 일흔 살에 마할랄렐을 낳았다. ¹³ 게난은 마할랄렐을 낳은 뒤에, 팔백사십 년을 살면서, 아들딸을 낳았다. ¹⁴ 게난은 모두 구백십 년을 살고 죽었다.

¹⁵ 마할랄렐은 예순다섯 살에 야렛을
낳았다. ¹⁶ 마할랄렐은 야렛을 낳은 뒤에,
팔백삼십 년을 살면서, 아들딸을 낳았다.
¹⁷ 마할랄렐은 모두 팔백구십오 년을 살고
죽었다. ¹⁸ 야렛은 백예순두 살에 에녹을
낳았다. ¹⁹ 야렛은 에녹을 낳은 뒤에, 팔백
년을 살면서, 아들딸을 낳았다. ²⁰ 야렛은
모두 구백육십이 년을 살고 죽었다.
²¹ 에녹은 예순다섯 살에 므두셀라를
낳았다. ²² 에녹은 므두셀라를 낳은 뒤에,
삼백 년 동안 하나님과 동행하면서,
아들딸을 낳았다. ²³ 에녹은 모두
삼백육십오 년을 살았다. ²⁴ 에녹은
하나님과 동행하다가 사라졌다. 하나님이
그를 데려가신 것이다.
²⁵ 므두셀라는 백여든일곱 살에, 라멕을
낳았다. ²⁶ 므두셀라는 라멕을 낳은 뒤에,
칠백팔십이 년을 살면서, 아들딸을
낳았다. ²⁷ 므두셀라는 모두 구백육십구
년을 살고 죽었다.
²⁸ 라멕은 백여든두 살에 아들을 낳았다.
²⁹ 그는 아들의 이름을 노아라고 하고
"주께서 저주하신 땅 때문에, 우리가
수고하고 고통을 겪어야 하는데,
이 아들이 우리를 위로할 것이다" 하고
말하였다. ³⁰ 라멕은 노아를 낳은 뒤에,
오백아흔다섯 살을 살면서, 아들딸을
낳았다. ³¹ 라멕은 모두 칠백칠십칠 년을
살고 죽었다.
³² 노아는 오백 살이 지나서,
셈과 함과 야벳을 낳았다.

12 불의한 세계의 의로운 노아

창세기 6장 1절-9절

노아 시대의 죄악상

인간의 역사가 어느 한계에 다다랐을 때, 하늘의 뜻을 받은 의인이 등장해서 이 난관을 돌파하면 새로운 시대가 열립니다. 노아의 등장은 그런 현실을 예고합니다. 왜 그런 인물이 필요했는지는 그 시대 상황을 알면 이해할 수 있을 것입니다. 이는 대홍수 이후 하나님이 노아에게 말씀하시는 장면을 통해 짐작할 수 있습니다.

살아 움직이는 모든 것이 너희의 먹을거리가 될 것이다. 내가 전에 푸른 채소를 너희에게 먹을거리로 준 것 같이, 내가 이것들도 다 너희에게 준다. 그러나 고기를 먹을 때에, 피가 있는 채로 먹지는 말아라. 피에는 생명이 있다. 생명이 있는 피를 흘리게 하는 자는, 내가 반드시 보복하겠다. 그것이 짐승이면, 어떤 짐승이든지, 그것에게도 보복하겠다. 사람이 같은 사람의 피를 흘리게 하면, 그에게도 보복하겠다. 사람은 하나님의 형상대로 지음을 받았으니, 누구든지 사람을 죽인 자는 죽임을 당할 것이다. 창세기 9: 3-6

대홍수 이후 사람들은 채식 위주의 삶에서 육식의 삶으로 옮겨가는데, 하나님은 생명을 피를 흘리게 하는 행위를 단호히 금지하십니다. 하나님은 자신에게 상처낸 사람을 죽음으로 응징하며 폭력을 정당화한 라멕과는 정반대의 삶을 요구하고 계십니다. 이렇게 보면, 노아가 살았던 시대가 어떤 문제와 위기에 직면해 있었는지 알 수 있겠지요? 라멕의 유산이 여전히 남아 있어서 인간은 욕망을 채우기 위해 폭력을 쓰고, 그 과정에서 잔혹해지고 생명을 희생시키는 일이 도처에서 일어나고 있었습니다. 서로 죽고 죽이는 골육상잔의 현실을 보면서 하나님은 인간을 만든 것을 후회하십니다. 그런 인간 파괴의 시대가 생겨난 유래가 있습니다.

사람들이 땅 위에 늘어나기 시작하더니, 그들에게서 딸들이 태어났다. 창세기 6: 1

폭력이 지배하는 영웅의 시대

하나님은 사람을 창조하시고 나서 "너희는 이제 번성하고 이 땅에 충만하라"고 하십니다. 사람들이 땅 위에 늘어나기 시작한 것은 축복을 의미합니다. 이들에게서 딸들이 태어났다고 하는 것은 당연한데, 이걸 굳이 기록해야 하나 의문이 들 만합니다. 위 문장을 처음 읽었던 사람들에게 그 의미가 어떻게 받아들여졌을까 한번 생각해볼 필요가 있습니다.

사람들이 늘어난 것은 공동체의 성장을 뜻합니다. 그것은 필연적으로 권력구조를 낳게 됩니다. 공동체의 목표를 이루어가는 과정에서 권력질서가 생겨나기 때문입니다. 그런 현실에서 이 문장은 사람들에게서 아들들이 태어났다고 하지 않고 딸들이 태어났다고 기록하고 있습니다. 관심의 목표가 딸들의 미래입니다. 이게 무슨 의미인가를 이해하기 위해서는 당대의 현실을 떠올릴 필요가 있습니다.

노아의 시대 바로 전인 라멕의 시대를 언급하면서 우리는 라멕이 자신의 권력을 과시하는 대목을 읽어보았습니다. 그는 이 말을 자신의 아내들에게 하고 있습니다. 그 아내들은 누군가의 딸들입니다. 라멕의 아내가 될 정도라면 아름답거나 권세가의 출신이어야 했을 겁니다. 라멕의 발언은, 자신의 힘으로 원하는 여자는 언제라도 취할 수 있다는 자신감을 아울러 드러내고 있습니다. 자신의 권세에 도전하는 자들을 폭력으로 응징하겠다는 그의 기세등등한 말은 당대의 모든 권세가들이 그와 어떻게든 인연을 맺고 싶어했던 현실을 반영하기도 합니다. 힘이 센 자와 혼맥이 닿으면 자신의 집안도 세를 키우는 일이기 때문입니다.

그렇게 고대사회에서 딸은 자신의 주체로서 살아가기보다는 권력자와 인연을 맺기 위한 정략결혼의 대상이거나 또는 강자에게 약탈당하는 존재이곤 했습니다. 고대 히브리 역사만이 아니라 그리스, 이집트, 바빌론, 페르시아, 로마에 이르기까지 무수한 권력자들은 자신의 힘을 내세워 여성들을 빼앗거나 정략결혼으로 권력을 유지하는 일이 다반사였습니다. 사람들이 늘어나고 공동체가 성장하면서 권력관계가 복잡해지는 상황이 벌어지는 가운데, 사람의 딸들이 어떤 운명에 처하는가를 우리는 다음 대목에서 보게 됩니다.

하나님의 아들들이 사람의 딸들의 아름다움을 보고, 저마다 자기들의 마음에 드는 여자를 아내로 삼았다. 주께서 말씀하셨다. "생명을 주는 나의 영이 사람 속에 영원히 머물지는 않을 것이다. 사람은 살과 피를 지닌 육체요, 그들의 날은 백이십 년이다." 그 무렵에 땅 위에는 네피림이라고 하는 사람들이 있었고, 하나님의 아들들이 사람의 딸들에게로 와서 자식들을 낳으니, 그들은 옛날에 있던 용사들로서 유명한 사람들이다. 주께서는, 사람의 죄악이 세상에 가득 차고, 마음에 생각하는 모든 계획이 언제나 악한 것뿐임을 보시고서, 땅 위에 사람 지으셨음을 후회하시며 마음 아파 하셨다. ^{창세기 6: 2-6}

여기서 우리는 '네피림'이라는 용사들의 등장을 주목하게 됩니다. 이들의 출생 기원이 하나님의 아들들과 사람들의 딸들이 결합한 결과라는 것입니다. 하나님은 이 결합에 대해 하나님의 영이 사람 속에 영원히 머무르지 않는다고 하시면서 못마땅하게 여기시는 모습을 보이셨고, 네피림 등장 이후 사람의 죄악에 대해 거론하십니다. 이것을 보면, '하나님의 아들들과 사람의 딸들'이라는 관계가 하나님이 원하신 바가 아님을 짐작케 합니다. 얼른 이해가 가지 않습니다.

고대사회에서는 용사와 관련된 신화와 전설, 말하자면 영웅담이 존재했습니다. 용사는 곧 전투하는 남자들입니다. 공동체의 발전에는 권력관계가 있게 되는데, 그것은 전쟁과 함께 진행되고 뿌리내리는 현실이었습니다. 권력자는 거의 모두 전사 출신이었고, 이들의 군사력이 모든 것을 지배했습니다. 더 많은 사람들을 죽이면 영웅이 되었고, 더 많은 파괴로 힘을 과시하면 지도자로 떠올랐습니다. 하나님이 사람의 죄악이 가득차고 생각하는 바가 악하다고 하신 것은 이런 자들이 시대를 압도하면서 영웅으로 추앙되고, 도처에서 생명을 죽이는 일들을 벌였기 때문입니다.

하나님이 노아에게, 사람이 서로 죽고 죽이는 일에 대해 두고보시지 않겠다고 하신 까닭도 여기에 있습니다. 그대사회에서는 이른바 용사가 조직한 전투체제가 국가의 발전을 가져오고 당대의 국제사회에서 패권을 쥐게 하는 당연한 현실이라고 여겨졌습니다. 반면에 성서는 이를 정면에서 비판하고 거부했습니다. 훗날, 사무엘은 왕을 요구하는 백성들에게 하나님의 말씀을 이렇게 전합니다. 당시 히브리인들은 주변 정세가 자신들을 압박해온다고 여기고 사무엘에게 왕을 세워달라고 합니다.

사무엘은 왕을 세워달라고 요구하는 백성들에게, 주께서 하신 모든 말씀을 그대로 전하였다. "너희를 다스릴 왕의 권한은 이러하다. 그는 너희의 아들들을 데려다가 그의 병거와 말을 다루는 일을 시키고, 병거 앞에서 달리게 할 것이다. 그는 너희의 아들들을 천부장과 오십부장으로 임명하기도 하고, 왕의 밭을 갈게도 하고, 곡식을 거두어들이게도 하고, 무기와 병거의 장비도 만들게 할 것이다. 그는 너희의 딸들을 데려다가, 향유도 만들게 하고 요리도 시키고 빵도 굽게 할 것이다. 그는 너희의 밭과 포도원과 올리브 밭에서 가장 좋은 것을 가져다가 왕의 신하들에게 줄 것이며, 너희가 거둔 곡식과 포도에서도 열에 하나를 거두어 왕의 관리들과 신하들에게 줄 것이다. 그는 너희의 남종들과 여종들과 가장 뛰어난 젊은이들과 나귀들을 끌어다가 왕의 일을 시킬 것이다. 그는 또 너희의 양 떼 가운데서 열에 하나를 거두어갈 것이며, 마침내 너희들까지 왕의 종이 될 것이다. 그때에야 너희가 스스로 택한 왕 때문에 울부짖을 터이지만, 그때에 주께서는 너희의 기도에 응답하지 않으실 것이다." 사무엘상 8: 10-18

용사와 영웅이 다스리는 나라가 좋은 것 같지만 결국 그 부담과 피해는 고스란히 백성들에게 돌아가고, 전쟁에 동원되어 왕의 종이 되고 말았습니다. 왕정 이전에 있었던 사사시대는 부족연맹의 평등공동체였습니다. 왕이 출현하면서 이 부족연맹체는 무너져갔습니다. 힘이 강한 용사로 추앙받는 자들이 권력을 독점하고 자신이 보호해야 할 백성들 위에 군림하는 역사의 후퇴가 일어난 것입니다.

노아의 시대에 이르면, 그렇게 전쟁과 살육, 탐욕과 폭력이 횡행하는 현실이 이미 벌어지기 시작합니다. 하나님의 아들들이라는 표현이 구체적으로 지목하고 있는 자들은 그 사회의 정신적 지도자들이거나, 신적 존재로 자신을 격상시킨 권력자들이기도 합니다. 하나님의 아들로 불렸던 '신의 사제'나 '왕'은 모두 종교와 정치가 한몸이 되어 있던 고대사회에서 최고 권력자를 뜻했고, 이들의 힘은 누구도 가로막기 어려운 수준이 되어갔습니다. 고대 중국에서 황제를 일컬어 하늘의 아들, '천자'天子라고 했던 것을 떠올려보면 이 표현의 의미를 이해하는 일은 어렵지 않습니다. 일본도 메이지 유신 이후 권력의 상징적 중심이 된 천황을 '신의 아들' 내지는 신 자체로 떠받들었던 역사가 있었고, 그것이 어떤 비극을 낳았는지 우리는 잘 알고 있습니다. 나사렛 예수께서 자신이 하나님의 아들임을 증언했던 의미와는 전혀 다르지요. 예수께서 말씀하신 '하나님의 아들'은 섬김을 받는 것이 아니라 하나님의 뜻을 따라 인간을 섬기러 왔다는 선언입니다. 군림하는 지배자가 아닙니다.

최고 권력자로서 하나님의 아들이라는 위상을 가진 이들은 지배자였습니다. 이들의 본래 역할은 그 공동체가 정신적 위기에 직면했을 때 이를 바로잡아주거나, 또는 약자들을 지키는 일이었습니다. 하지만 이들은 하나님의 아들이라는 이름을 내세운 최고 권력자나 지도자의 위세를 가지고 시대를 포악하게 만들었던 것입니다. 하나님의 뜻을 감당해나갈 자들이 사람의 딸들을 욕망으로 취하고 힘을 위주로 그 사회를 이끌어가고 있었던 셈입니다.

새로운 시대를 여는 혁명적 단절

성서는 이들을 고발하고 있습니다. 힘이 있다고 해서 여성들을 마음대로 유린하거나 사랑도 없는 정략결혼으로 권력을 유지하는 자들의 죄악을 폭로하고 있습니다. 약자들을 선과 의로움으로 이끌어야 할 사람들이 탐욕에 빠지고 위대한 정신을 세워나가야 할 지도자들이 폭력을 휘둘렀던 것입니다.

성서의 이 대목을 읽거나 들었던 사람들은 용사나 영웅의 정치신화에 세뇌되거나 압도되었던 자신을 일깨워나갔을 겁니다. 성서가 씌어지기 전에 존재했던 사사시대의 평등공동체가 얼마나 소중한지도 아울러 알게 되는 것입니다. 힘을 앞세우는 체제를 의롭다고 여기지 않게 되지요. 이런 현실에 대해 하나님께서는 "내가 너희들이 서로 죽고 죽이라고 세상을 만들었는가?"라고 묻습니다. 생명을 피흘리게 하고도 아무렇지 않게 여기거나, 심지어 칭송을 받는 현실에 대해 하나님이 침묵하고 계셨겠습니까? 하나님은 인간을 지으신 것을 후회하셨던 것입니다. 하나님의 후회는 전지전능하신 하나님이 이러한 사태를 예견하지 못했음을 뜻하는 것이 아니라, 하나님조차도 후회하실 정도로 인간의 죄악이 극에 이르렀다는 이야기입니다. 그렇다면 과연 어떻게 하실 건가요?

주께서는 "내가 창조한 것이지만, 사람을 이 땅 위에서 쓸어버리겠다. 사람뿐 아니라, 짐승과 땅 위를 기어다니는 것과 공중의 새까지 그렇게 하겠다. 그것들을 만든 것이 후회되는구나" 하고 탄식하셨다. 창세기 6: 7

하나님은 생명의 기력이 사라진 세상은 더 이상 존재할 이유가 없다고 결론을 내리십니다. 생명의 파멸은 인간이 자초한 결과입니다. 그 어디에서도 생명의 힘을 뿜어낼 가능성이 보이지 않는다고 보셨습니다. "이만하면 그래도 고쳐 쓸 수 있겠구나"가 아니었습니다. 생명을 죽이고 있는 사람들과 그 체제의 질서가 모두 청산되지 않고서는 새로운 출발은 불가능하다는 쪽으로 판단을 내리셨습니다. 가슴 아프지만 '혁명적 단절'을 통해 전격적인 변화를 모색하시겠다는 것이었습니다. 죽음의 기운이 가득한 곳에서는 그 어떤 것도 새로운 시대의 주역이 될 자격과 능력이 없음을 분명히하신 것입니다. 이전과는 명확하게 구별되는 '전혀 다른 새로움'이 아니고서는 생명의 힘이 주도할 수 있는 환경이 만들어질 수 없다고 보신 거지요.

하나님의 청산 방식은 또한 인간만을 대상으로 삼지 않으셨습니다. 땅 위의 모든 생물체와 공중을 나는 새들까지 포함해서 자연 전체를 거대한 변화의 소용돌이 속으로 몰아넣으시겠다는 것입니다. 인간의 폭력적 지배를 떠받치고 있는 일체의 물질적 근거를 사라지게 하시겠다는 것이 하나님의 계획입니다. 소와 양을 많이 가지고 가난한 이들을 억압하는 자, 닭과 비둘기와 오리를 많이 소유하고 으스대는 자, 군마를 타고 개를 앞세워 남을 침략하고 약탈하면서 피흘리게 하는 자들의 행태를 도저히 두고보시지 못한 하나님은 이들 인간만이 아니라 이들이 자랑하는 소유 동물들마저도 쓸어 없애서 인간의 폭력과 탐욕의 성채를 완전히 침몰시키 겠다고 선포하신 것입니다.

땅이나 하늘의 생명체가 사람의 손에 의해 피를 흘리고 희생당하거나 재물의 권세가 되어 사람들을 억압하는 수단이 되고 있을 바에야, 하나 님의 손으로 사라지게 하는 것이 훨씬 낫다는 논리가 여기에 있습니다. 아담이 동물들의 이름을 지어 부르고 이들과 함께 평화롭게 지냈던 시절 과는 달리, 라멕의 대에 이르러 이른바 '군명의 시대'는 이들 동물들도 인간에 의해 참혹하게 희생되거나 재물이 되어, 힘없고 가난한 사람들을 서럽고 한스럽게 만드는 상황이 되었습니다. 고대의 권세는 누가 더 많 은 소와 양을 가지고 있는가, 누가 더 강하고 튼튼한 말을 많이 가지고 있는가로 결정되었습니다. 이걸 유지하기 위해 적지 않은 사람들이 강자 들의 노예가 되고 억압당해야만 했습니다 용사와 영웅의 권력은 이 모 든 것을 자신의 전리품과 재산으로 만들어가고 있었던 것입니다. 죽음의 기세가 강하면 강할수록 용사와 영웅의 시대는 권좌와 영광을 독차지했 고, 뭇 생명은 그 밑에서 신음해야 했습니다. 하나님은 이제 이런 시대를 깨끗이 멸절하지 않으면 인간의 미래는 없다고 결론 내리셨습니다.

상황이 이렇게 돌아가고 있는데 사람들은 하나님의 마음과 경고를 알 지 못합니다. 분명히 위기의 때인데 번성의 때인 줄 알고, 자멸의 미래가 기다리고 있는데 두 발을 뻗고 평안히 자고 있습니다. 폭력을 휘둘러도 당연한 줄로 알고, 비리를 저질러도 무감했습니다. '의로운 분노'는 사라 지고 있었던 것입니다. 나사렛 예수께서 사람들을 함부로 죽이고 폭력을 행사하는 것을 마치 당연한 권리처럼 여긴 헤롯을 가리켜 "저 여우 같은 헤롯"이라고 비난하시고, 물질적 착취로 히브리 민중들의 피를 빨고 뼈를 으스러뜨리고 있는 성전의 특권경제를 질타하시면서 그 안에 들어가 상을 뒤엎으셨던 것도 모두 이 의로운 분노의 표현이었습니다. 하나님의 분노가 바로 그 의로운 분노의 원형입니다. "이건 결코 아니다"라고 보시고 전혀 다른 시대를 만들어내시려 한 겁니다.

새로운 시대의 주역

아무리 새로운 시대를 만들고자 해도 현실에서 그것을 감당할 마땅한 인물이 있어야 합니다. 혁명적 단절 이후에 시대를 이끌어갈 주체가 없으면 그러한 선택은 무망해집니다. 노아는 희망이 무너진 시대, 그래서 모두가 불의한 욕망과 권세에 취해 있는 때에 이를 거부하면서 살아간 대표적 존재입니다. 그는 제국의 문명에 속해 있었으나 그걸 그대로 받아들이지 않은 인간 유형입니다. 새로운 시대의 주역과 주체는 이렇게 탄생합니다. 그런 인간적 원형은 성서 전반에 걸쳐 수없이 반복해서 등장하고 하나님 나라의 일을 감당합니다.

아브라함은 수메르 문명의 중심인 우르에서 태어나 성장했지만 거기에서 떠납니다. 모세는 출생이 히브리인이지만 이집트 제국의 황족처럼 자랐습니다. 이후 광야로 갔다가 돌아와 히브리 민족의 해방을 주도하는 지도자가 됩니다. 다니엘은 바빌론 제국의 최고 현자가 되지만, 제국의 지배를 받지 않는 하나님의 사람으로 자신을 지켜냅니다. 다니엘은 바빌론의 문명을 모두 섭렵하고 배우지만 왕이 내린 음식과 술에 취해 자신의 영혼이 무너지는 것을 끝까지 거부했던 것입니다.

노아는 이러한 의인들의 원형입니다. 훗날 등장하는 예언자들은 이런 의인의 후손입니다. 이들은 히브리인들이 제국의 권력을 모방하고 그들처럼 강해지면 모든 것이 해결될 것이라고 여기는 마음을 돌이켜 하나님의 정의와 평화를 선택하라고 예언한 이들입니다. 하나 덧붙인다면 하나님의 평화 '샬롬'은 그 자체로서 '정의로운 평화'를 뜻합니다. 평화가 정의를 가져다주는 것이 아니라 정의가 평화를 가져다주는 것입니다. 로마제국이 힘으로 유지한 평화를 팍스 로마나Pax Romana라고 합니다. 그것은 정의를 짓밟고 이룬 겉보기의 평화였습니다. 하나님의 평화는 이런 팍스 로마나와 다릅니다. 정의가 섰을 때 진정한 평화가 이루어집니다. 나사렛 예수의 등장을 알리는 예언자 세례 요한도 이러한 목소리의 구체적 존재였습니다. 그는 자신을 다음과 같이 표현했습니다.

> 또 그들이 말하였다. "그러면, 당신은 누구란 말이오? 우리를 보낸 사람들에게 대답할 말을 좀 해주시오. 당신은 스스로를 무엇이라고 생각하시오?" 요한이 대답하였다. "나는 예언자 이사야가 말한 대로, '너희는 주의 길을 곧게 하여라' 하고 광야에서 외치는 이의 소리요." 요한복음 1: 22-23

바로 그렇게 노아는 당대의 현실이 제공하는 양식과 권리와 기득권을 거부하고, 주의 길을 따랐던 사람이었습니다. 하나님의 의와 현실이 어긋날 때 그는 단호하게 하나님의 의를 선택하며 살았습니다.

> 그러나 노아만은 주님께 은혜를 입었다. 노아의 역사는 이러하다. 노아는 그 당대에 의롭고 흠이 없는 사람이었다. 노아는 하나님과 동행하는 사람이었다. 창세기 6: 8-9

노아의 의로움이란 그가 자신의 양심만을 지키며 사는 인물이었다는 것만을 의미하지는 않습니다. 하나님이 인간에게 일깨우시는 의로움이란 가난한 자를 돌보고 부모 없는 고아와 혼자 사는 여인들을 지켜주고, 뿌리 없이 떠도는 나그네를 지켜주라는 것입니다. 그 누구도 힘이 없다는 이유만으로 억울한 일을 당하지 않게 하는 것이 의로움의 본질입니다. 신명기는 이런 하나님의 모습을 이렇게 표현하고 있습니다.

고아와 과부를 공정하게 재판하시며, 나그네를 사랑하셔서 그에게 먹을 것과 입을 것을 주시는 분이시다. 신명기 10: 18

너희가 밭에서 곡식을 거둘 때에, 곡식 한 묶음을 잊어버리고 왔거든, 그 것을 가지러 되돌아가지 말아라. 그것은 외국 사람과 고아와 과부에게 돌아갈 몫이다. 그래야만 주 너희의 하나님이 너희가 하는 모든 일에 복을 내려 주실 것이다. 너희는 올리브 나무 열매를 딴 뒤에 그 가지를 다시 살피지 말아라. 그 남은 것은 외국 사람과 고아와 과부의 것이다. 너희는 포도를 딸 때에도 따고 난 뒤에 남은 것을 다시 따지 말아라. 그 남은 것은 외국 사람과 고아와 과부의 것이다. 너희는 이집트 땅에서 종살이하던 때를 기억하여라. 내가 너희에게 이런 명령을 하는 까닭도 바로 여기에 있다. 신명기 24: 19-22

여기서 '외국 사람'은 떠도는 나그네들을 말합니다. 고아와 과부, 나그네 등 힘없고 소외받는 이들의 삶을 지켜내는 하나님의 의로움은 성서 전체에 일관해서 강조됩니다. 우리의 현실은 어떨까요? 마음은 노아이지만 현실은 라멕이 되는 경우가 적지 않습니다. 인간은 여기서 하나님의 마음을 자신의 마음으로 삼아 노아의 길을 갈 것인지, 아니면 라멕을 따를 것인지 결단해야 합니다.

노아는 한 치도 흔들리지 않고 곧은 길로 갔습니다. 우리가 따라야 할 모델입니다. 아무도 그의 마음과 기도, 진심을 알아주지 않는다 해도 그는 무너지지 않았습니다. 그건 대다수의 사람들이 가려하지 않는 좁고 험한 길입니다. 사람들은 넓은 길로 가고자 하나, 하나님 나라로 가자면 좁은 길로 가라는 예수님의 말씀이 새겨지는 대목입니다. 그런 노아를 하나님이 주시하고 사랑하고 택하셨습니다. "세상은 그를 알아주지 않았다. 그러나 하나님께서는 알아주셨다"라는 것이 무슨 뜻인지 깨달을 때 "노아만은 주님께 은혜를 입었다"라는 말씀의 감격을 절감할 수 있습니다.

세상이 온통 그와 등을 돌리고 있을 때, 하나님은 그의 의로움을 알아보시고 주목하며 은총을 베푸셔서 노아에게 엄청난 위로와 용기를 주셨습니다. 이로써 하나님은 노아를 통해 새로운 시대를 계획하실 수 있게 되었습니다. 마침내, 아버지 또는 조상인 라멕의 세대와는 전혀 다른 존재가 등장합니다.

노아의 시대에 펼쳐질 '의'를 이어받은 기도가 이후에 나타나는 것을 알게 되면 그 '의'라는 의미가 더욱 분명해집니다. 이스라엘의 현실이 부패하고 그 영적 중심이 무너져내리고 있을 때 사무엘을 얻게 된 어머니 한나의 기도가 그것입니다. 그 기도는 충격적입니다.

한나가 기도로 아뢰었다. "주께서 나의 마음에 기쁨을 가득 채워주셨습니다……우리 하나님 같은 반석은 없습니다. 너희는 교만한 말을 늘어놓지 말아라. 오만한 말을 입 밖에 내지 말아라. 참으로 주님은 모든 것을 아시는 하나님이시며, 사람이 하는 일을 저울에 달아보시는 분이시다. 용사들의 활은 꺾이나, 약한 사람들은 강해진다. 한때 넉넉하게 살던 자들은 먹고 살려고 품을 팔지만, 굶주리던 자들은 다시 굶주리지 않는다……주님은 사람을 가난하게도 하시고, 부유하게도 하시고, 낮추기도 하시고, 높이기도 하신다. 가난한 사람을 티끌에서 일으키시며 궁핍한 사람을 거름더미에서 들어올리셔서, 귀한 이들과 한자리에 앉게 하시며 영광스러운 자리를 차지하게 하신다……주께서는 성도들의 발걸음을 지켜주시며, 악인들을 어둠 속에서 멸망시키신다. 사람이 힘으로 이길 수가 없다. 주께 맞서는 자들은 산산이 깨어질 것이다. 하늘에서 벼락으로 그들을 치실 것이다. 주께서 땅 끝까지 심판하시고, 세우신 왕에게 힘을 주시며, 기름 부어 세우신 왕에게 승리를 안겨주실 것이다." 사무엘상 2: 1-10

"용사들의 활은 꺾이나"라는 대목은 강자들이 자신의 폭력과 권력을 내세워 용사와 영웅이 되어 사람들을 지배하는 시대는 종말을 고한다는 의미입니다. "약한 사람들은 강해진다. 가난한 사람들을 티끌에서 일으키시며 궁핍한 사람을 거름더미에서 들어 올리신다"라는 기도가 자연스럽게 이어질 수 있습니다. 한나의 기도는 나사렛 예수의 어머니 마리아의 기도와 맥을 같이 합니다.

그리하여 마리아가 노래하였다. "내 마음이 주님을 찬양하며 내 영혼이 내 구주 하나님을 높임은 주께서 이 여종의 비천함을 돌보셨기 때문입니다……주께서는 그 팔로 권능을 행하시고, 마음이 교만한 사람들을 흩으셨으니, 제왕들을 왕좌에서 끌어내리시고 비천한 사람들을 높이셨습니다. 주린

사람들을 좋은 것으로 배부르게 하시고, 부한 사람들을 빈손으로 떠나보내셨습니다." 누가복음 1: 46-53

마리아의 기도는 불의한 현실에 짓밟힌 모든 이들의 간구입니다. 가난하고 힘이 없다고 해서 짓밟히거나 유린당하지 않고, 부하고 강하다고 해서 교만해지지 않는 시대와 사회를 갈망하는 기도는 하나님의 의를 비는 마음 그 자체입니다. 이러한 의로운 세상에 대한 갈망을 가지고 있는 사나이가 노아였습니다. 그는 비록 하나로 출발했지만, 새로운 시대의 주역이 됩니다. 하나라고 미약하지 않고 하나라고 소멸되지 않습니다. 하나님의 영이 그와 하나가 되면 이를 이길 것이 세상에 없습니다. 성서는 그렇게 단 한 사람에 불과하지만 그 한 사람이 모든 새로운 역사의 씨앗이 되는 것을 되풀이해서 일깨워줍니다.

소수의 의인이 희망의 출발

절망이 지배하는 때에 사람들은 희망이 도대체 어디 있느냐고 비탄조로 묻습니다. 불의가 성공을 이루는 길이며, 약자를 짓밟고 그 위에 군림하는 것이 영웅이 되는 길인 줄 모두 알고 있는데, 혼자서 어떻게 그런 시대를 버틸 수 있겠는가라고 낙심합니다.

성서는 하나님의 뜻을 그 영혼에 품은 한 사람의 의로움과 희망이 새로운 시대의 능력이 됨을 확신시켜줍니다. 한나와 마리아의 기도는 연약한 한 여인의 기도로만 그치지 않고 시대 전체의 흐름을 바꾸는 힘이 된 것을 보여줍니다. 하나님의 영을 받아 자기 자신이 희망의 근거, 희망의 보루가 되면 거기에서부터 역사는 새롭게 시작된다는 의미입니다. 그래서 예수께서 "너희는 세상의 빛과 소금이다"라고 하셨습니다.

> "너희는 세상의 소금이다. 소금이 짠맛을 잃으면, 무엇으로 짠맛을 내겠느냐? 그러면 아무데도 쓸 데가 없으므로 바깥에 내버리니, 사람들이 짓밟을 뿐이다. 너희는 세상의 빛이다. 산 위에 있는 동네는 숨길 수 없다. 또 사람이 등불을 켜서 됫박 아래에 두지 않고, 등경 위에 둔다. 그래야 등불이 집 안에 있는 모든 사람에게 환히 비친다. 이와 같이, 너희 빛을 사람에게 비추어서, 그들이 너희의 착한 행실을 보고 하늘에 계신 너희 아버지께 영광을 돌리게 하여라." 마태복음 5: 13-16

하나님 나라를 다른 데서 찾지 말고 너 스스로 빛과 소금이 되라고 말씀하셨습니다. "너희 빛을 사람에게 비추어서"라는 대목이 바로 자기 자신이 희망의 근거가 되는 결단과 축복을 의미합니다.

의인은 소수이나 하나님은 "혼자라고 해서 외롭다고 생각하지 말고, 설령 세상이 알아주지 않는다고 해도 상처 받지 마라. 그 상처와 고독은 내가 껴안고 함께 가주겠다"라고 하십니다. 그래서 노아는 "하나님과 함께 동행했다"라고 하지요. 세상과 함께 간 것이 아니라 하나님의 뜻과 함께 동행했기 때문에 그는 하나에 불과했지만 그 힘은 불의를 행하는 세상 모든 사람을 합쳐도 뛰어넘을 수 없는 크기와 힘을 지니게 되었습니다.

한 가지 특별히 기억해야 할 바가 있습니다. 그것은 노아 자신에게 희망이 있었던 것이 아니라 그를 통해서 열린 하나님의 길에 희망이 있었다는 것입니다. 노아라는 인물이 특별하고 예외적이어서 그에게 희망을 구한다라고만 하면 노아는 절대적 위상에 오를 위험이 있습니다. 모세가 이집트 제국에서 히브리 백성들을 해방시키는 주역이기는 했지만 그것이 모세의 절대화나 신격화로 이어진다면 그건 모세를 이집트 제국의 파라오처럼 신의 아들로 격상시켜 추앙하는 죄를 범하는 것입니다.

모든 인간의 정치와 경제, 문화가 이러한 유혹에 빠질 위험이 있습니다. 인간에게서 희망을 발견하는 것은 좋은 일이지만 인간을 희망의 절대 근거로 생각하는 것은 조심해야 합니다. 노아는 희망의 단서가 되어 하나님의 길이 무엇인지 삶을 통해 보여주는 새로운 통로가 됩니다. 그것이 그가 맡은 사명이고 역할입니다. 모든 것이 꽉 막힌 시대에 열린 단 하나의 문이었고, 전혀 새로운 길로 들어서는 은총의 안내자였습니다. 미약하게 보이는 출발이지만 인간을 구할 희망은 그렇게 해서 잉태됩니다. 마침내 누군가가 첫발을 떼면 그것이 길이 되는 것입니다.

6 ¹ 사람들이 땅 위에 늘어나기
시작하더니, 그들에게서 딸들이
태어났다.
² 하나님의 아들들이 사람의 딸들의
아름다움을 보고, 저마다 자기들의
마음에 드는 여자를 아내로 삼았다.
3 주께서 말씀하셨다. "생명을 주는 나의
영이 사람 속에 영원히 머물지는 않을
것이다. 사람은 살과 피를 지닌 육체요,
그들의 날은 백이십 년이다."
4 그 무렵에 땅 위에는 네피림이라고 하는
사람들이 있었고, 하나님의 아들들이
사람의 딸들에게로 와서 자식들을
낳으니, 그들은 옛날에 있던 용사들로서
유명한 사람들이다.
5 주께서는, 사람의 죄악이 세상에 가득
차고, 마음에 생각하는 모든 계획이
언제나 악한 것뿐임을 보시고서,
⁶ 땅 위에 사람 지으셨음을 후회하시며
마음 아파 하셨다. 7 주께서는 "내가
창조한 것이지만, 사람을 이 땅 위에서
쓸어버리겠다. 사람뿐 아니라,
짐승과 땅 위를 기어다니는 것과 공중의
새까지 그렇게 하겠다. 그것들을 만든
것이 후회되는구나" 하고 탄식하셨다.
⁸ 그러나 노아만은 주님께 은혜를 입었다.
9 노아의 역사는 이러하다. 노아는
그 당대에 의롭고 흠이 없는 사람이었다.
노아는 하나님과 동행하는 사람이었다.

13 방주와 생명의 미래

창세기 6장 10절-22절

종말은 새로운 시작

노아는 불의한 시대에 희망으로 등장했습니다. 그 희망이 실체가 되기 위해서 필수적으로 요구된 작업이 하나 있었습니다. 그것은 다름 아닌 방주方舟의 제작입니다. 방주라고 하면 흔히 대홍수로 압축되는 재앙을 피하기 위한 은신처로만 이해하는 경향이 있습니다. 부분적으로는 옳습니다. 하지만 방주는 단순히 생명을 보존하는 대피소에 그치지 않고, 세상에 새롭게 나오기 위한 훈련의 장이었습니다.

"세상이 끝날 때에 피할 곳은 방주밖에 없다"가 아니라 "새로운 세상을 예비하기 위해서 우리를 훈련시키는 곳이다"라고 이해할 때 방주의 의미가 분명해집니다. 종말론 하면 모든 것이 끝이 아니라 새로운 시작이라고 생각하는 방식과도 상통합니다. 대홍수의 예고는 현재의 세계가 종말을 고한다는 이야기이지만 그것이 곧 미래의 종말을 의미하는 것은 아닙니다. 노아는 종말 이후를 위해 하나님이 세우신 사람입니다. 노아는 새로운 역사의 주체, 미래 인간이었습니다.

하나님이 목격하시는 노아 당대의 현실은 도저히 손볼 도리가 없을 정도로 망가지고 있었습니다. 이쯤에서 끝내지 않으면 악이 창궐하고 생명의 기운은 소생할 수 없을 지경에 이른다고 판단하셨습니다. 과거와의 경계를 분명히하는 것을 '혁명적 단절'이라고 합니다. 그것이 종말적 심판의 성격입니다. 흔히 '종말'을 더 이상의 내일이 없다고 여깁니다. 만일 그렇다면 사람들은 더 큰 악을 저지를 수도 있습니다. 모든 것이 끝난다고 하는데 그동안 하지 못했고 이루지 못했으며 채우지 못한 욕망과 권세를 무슨 수를 써서라도 얻기 위해 온갖 범죄를 저지를지도 모릅니다.

성서의 종말 개념은 불의한 세상이 끝나고 새로운 세상이 시작된다는 데에 진정한 뜻이 있습니다. 따라서 '현재의 종말'이란 '새로운 시작'을 일깨운다는 점에 주목할 필요가 있습니다. 대홍수의 재앙에서 남겨두신 노아는 당연히 새로운 시작의 주역입니다.

종말의 진상

종말의 경고는 참으로 무섭지만, 악의 지배 아래 끊임없이 고통을 받는 자의 처지에서 보면 그 종말은 하루 속히 와야 합니다. 악한 권력자의 최후는 조금이라도 지체되어서는 안 되고, 전쟁과 범죄 역시 한시라도 빨리 끝나야 합니다. 그 모두 깨끗하게 청산되지 않으면 악은 언제라도 고개를 치켜들고 인간의 생명을 독사처럼 공격해올지 모릅니다. 그러기에 하나님의 청산전략은 단호합니다. '반드시' 하겠다고 공언하십니다.

하나님이 노아에게 말씀하셨다. "땅은 사람들 때문에 무법천지가 되었고, 그 끝날이 이르렀으니, 내가 반드시, 사람과 땅을 함께 멸하겠다. _{창세기 6:13}

무법천지를 주도하는 세력은 그들의 날이 절정에 이르렀고, 누구도 자기들의 권세를 가로막지 못한다고 확신했을 겁니다. 모두가 부패한 세상에서 가장 부정한 자들이 힘과 재물, 사상과 문화 일체를 움켜쥐고 있다면, 실제 이들의 권력은 영구적이 될 수도 있습니다. 누구도 의인 노아의 말에 귀를 기울이지 않고, 누구도 하나님의 나라와 의를 갈망하지 않고 있었다면, 대세는 확실히 기운 것입니다.

그러나 이에 대한 하나님의 말씀은 전혀 다릅니다. 악의 승리가 아니라 패배로 대세가 기울었다는 것입니다. 그들의 날은 이제 끝이라는 판결이 내려졌습니다. 영구적일 것만 같았던 악의 권세가 철저하게 몰락하는 그 끝을 성서는 확고하게 증언합니다. 이러한 성서의 역사관은 선과 의의 승리를 믿으라고 권합니다. 그런 미래를 위해 노아에게 준비시키신 것이 방주였습니다. 노아는 의의 궁극적 승리를 말합니다.

무수한 사람들이 대세라고 여기는 방향과는 반대의 삶을 살기란 쉬운 일이 아닙니다. 대세와 타협하지 않는 사람의 삶은 순진하거나 어리석거나 시대착오적인 과거의 신념에 매달려 있는 것처럼 보일 수 있습니다. 사람들은 욕망의 정치, 경제, 문화 속에서 욕망의 사회를 추구하고 있는 반면, 노아와 같은 인간형은 이런 현실을 거스르면서 자신의 양심과 진실에 대한 믿음을 고집스럽게 지켜내고 있지요. 바보처럼 보이는 그는 권력과 탐욕이 지배하는 문명이 요구하는 삶의 방식을 따르지 않습니다. 그는 당대의 양심을 일깨우는 존재이고, 그런 까닭에 당대의 현실에서 대세의 흐름으로 보면 멸종의 위기에 직면한 존재이기도 합니다.

대홍수는 이렇게 멸종의 위기에 직면한 인간형을 구해내기 위한 하나님의 대작전이기도 합니다. 대홍수로 악한 세력을 속히 쓸어버리지 않으면, 노아가 도리어 악한 세력의 권세에 휘말릴지도 모를 판입니다. 하나님이 사람과 땅을 멸하겠다고 하신 것은 얼핏 인류 전체가 멸종당할 지경에 처한 것이라고 여길지 모르지만, 사실은 노아와 같이 현실에서 멸종의 대상이 될 사람을 구하는 일입니다.

새로운 문명의 모태

이 대홍수의 대상에 사람만이 아니라 땅도 포함되어 있음을 주목해야 합니다. 삶의 근거조차도 완전히 바꾸는 것입니다. 나사렛 예수께서는 예루살렘 성전이 소수의 특권세력을 위한 탐욕의 성채가 된 것을 보시고 분노하고 매섭게 질타하십니다.

> 예수께서 성전에 들어가셔서, 성전 뜰 안에서 팔고 사고 하는 사람들을 다 내쫓으시고, 돈을 바꾸어주는 사람들의 상과 비둘기를 파는 사람들의 의자를 둘러엎으시고, 그들에게 말씀하셨다. "기록된 바 '내 집은 기도하는 집이라고 불릴 것이다' 하였다. 그런데 너희는 그곳을 '강도들의 소굴'로 만들어 버렸다." 마태복음 21: 12-13

아무리 으리으리한 성전을 지으면 무엇합니까? 그곳이 강도의 소굴이라면 이미 죽음의 자리입니다. 이것이야말로 생명을 질식시키는 범죄의

216

현장입니다. 하나님은 용사나 영웅이라고 칭송받던 노아 당대의 주역들이 모두 썩었다고 하셨고, 예수께서는 당대의 지도자들이 모두 강도라고 질타하셨습니다. 나사렛 예수의 관심은 으로지 이 성전 밖에 서성이는 존재들이었습니다.

성전 뜰에서 눈먼 사람들과 다리를 저는 사람들이 예수께 다가오니, 예수께서는 그들을 고쳐주셨다. 마태복음 21: 14

하지만 제자들은 성전의 외양에 취해 찬탄을 쏟아냅니다.

예수께서 성전을 떠나가실 때에, 제자들 가운데서 한 사람이 예수께 말하였다. "선생님, 보십시오, 얼마나 굉장한 돌입니까! 얼마나 굉장한 건물들입니까!" 마가복음 13: 1

라멕에 이어 노아의 시대는 그렇게 모두가 경탄하는 문명의 제국이 건설되고, 권력자는 용사와 영웅이 되어 신의 아들이라는 영광을 누리고 있었습니다. 예루살렘의 성전도 하나님의 아들들이라고 불리는 사제들이 성전의 주인공으로 권력의 정상에 앉아 있었습니다. 하나님이 그렇게 폭력과 불의한 권세가 주도하는 시대의 주역들과 그 문명의 터인 땅을 모두 쓸어버리겠다고 하셨던 것과 다를 바 없이 나사렛 예수께서도 그런 현실의 종말을 단호히 선포하셨습니다.

예수께서 그에게 말씀하셨다. "너는 이 큰 건물들을 보고 있느냐? 여기에

돌 하나도 돌 위에 남지 않고 다 무너질 것이다." ^{마가복음 13: 2}

노아의 방주와 관련된 대홍수의 의미도 이와 크게 다르지 않습니다. 한 시대의 불의함에 대한 하나님의 청산방식은 원초적으로 동일합니다. 새것은 낡은 것이 소멸된 터 위에 세워집니다. 방주는 새롭게 태어날 시대의 모태였습니다.

방주가 되어야 하는 우리 인생

이제 방주의 제작을 눈여겨보기로 하지요. 하나님은 노아에게 제작의 구체적인 지침을 내리십니다.

너는 잣나무로 방주 한 척을 만들어라. 방주 안에 방을 여러 칸 만들고, 역청을 안팎에 칠하여라. 그 방주는 이렇게 만들어라. 길이는 삼백 자, 너비는 쉰 자, 높이는 서른 자로 하고, 그 방주에는 지붕을 만들되, 한 자 치켜올려서 덮고, 방주의 옆쪽에는 출입문을 내고, 위층과 가운데층과 아래층으로 나누어서 세 층으로 만들어라. ^{창세기 6: 14-16}

재료는 잣나무이고, 여러 칸의 방으로 나누며 역청이 안팎에 칠해져야 합니다. 길이와 너비 그리고 높이도 정해져 있습니다. 지붕은 높고, 방주 옆에 출입문이 있으며 전체가 3층으로 되어 있습니다. 방주의 재질과 구조와 건축 방식이 세세하게 묘사되어 있습니다.

우선 방주의 크기는 노아 당시야 거대한 범선이 존재하지 않았으므로,

그때 살고 있던 인간의 상상을 초월하는 규모라고 볼 수 있겠지요. 길이가 140미터에 달하고 높이는 13미터를 넘으며 너비는 22미터 정도인데, 지중해의 해신海神 고대 페니키아인들이나 홍해를 주름잡았던 고대 이집트인들의 가장 큰 배라고 해봐야 길이가 35미터, 너비는 4, 5미터 정도였으니까 노아의 방주가 어느 정도의 크기인지 짐작할 수 있을 것입니다. 당연한 것이 노아의 가족만이 아니라 온갖 동물들이 타야 하고 식량도 구비해야 했기 때문입니다. 통상의 개념으로는 사실 배라고 볼 수 없는 일종의 대형 건조물입니다.

방주가 만들어진 다음에는 어떻게 되어야 합니까? 첫째, 물에 떠야 합니다. 아무리 그럴 듯하게 만들어도 뜨지 않으면 실패작입니다. 둘째, 일단 물에 뜬다 해도 혹독한 홍수의 역경을 이겨낼 수 있어야 합니다. 셋째, 대홍수의 기간 중에 하나님이 태우라고 한 일체의 생명들이 살아갈 수 있는 생활공간이어야 합니다. 이 세 가지 조건과 현실적 목적은 매우 중요합니다. 노아 가족의 생사를 결정하는 문제이기 때문입니다.

방주를 띄우기 위해서는 재료를 제대로 선택해야 합니다. 하나님의 선택은 잣나무였습니다. 물에 뜰 수 있다는 것의 의미는 이제 닥칠 어떤 위기와 재앙에도 방주가 침몰하지 않고 견딜 수 있는 능력을 갖추는 것입니다. 두 번째로 대홍수의 물결을 헤쳐 나가는 힘을 갖고 있어야 합니다. 예상할 수 없는 풍파도 견딜 수 있어야 합니다. 어떠한 시련이 와도 극복할 수 있는 능력이 최대치가 되어야 한다는 뜻이지요. 물에 뜨기만 해서는 미래가 보장되지 않습니다. 생각지도 못한 도전과 위험에도 굴하지 않고 튼튼하게 그 대홍수의 기간을 이겨낼 수 있어야 합니다. 그리고 세 번째로 방주에서 많은 생명체의 생존이 가능해야 하니 목적에 맞는 규모와 구조를 가져야 합니다. 잣나무와 역청이라고 하는 것은 대홍수에 대한 방주의 적응력을 보여주고 있고, 3층이라고 하는 것은 이 방주의 규모와 공간을 말해주고 있습니다.

방주의 재료와 제작 방식, 그리고 규모와 구조는 단지 방주에만 적용되는 원리가 아닙니다. 그것은 그대로 인간 자신의 모습으로 생각해볼 수 있습니다. 우리 자신의 존재가 곧 방주입니다. 방주를 만들면서 필요했던 세 가지 조건은 우리에게도 마찬가지의 의미를 가지고 있기 때문입니다.

하나님의 말씀을 따르면 우리 인생 자체가 불의한 시대에 방주가 되도록 해야 하는 것과 다를 바 없습니다. 나의 몸은 잣나무가 됩니다. 어떠한 비바람 앞에서도 곧게 의義를 지키며 자라는 잣나무와 같은 존재가 되어야만 대홍수의 재앙을 이겨낼 것입니다. 새로운 미래를 맞이할 생존의 힘을 지닌 존재가 되는 것입니다. 또 역청이 안팎에 칠해진다고 하는데, 그것은 밖에 있는 것도 스며들지 않고 안에 있는 것도 썩지 않으며 어떠한 시련과 유혹이 와도 잣나무 본래의 힘을 잃지 않는다는 의미입니다. 역청은 여러 가지로 얘기할 수 있습니다. 믿음의 능력이 될 수도 있고, 성서의 말씀이 될 수도 있습니다. 밖에서는 잇따라 덮쳐오는 도전, 안에서는 들끓는 고뇌와 유혹이 있다면 이 모든 것을 이겨낼 수 있는 힘이 바로 우리 존재의 방주에 바를 역청입니다.

방주는 대단히 큰 규모와 구조를 가지고 있습니다. 그것은 한 인간으로서도 뭇 생명을 포용하는 영혼의 넉넉함을 말해주는 대목입니다. 사람의 마음이 좁으면 단 한 사람도 그 안에 들이지 못합니다. 모두 밖으로 밀어내고 자기만 있게 됩니다. 마음이 넓은 사람은 많은 것을 품습니다. 그런 이와 함께 있으면 마음의 평안을 얻으며 용기를 갖게 됩니다.

방주는 새로운 생명공동체의 원형입니다. 그것은 노아가 방주를 경영, 관리하면서 미래의 생명공동체를 앞서 경험하고 훈련했다는 의미를 갖습니다. 방주의 현실을 떠올려 보면, 이 방주 속의 다양한 동물들은 서로 싸우고 죽일 수도 있는 상황입니다. 그러나 이들은 끝까지 자신의 생명을 보존하고 땅으로 나옵니다. 방주의 크기만이 아니라 방주의 생활공간을 경영한 노아의 탁월함이 주목됩니다. 우리 자신이 방주가 된다는 말은 이 생명공동체의 운영원리를 스스로에게 실현시키는 일입니다. 방주는 마지막 은신처나 대피소가 아니라, 새로운 시대를 위한 훈련의 장입니다.

방주 제작에 담긴 의미

방주를 건조하는 과정에서 겪었을 상황을 한번 상상해봅니다. 지금까지는 도저히 생각하지 못했던 규모의 배를 만드는 것도 기괴한 일이거니와 그렇게 해서 과연 이 배가 뜰까 하는 것도 의문입니다. 또 이렇게 큰 배가 뜰 만큼의 비가 올지도 알 수 없습니다.

대홍수의 예언도 믿지 못하는 상황에서 방주에 몸을 싣고 자신의 운명을 맡길 사람들이 얼마나 있을까요? 방주를 타는 순간 비가 억수같이 쏟아져서 노아 가족들이 살아남게 되었다는 것도 아닙니다. 위기는 예고되었지만 그 경고를 진실로 받아들이기에는 눈앞에 펼쳐진 현실이 너무 평온해 보였을 겁니다. 그런 조건에서는 방주에 들어가는 일 자체가 결코 자연스러운 일이 아닙니다. 가족을 설득하기도 매우 어려웠을 테니 방주로 들어간 노아 가족의 모습이 새삼 놀랍기만 합니다.

한 가지 주목하게 되는 것은, 하나님이 노아에게 방주를 선물로 주시고 거기에 타라고 하신 것이 아니라 노아에게 손수 만들게 하신 점입니다. 그것은 상당한 시간과 기술과 노력이 필요한 작업이었습니다. 그러나 방주 제작의 경험이 주는 의미는 제작기술의 차원을 넘어섭니다. 과거에는 전혀 꿈꾸지도 못했고, 또 있을 법 하지도 않은 건조물을 만드는 일인데다가 과연 이 방주가 정말 필요한 상황이 올 것인지에 대해서도 회의가 들 수 있습니다. 혹 터무니없고 황당한 일을 하고 있는 것은 아닐까, 자기 확신이 무너지는 순간도 많았을 것입니다.

이런 형편에서, 잣나무를 하나하나 구해오고 역청을 칠하면서 노아는 많은 생각에 잠길 수밖에 없었을 것입니다. 하나님과 끊임없이 대화하지 않으면 안 되는 처지에 있었겠지요. 주변에 강이나 바다가 있으면 또 모르겠거니와 그런 환경도 아니라면, 만일을 대비해서 강이나 바다까지 끌고 가야만 하는 상황이 벌어질지도 모를 일입니다. 대홍수로 강이 범람해서 육지가 물에 잠긴다고 해도 그 엄청난 방주가 뜨는 수준까지 가겠는가는 또 다른 문제입니다.

하나님이 만들라고 하시기에 일단 시작했지만, 노아의 뇌리와 영혼에는 무수한 정신적·심리적 투쟁이 오가면서 성찰은 깊어졌을 겁니다. 구체적인 작업을 통해 '1층에는 이런 구조와 장치를 마련하고, 2층과 3층에는 이렇게 저렇게 하면 되겠구나' 하고 생각했겠지요. 그러면서 노아의 가족이 살아갈 방도와 온갖 동물들이 공동생활을 할 수 있는 구상을 미리 하게 되는 것입니다. 사실 노아는 배 안에서 먹을 식량도 준비해야 하고 동물들의 관계도 조정해야 합니다. 가족들의 삶을 돌봐야 하는 책임도 있습니다. 하나님은 방주 제작의 지침만 주셨지, 그 다음의 일은 노아가 알아서 해야 했습니다. 이것은 노아가 앞으로 방주에서 나와 살아갈 새로운 세상에 대한 구상과 직결되는 문제입니다. 방주를 만들면서 함께 평화롭게 살 수 있는 공동체, 먹을 것을 서로 나누고 마찰 없이 갈 등을 해결할 수 있는 방법, 이런 모든 것을 머릿속에 떠올려야 했습니다.

생명공동체의 원형

방주를 만드는 자체가 새로운 시대를 예비하는 훈련의 과정이었습니다. 그로써 길러진 힘이 있어야 대홍수가 끝난 뒤에도 방주를 열고 나가 새로운 세상을 일구어갈 수 있습니다. 방즈는 위기를 이겨내는 도피처를 넘어 미래의 원형인 것입니다. 방주를 짓기 이전과 이후의 노아는 같은 노아지만 또한 같지 않습니다. 방주를 제작하면서 노아는 대홍수의 시기와 그 이후 시대를 감당할 수 있는 존재로 이미 변모해가고 있습니다.

한편, 방주에 들이는 동물들의 수에 대한 성서의 서술이 6장에서는 두 마리씩 한 쌍으로 되어 있고, 7장에는 정결한 것과 새들은 일곱 쌍, 부정한 것은 두 쌍으로 기록되어 있어 혼란을 주고 있는 듯합니다.

> 살과 피를 지닌 모든 짐승도 수컷과 암컷으로 한 쌍씩 방주로 데리고 들어가서, 너와 함께 살아남게 하여라. 새도 그 종류대로, 집짐승도 그 종류대로, 땅에 기어다니는 온갖 길짐승도 그 종류대로, 모두 두 마리씩 너에게로 올 터이니, 살아남게 하여라. 창세기 6: 19-20

> 모든 정결한 짐승은 수컷과 암컷으로 일곱 쌍씩, 그리고 부정한 짐승은 수컷과 암컷으로 두 쌍씩, 네가 데리고 가거라. 그러나 공중의 새는 수컷과 암

컷 일곱 쌍씩 데리고 가서, 그 씨가 온 땅 위에 살아남게 하여라. 창세기 7: 2-3

같은 이야기의 각기 다른 증언이 공존하는 까닭은 그 이야기의 전승 주체가 다르고, 창세기를 기록하는 과정에서 두 전승의 가치를 모두 인정하고 있기 때문입니다. 각기의 전승이 주목하는 초점이 다르기에 이걸 하나로 합류시키면 이야기가 온전한 의미를 가질 수 있습니다. 암컷과 수컷 한 쌍에 대한 얘기는 생명의 번성을 위한 방법입니다. 생명의 체계가 중단되지 않고 이어지는 것은 암수 한 쌍의 결합이 있지 않고서는 불가능하다는 점에서 이는 당연합니다.

한편 모든 물이 빠지고 난 다음에 방주 밖으로 나온 노아가 제사를 지낼 때 그는 정결한 동물을 골라서 번제를 지냅니다. 정결한 것과 부정한 것의 기준은 그 동물 자체가 그렇다는 것이 아니라 제사의 용도로 쓰일 때 적용되는 원칙이었습니다. 번제물은 제사의 대상이 되는 동물을 불에 구워서 바치는 것이고, 그 다음에는 이 번제물을 사람이 먹습니다. 사람의 몸에 들어가 생명의 기력이 됩니다. 그런 까닭에 어떤 동물은 다른 동물의 수보다 상대적으로 많거나 적어야 합니다. 이렇게 보면 잘 보호해 줘야 할 동물과 꼭 그러지 않아도 되는 동물이 있는 셈이기도 합니다. 그것은 또 어쩌면 동물의 생존력과도 관계 있을지 모르겠습니다. 번식력이 강한 쥐 같은 것은 한 쌍이면 충분하고, 번식의 속도가 느리고 가축의 의미가 강한 포유동물은 아무래도 더 많이 지켜내야 한다는 인류 생존의 원리가 담겨 있는 것이 아닌가 싶습니다.

중요한 것은, 이 모든 것이 인간의 미래에 생명의 능력을 공급하기 위한 하나님의 계획이라는 점입니다. 이들 생명체는 단지 그들 자신의 생존을 위해 살아남게 하신 것만이 아니라 인간의 생명 유지를 위한 식량의 가치도 지닙니다. 그런 경우에도 하나님은 잔혹한 방식을 선택하지 않도록 하기 위해 피째 먹지 말라며 피에는 생명이 있다고 경계하셨습니다. 결국 하나님은 '생명을 존중하는 인간의 등장'을 바라고 계십니다.

방주가 생명공동체의 원형이라고 했듯이, 하나님은 노아를 통해 생명의 미래를 준비하셨습니다. 방주의 구조나 재질, 제작방식에서 이미 그것은 암시되고 있으며, 이 일을 감당하는 과정에서 노아 자신의 존재가 생명공동체의 원형인 방주의 의미를 지녀가게 되었다고 할 수 있습니다.

라멕이 호언하며 과시했던 폭력의 지배와 그것을 통해서 이루어낸 문명의 외적 거대함과 화려함 안에 담긴 야만을 모두 청산하고, 완전히 새로운 시작을 통해 생명역사의 계승자를 서 우신 것입니다. 의롭고 겸손한 사람이 하나님 나라를 이어받으라는 거지요. 생명과 희망의 역사는 이들이 써나갑니다. 온유한 사람이 땅의 진정한 주인이 되어야 한다는 것입니다. 노아는 그런 생명의 사람이었습니다. 노아는 하나님의 의로우신 혁명을 감당한 존재이자 우리가 어떤 삶을 선택해야 할지 앞서 보여준 모델이라고 하겠습니다. 보다 많은 사람들이 그런 노아를 닮아갈 때, 이 시대가 진정한 생명의 길로 물꼬를 트고 진로를 바꾸지 않겠습니까? 우리 자신이 오늘의 방주가 되어갈 때, 희망의 능력은 더욱 크고 강해질 것입니다.

6 ¹⁰ 노아는 셈과 함과 야벳, 이렇게
세 아들을 두었다.
¹¹ 하나님이 보시니, 세상이 썩었고,
무법천지가 되어 있었다. ¹² 하나님이
땅을 보시니, 썩어 있었다. 살과 피를
지니고 땅 위에서 사는 모든 사람들의
삶이 속속들이 썩어 있었다.
¹³ 하나님이 노아에게 말씀하셨다.
"땅은 사람들 때문에 무법천지가 되었고,
그 끝 날이 이르렀으니, 내가 반드시,
사람과 땅을 함께 멸하겠다.
¹⁴ 너는 잣나무로 방주 한 척을 만들어라.
방주 안에 방을 여러 칸 만들고, 역청을
안팎에 칠하여라. ¹⁵ 그 방주는 이렇게
만들어라. 길이는 삼백 자, 너비는 쉰 자,
높이는 서른 자로 하고, ¹⁶ 그 방주에는
지붕을 만들되, 한 자 치켜올려서 덮고,
방주의 옆쪽에는 출입문을 내고,
위층과 가운데층과 아래층으로 나누어서
세 층으로 만들어라.
¹⁷ 내가 이제 땅 위에 홍수를 일으켜서,
하늘 아래에서 살아 숨쉬는 살과 피를
지닌 모든 것을 쓸어 없앨 터이니, 땅에
있는 것들은 모두 죽을 것이다.
¹⁸ 그러나 너하고는, 내가 직접 언약을
세우겠다. 너는 아들들과 아내와
며느리들을 모두 데리고 방주로
들어가거라. ¹⁹ 살과 피를 지닌 모든
짐승도 수컷과 암컷으로 한 쌍씩 방주로
데리고 들어가서, 너와 함께 살아남게
하여라. ²⁰ 새도 그 종류대로, 집짐승도
그 종류대로, 땅에 기어다니는 온갖

길짐승도 그 종류대로, 모두 두 마리씩
너에게로 올 터이니, 살아남게 하여라.
²¹ 그리고 너는 먹을 수 있는 모든
먹을거리를 가져다가 쌓아두어라.
이것은, 너와 함께 있는 사람들과
짐승들의 먹을거리가 될 것이다."
²² 노아는 하나님이 명하신 대로
다 하였다. 꼭 그대로 하였다.

14 낡은 시대의 끝, 새로운 역사의 시작

창세기 7장, 8장 1절-19절

최후의 생존자

노아 일행이 방주에 들어가고 나서 7일이 지나 엄청난 비가 쏟아집니다. 사실 그 7일의 시간 동안 노아와 그의 가족들은 혼란스러웠을 것입니다. 아직 비가 내릴 기미도 보이지 않는 상황에서 방주로 들어간다는 것은 선뜻 결정할 수 없었을 테니까요. 당장에라도 큰비가 쏟아질 것처럼 보였다면, 노아의 가족만이 아니라 주변 사람들도 큰일 나겠구나 싶어 먼저 들어가려고 했을 것입니다. 그러나 하나님은 7일 뒤의 일을 예고하셨을 뿐, 노아와 그의 가족은 어떤 것도 장담할 수가 없었습니다.

이제 이레가 지나면, 내가 사십 일 동안 밤낮으로 땅에 비를 내려서, 내가 만든 생물을 땅 위에서 모두 없애버릴 것이다……이레가 지나서, 홍수가 땅을 뒤덮었다. 창세기 7: 4-10

다시 말해 그 7일은 이들이 세상으로부터 조롱을 받는 시간이고, 결국 아무런 일도 일어나지 않으면 수모를 당할 수도 있습니다. 하나님의 말씀과 약속을 신뢰할까 말까를 시험당하는 기간이기도 했습니다. 그러나 하나님이 말씀하신 대로 방주에 들어간 지 7일 뒤, 하늘과 땅에서 홍수의 문이 열리고 큰 샘이 터지는 대격변이 일어났지요. 홍수가 시작되고 그렇게 일단 살아났다고 해도, 만약 비가 그치지 않고 물이 빠질 기미가 보이지 않는다면 더욱 두려움에 빠지겠지요. 40일의 대홍수가 예고되었으나 비가 내리는 상황을 보면 언제 그칠지 알 수 없고, 비가 그쳐도 물이 빠지지 않으면 대책이 없습니다.

하나님의 뜻을 따라 살아가는 중에도 인간은 순간순간 흔들리고 어찌할 바를 모르기도 합니다. 하지만 그럴 때에 자신이 하나님의 계획 안에서 어떤 존재인가를 알면 그 두려움과 불안을 이겨내고 굳건히 설 수 있습니다. 이런 각도로 우리가 생각해볼 것이 있습니다. 대홍수를 통해 하나님이 현실을 정리하시는 방식입니다. 미래를 위해 지킬 것만 지키신다는 겁니다. 그 지킴을 받은 존재가 노아였고, 그는 그런 까닭에 '미래를 위해서 남겨진 자'라는 의미를 갖습니다. '남겨졌다'고 하는 것은 잔재殘在가 아니라, 앞으로 새로운 세상을 일구어나갈 것이라는 뜻입니다. 노아는 최후의 생존자이기도 했지만, 새로운 시작의 그루터기였습니다.

의로운 삶을 선택한다는 것은 현실에서 매우 취약한 처지에 있는 것 같지만 사실은 세상이 도저히 넘어뜨릴 수 없는 보호막 속에 있는 것입니다. 이것을 깨닫지 못해 사람들은 의로운 길을 가기 망설이고 안전하고 쉬운 길을 택하나 그것이 도리어 자신의 미래를 제대로 지키지 못하는 결과를 가져옵니다. 하나님이 남기신 소수의 의인들은 하찮게 보일지 모르지만 그들이 희망을 낳는 주체들입니다. 성서에서 이 원칙과 뜻은 중요합니다. "아니 현실이 얼마나 감당하기 어려운데 겨우 그것밖에 안 남았단 말이야?" 하고 낙담할 상황에서, "이거면 충분하다. 여기에서 시작하면 되는 거야"라는 각성은 미래를 여는 하나님의 방식입니다.

선지자 엘리야의 이야기를 통해서도 우리는 이것을 발견합니다. 그것은 하나님의 방식을 드러내는 원형적 사건이기도 합니다. 엘리야가 이스라엘의 왕 아합의 사치와 폭정을 경고하면서, 이런 식으로 하나님의 길에서 계속 벗어나면 온 나라가 가뭄과 기근이 끊이지 않을 것이라고 앞날을 예언하지요. 아합이 자신을 질타한 엘리야를 두고볼 리 만무합니다. 그러자 하나님은 엘리야를 요단 강 동쪽 그릿 시냇가에 숨어 지내도록 하시고는, 이윽고 그곳까지 가뭄과 기근이 번져 더는 버티기 어려울 때, 시돈에 있는 사르밧의 한 과부를 찾아가서 은거하도록 하셨습니다.

길르앗의 디셉에 사는 디셉 사람 엘리야가 아합에게 말하였다. "내가 섬기는 주 이스라엘의 하나님께서 살아계심을 두고 맹세합니다. 내가 다시 입을 열기까지 앞으로 몇 해 동안은, 비는 커녕 이슬 한 방울도 내리지 않을 것입니다."

주께서 엘리야에게 말씀하셨다. "이곳을 떠나서, 동쪽으로 가거라. 그리고 거기 요단 강 동쪽에 있는 그릿 시냇가에 숨어서 지내며, 그 시냇물을 마셔라. 내가 까마귀에게 명하여서, 네게 먹을 것을 날라다 주게 하겠다." 엘리야는 주의 말씀대로 가서, 그대로 하였다. 그는 곧 가서, 요단 강 앞에 있는 그릿 시냇가에 머물렀다. 까마귀들이 아침에도 빵과 고기를 그에게 가져다 주었고, 저녁에도 빵과 고기를 그에게 가져다 주었다. 그리고 물은 그곳 시냇물을 마셨다. 그런데 그 땅에 비가 내리지 않으므로, 얼마 있지 않아서, 시냇물까지 말라버렸다.

주께서 엘리야에게 말씀하셨다. "이제 너는, 시돈에 있는 사르밧으로 가서, 거기에서 지내도록 하여라. 내가 그곳에 있는 한 과부에게 명하여서, 네게 먹을 것을 주도록 일러두었다." 열왕기상 17: 1-9

엘리야는 쫓기는 신세였고 먹을 것이 더 이상 없는 처지에 있었습니다. 그런 그에게 하나님이 만나라고 하신 사르밧의 여인은 그렇다면 과연 어떤 처지였을까요?

엘리야는 곧 일어나서, 사르밧으로 갔다. 그가 성문 안으로 들어설 때에, 마침 한 과부가 땔감을 줍고 있었다. 엘리야가 그 여인을 불러서 말하였다. "마실 물을 한 그릇만 좀 떠다 주십시오." 그 여인이 물을 가지러 가려고 하니, 엘리야가 다시 여인을 불러서 말하였다. "먹을 것도 조금 가져다 주시면 좋겠습니다."

그 여인이 말하였다. "어른께서 섬기시는 주 하나님께서 살아계심을 두고 맹세합니다. 저에게는 빵 한 조각도 없습니다. 다만, 뒤주에 밀가루가 한 줌 정도, 그리고 병에 기름이 몇 방울 남아 있을 뿐입니다. 보시다시피, 저는 지금 땔감을 줍고 있습니다. 이것을 가지고 가서, 저와 제 아들이 죽기 전에 마지막으로, 남아 있는 것을 모두 먹으려고 합니다." 열왕기상 17: 10-12

이 과부는 불을 때기 위해 나뭇가지 몇 개를 주워 집에 돌아가려고 했습니다. 엘리야는 이 여인에게 먼저 마실 물을 달라고 합니다. 그러고는 한 가지 더 먹을 것도 달라고 요청하지요. 진정한 예언자 또는 선지자라면 이 여인의 딱한 사정을 한번에 척 알아보아야 하지 않았을까요? 더군다나 물만이 아니고 먹을 것까지도 챙겨달라고 하는 것은 상황이 그만큼 절박해서 그랬다고 생각할 수도 있지만 여인에게 너무 무리한 요구가 아닐까 싶기도 합니다. 그런 엘리야의 부탁에 여인은 하나님을 두고 맹세코 말한다면서 "저희 집에는 빵은 한 조각도 없고, 한 줌이 될까말까하는 밀가루와 기름 몇 방울 밖에 없습니다"라고 자신의 처연한 처지를 말합니다. 나뭇가지를 주워 땔감으로 불을 피우고 아들과 남은 식량을 마저 먹고 죽으려 한다고 고백합니다. 절망적인 최후의 만찬을 위한 나뭇가지 줍기였던 것입니다. 더는 희망이 없는 세상에서, 이제 겨우 남은 식량으로 식사를 마치고 세상을 하직하겠다는 이야기였습니다. '밀가루 한 줌과 기름 몇 방울'은 이 기근의 위기를 감당하기에는 가당치도 않은 '남은 양식'입니다. 그런데 엘리야는 이런 처참한 지경에 빠진 여인의 말에 아랑곳하지 않고 떡을 만든 후 자신에게 먼저 가져 오라고 합니다. 어찌 보면 자신의 사정을 먼저 챙기려 드는 이기적인 사람처럼 보입니다.

> 엘리야가 그 여인에게 말하였다. "두려워하지 말고 가서, 방금 말한 대로 하십시오. 그러나 음식을 만들어서, 우선 나에게 먼저 가지고 오십시오." 열왕기상 17: 13

엘리야는 여인에게 두려워 말라고 합니다. 자신의 말을 믿으라는 것이며, 이 기근의 최후를 맞이하는 현실 앞에서 아무 염려 말라고 합니다. 그리고는 말을 이어나갑니다.

"그 뒤에 그대와, 아들이 먹을 음식을 만들도록 하십시오. 주께서 이 땅에 다시 비를 내려주실 때까지, 그 뒤주의 밀가루가 떨어지지 않을 것이며, 병의 기름이 마르지 않을 것이라고, 주 이스라엘의 하나님께서 말씀하셨습니다." 열왕기상 17: 13-14

엘리야는 남은 밀가루와 기름으로 떡을 만들어 여인과 그 아들이 먹고 난 뒤에 혹시 남은 것이 있다면 달라고 한 것이 아니고, 자신에게 우선 가져온 다음 먹을 것을 마련하라고 합니다. 엘리야에게 주고나면 뭐가 남는다고 그러는지 선뜻 이해가 가지 않습니다. 엘리야는 가뭄이 그칠 때까지 뒤주의 밀가루와 병 속의 기름이 마르지 않는다고 확언합니다. 여인이 이 이야기를 듣고 그대로 하니 기이한 일이 벌어졌습니다.

그 여인은 가서, 엘리야의 말대로 하였다. 과연 그 여인과 엘리야와 그 여인의 식구가 여러 날 동안 먹었지만, 뒤주의 밀가루가 떨어지지 않고, 병의 기름도 마르지 않았다. 주께서 엘리야를 시켜서 하신 주의 말씀대로 되었다. 열왕기상 17: 15-16

새로운 양식의 첫 시작

놀랍게도 밀가루 한 움큼과 기름 몇 방울은 여인의 생각처럼 마지막 양식이 아니고, 앞으로 끊임없이 이어질 양식의 첫 식사가 되었습니다. 하나님의 뜻 안에서는 끝이 아니라, 새로운 시작이지요. 여인은 최후의 만찬을 끝내고 죽으려 했는데, 새로운 만찬의 첫 시작을 누리는 감사를 얻게 됩니다. 사람들이 대체로, "이제는 더 버틸 수가 없어. 내가 가진 것은 이게 전부야. 이걸로 끝이다"라고 할 만한 지경에서, 완전히 새로운 출발점에 서게 되었던 것입니다. 온 세상에 덮친 가뭄과 기근에 비교해 볼 때에 밀가루 한 줌과 기름 몇 방울은 아무것도 아닙니다. 참으로 별볼일 없습니다. 대세는 이미 결정되었고 상황은 종료를 향해 가고 있었습니다. 밀가루 한 줌과 기름 몇 방울은 그저 그들에게 남겨진 식량의 단위가 아니라, 아무리 뒤주와 병을 뒤져도 그것밖에 없는 처참한 현실을 입증해주는 근거입니다.

나사렛 예수께서 다섯 개의 떡과 두 마리의 생선으로 일으킨 기적도 마찬가지입니다. 5천 명 이상이 들에서 먹을 것이 없어 굶어 죽을 상황에, 겨우 다섯 개의 보리떡과 두 마리의 마른 생선뿐이었습니다. 그것은 희망의 근거가 아니라 절망의 분명한 이유입니다. 암담한 현실을 해결할 수 있는 길은 어디에도 보이지 않습니다 그러나 이 다섯 개의 떡과 두 마리의 생선이 5천 명 이상을 먹이는 풍성한 양식의 첫 시작이 되었습니다. 겨우 남겨진 것이 아니라, 새로 시작할 수 있는 '하늘의 씨앗'이었지요. 엘리야는 밀가루 한 줌과 기름 몇 방울에서 바로 그것을 보았습니다. 하나님이 남겨주신 것은 언제나 새로운 양식의 첫 시작이지 끝이 아닙니다. 노아가 그런 존재입니다. 대홍수의 위기를 극복하고 간신히 생존한 사람이 아니라, 새로운 미래의 출발을 위해 세워진 근거입니다.

십자가에서 사람들은 그리스도 예수의 끝을 봅니다. 하나님 나라를 이 땅에 세우려는 예수운동의 최후를 목격합니다. 그러나 하나님은 거기에서 부활이라는 새로운 시작을 깨우치게 하셨습니다. 마찬가지로, 우리 인생에서 "결국 이것만 남았구나"라고 낙담하는 순간, 하나님의 방식을 떠올린다면 그것은 전혀 다른 의미로 읽힙니다. 그렇게 남기신 바가 하나님이 계획하신 미래의 새로운 터가 됩니다.

1년이 넘는 방주의 삶이 주는 의미

한편, 노아의 가족은 어떤 현실에 직면했을까요? 40일간 내린 비가 그친 뒤에도 물은 계속 불어났습니다.

물이 불어나서, 백오십 일 동안이나 땅을 뒤덮었다. 창세기 7: 24

비가 내린 것은 한 달 여였는데 물은 계속 불어나서 온 땅을 뒤덮었습니다. 비가 내린 날수에 비하면 거의 4배의 시간입니다. 40일간의 비가 퍼붓는 것도 견디기 어려운데, 물이 계속 불어나는 상황이 무려 100일이 넘어갔다니, 방주에 있는 사람들의 마음은 날이 갈수록 불안해질 만합니다. 이러다가 영원히 지상에 내려서지 못하고 방주에서 삶을 마감하는 것은 아닐까 하는 걱정에 휩싸일 수 있지요. 그들이 새로운 미래를 위해 남겨진 존재라는 각성도 방주에서 나와 새로운 터전을 일구어낼 때 비로소 하게 되는 것이지, 언제 끝날지도 모를 방주의 삶에서는 생각하기조차 아득한 이야기입니다.

40일의 홍수, 150일의 범람이라는 시간은 이들의 믿음과 의지, 희망을 매 순간 시험대 위에 올려놓는 치열한 영적 투쟁의 기간이라고 하겠습니다. 인간은 위기 앞에서 수없이 넘어졌다 일어섰다를 반복합니다. 이 어려움이 언제 끝날까 하는 걱정과 더 어려운 상황이 닥칠지도 모른다는 공포에서 자신을 지켜내는 힘을 기르기란 단숨에 되는 일이 아닙니다.

> 그때에 하나님이, 노아와 방주에 함께 있는 모든 들짐승과 집짐승을 돌아보실 생각을 하시고, 땅 위에 바람을 일으키시니, 물이 빠지기 시작하였다. 땅속의 깊은 샘들과 하늘의 홍수 문들이 닫히고, 하늘에서 내리는 비도 그쳤다. 땅에서 물이 줄어들고 또 줄어들어서, 백오십 일이 지나니, 물이 많이 빠졌다. 일곱째 달 열이렛날에, 방주가 아라랏 산에 머물러 쉬었다. 물은 열째 달이 될 때까지 줄곧 줄어들어서, 그 달, 곧 열째 달 초하루에는, 산봉우리들이 드러났다. 창세기 8: 1-5

150일 동안 물이 불어나고, 그 다음 15()일 동안 물이 빠지는 과정을 경험하게 된 것입니다. 홍수가 나기 전에 방주 제작이 완료가 되어 그 안에 사람들이 들어가고 그 다음에 홍수가 굴아쳐서 방주가 뜨고, 그러고 나서 물이 차고 빠지는 1년 가까운 시간을 방주 안에서 보냈습니다. 그 마지막 단계는 이렇게 정리됩니다.

> 사십 일이 지나서, 노아는 자기가 만든 방주의 창을 열고서, 까마귀 한 마리를 바깥으로 내보냈다. 그 까마귀는 땅에서 물이 마르기를 기다리며, 이리저리 날아다니기만 하였다. 그는 또 비둘기 한 마리를 내보내서, 땅에서 물이 얼마나 빠졌는지를 알아보려고 하였다. 그러나 땅이 아직 모두 물 속에 잠겨 있으므로, 그 비둘기는 발을 붙이고 쉴 만한 곳을 찾지 못하여, 그냥 방주로 돌아와서, 노아에게 왔다. 노아는 손을 내밀어 그 비둘기를 받아서, 자기가 있는 방주 안으로 끌어들였다.

노아는 이레를 더 기다리다가, 그 비둘기를 다시 방주에서 내보냈다. 그 비둘기는 저녁때가 되어서, 그에게로 되돌아왔는데, 비둘기가 금방 딴 올리브 잎을 부리에 물고 있었으므로, 노아는 땅 위에서 물이 빠진 것을 알았다.

창세기 8: 6-11

우리는 얼핏 생각하기에 "노아는 홍수가 나니까 방주에 탔고 시간이 지난 뒤, 드디어 방주에서 나왔더라" 하면 간단할 것 같지만 계산을 해보면 대홍수가 나기 7일 전에 방주에 들어가고, 그 뒤 40일간의 홍수를 겪었고, 150일 동안 물이 불어난 다음, 다시 150일 동안 물이 빠지고, 40일이 지난 후 까마귀와 비둘기를 날려보내서 상황을 살핀 다음 7일 뒤 다시 비둘기를 날려보내지요. 비둘기를 다시 날려보내는 이 시점까지의 날수를 수식으로 풀면 7+40+150+150+40+7이 됩니다. 7에서 40, 40에서 150으로 늘어났다가 150에서 40, 그리고 7로 줄어드는 모양새를 하고 있고, 6개의 숫자를 반으로 나누면 똑같은 수가 됩니다. 홍수가 시작되기 전과 시작되고 나서 결말이 지어지는 전체 시간의 흐름이 상승곡선을 그리다가 하향곡선을 그립니다. 이 차고 빠지는 흐름의 균형이 결정적으로 깨지고 새로운 시작이 이루어지는 것이 바로 마지막 7일입니다. 비둘기가 올리브 잎을 부리에 물고 있는 것을 보고, 이제 상황이 종료되었음을 알지만 마지막 점검을 합니다.

노아는 다시 이레를 더 기다리다가, 그 비둘기를 내보냈다. 그러나 이번에는, 그 비둘기가 그에게로 다시 돌아오지 않았다. 창세기 8: 12

7일을 더 기다린 뒤 노아는 땅에 내려서도 된다는 확신을 가지게 되었습니다. 이것까지 포함해서 노아가 방주어 들어갔다가 나오는 시간은 모두 7＋40＋150＋150＋40＋7＋〔7〕＝401(일)이 됩니다. 모두 합쳐 1년이 넘는 시간입니다. 물론 이 계산이 정혼한 날짜를 반영한다는 것을 주장하려는 것이 아니라, 그 의미를 주시하자는 것입니다.

이 날수 가운데 하나님이 노아에게 알려주신 것은 단 두 가지 경우뿐입니다. 그것은 방주에 들어가면 7일 뒤어 대홍수가 일어난다는 것과 40일간의 비가 내린다는 예고였습니다. 그런 예고가 있기는 해도 7일 동안의 세상의 조롱과 비웃음 40일이라는 험난한 대홍수의 현실을 굳건하게 버티기란 쉬운 일이 아닙니다. 그런데다가 물이 붇고 빠지는 시간은 미리 알려주신 바가 없습니다. 물이 빠지기 시작하면서 산봉우리가 드러난 것은 여전히 평지에는 물이 차 있음을 달해주는 것이니 방주에서 나갈 수 있는 형편은 아니지요. 까마귀와 비들기가 마치 척후병처럼 상황을 정탐하고 돌아오는 시간도 초조하기는 마찬가지입니다. 마침내 결정적인 7일의 시간이 지나고 떠돌이 방주의 여정도 막을 내립니다. 돌아보면, 전체적으로 상황이 마무리된 것은 400일을 넘어서였으니 비가 내린 기간의 10배가 되는 셈입니다. 그 과정을 직접 통과하는 사람들에게는 아마도 400일이 아니라 몇십 년으로 체감돼었을지도 모릅니다. 언제 이 시련이 끝날지 아무도 알 수 없었으니 말이지요.

염려하는 가족들에게 노아가 할 수 있는 말은 "기다려라. 조금 있으면 될 거야"라는 정도 외에 무엇이 또 있었을까요? 가족들은 아버지 노아가 밤낮 기다리라는 말 말고는 다른 말 할 줄 아는 게 있을까 싶었을지도 모릅니다. 걱정하기 시작하면 걱정할 게 한둘이었겠습니까. 비는 언제까지 퍼붓고, 얼마나 세차게 쏟아지며, 어디까지 물이 불어나는가. 또 불어난 물은 언제 빠질 것인가. 도무지 가늠할 수 없고 전망할 수가 없었겠지요. 그런 와중에 가장 큰 걱정은 단연 식량 부족 사태입니다. 또 병이라도 나면 손쓰기가 어렵고 가족 간에 긴장과 갈등도 생길 수 있습니다. 동물들을 평화롭게 돌보는 일도 대단히 어렵습니다.

생존했다는 사실은 감사할 수 있지만 그 생존의 과정을 겪어내는 것은 너무나도 혹독하고, 미래에 대한 희망을 낙관하기가 쉽지 않습니다. 이러면서 노아의 가족은 단지 방주 안에 피신만 한 것이 아니라, '믿음의 새로운 훈련'을 하게 되었습니다. 생각지도 못한 많은 도전을 방주라는 한정된 공간에서 직면하고 여기에서 자기들의 운명을 풀어나가야 합니다. 방주의 삶이 싫고 견디기 힘들다 해서 마음대로 내려올 수 있는 것도 아닙니다. 꼼짝 못하고 그곳에서 이겨낼 수 있어야 합니다. 고도의 집중적인 훈련이었습니다.

그런 점에서 우리가 수식으로 세워보았던 방주 401일의 각기 숫자가 의미하는 바가 깊습니다. 첫 7일은 하나님의 예고를 믿고 그대로 행할 수 있는가를 시험받는 시간입니다. 이 7일은 노아 말고 다른 사람들에게는 방주에 함께 탈 수 있는 기회이기도 했습니다. 그 당장에 벌어지는 상황이 아니라 7일의 유예기간과 함께, 선택의 시간을 마련해주신 것이며 40일의 대홍수를 맞기 전에 기도와 믿음으로 자신을 단단히 세워나가는 차원을 담은 시간입니다. 그 다음 40일의 대홍수는 시련의 시간을 통과하는 의미를 갖습니다. 이집트 제국에서 해방된 노예출신의 히브리인들이 모세와 함께 광야 40년을 지내는 것도 그런 차원이고, 예수님의 40일 광야 금식과 시험도 이런 의미를 지니고 있습니다.

이렇게 시련의 시간이 지났다고 모든 것이 평안하게 해결되어가는 것은 아닙니다. 그 40일은 시련의 끝이 아니라, 시련을 이겨내는 힘을 기르는 시간입니다. 뒤이어 오는 150일간 물이 불어나는 시기는, 시련을 겪는 사람과 현실 사이에 격렬한 쟁투가 벌어지는 때입니다. 이 미처 알지 못했던 150일의 대범람을 어떻게 이겨내는가에 따라 승패가 갈라집니다. 여기에서 물이 불어나는 기세에 압도당해 두려워 떨면 그 영혼은 기력을 잃습니다. 이제 비가 그쳤다고 생각했는데, 왜 다시 이렇게 엄청난 범람으로 상황이 더 어려워지는가 하면서 절망할 수 있습니다. 그러나 이 150일의 위기를 의연하게 마주하면 반드시 승리의 분수령이 나타납니다. 성령의 바람이 불고 물이 빠지면서 상황은 반전되기 시작합니다.

땅 위에 바람을 일으키시니, 물이 빠지기 시작하였다. 창세기 8:1

이것을 믿지 못하고 견뎌내지 못하면, 물이 빠지기 전에 스스로 그 물속에 빠져 죽을 수도 있습니다. 역사도 어느 절정의 지점이 있습니다. 그걸 통과하면 대세는 판결납니다. 하나님의 바람이 몰아치니 그 엄청났던 홍수와 물의 범람도 어쩌지 못하고 퇴각할 수밖에 없습니다. 드디어 희망의 산봉우리들이 보이기 시작합니다.

물은 열째 달이 될 때까지 줄곧 줄어들어서, 그 달, 곧 열째 달 초하루에는, 산봉우리들이 드러났다. 창세기 8: 5

과연 언제 보게 되나 싶었던 산봉우리가 모습을 드러내기 시작하면서 희망을 품게 됩니다. 이제 새로운 시작을 위한 힘을 비축하고 대비해야 하는 때가 옵니다. 대홍수 40일이 훈련이 시작되는 시간이라고 한다면, 대세가 일정하게 정리되면서 통과하는 후반부 40일은 방주에서 나온 이후의 삶을 예비하는 시간입니다. 역사도 종결지어야 할 것들을 정리하는 시간이 있는가 하면 새롭게 준비를 하기 위해 바쳐야 하는 시간이 있습니다. 따라서 이 마지막 40일은 미래를 위한 시간이 됩니다. 이 기간이 지나고 노아는 까마귀와 비둘기를 날려보내서 자신의 앞날을 측량하게 되지요. 그러나 앞날은 아직 명료하지 않습니다. 그는 7일의 시간을 더 가집니다. 대홍수가 일어나기 전 7일이 격변의 때를 대비하는 시간이었다면, 이 7일은 방주에서 나가기 전 새로운 시작을 맞이하기 위한 날들입니다. 그것으로 방주의 시간은 마무리되어갑니다.

이제 방주에서 언제 나올 것인가를 결정하는 일만 남았습니다. 애초에 방주는 그곳에서 사는 것이 목적이 아니라 거기에서 나와 새로운 역사를 일구어내기 위한 것이었다는 점에서, 두 번째 7일의 기다림은 노아와 그 가족들의 삶의 방향이 방주 밖의 세계를 향해 완전히 전열을 정비하는 순간이라고 할 수 있습니다.

믿음을 현실로 실천하는 능력

노아는 방주에서 새로운 시대를 이끌 수 있는 지도력을 기를 수 있었습니다. 가족 간의 관계라든가 식량의 관리, 동물들의 관계를 조정하는 문제뿐만 아니라, 방주를 보수하고 그때마다 필요한 것들을 공급하면서 그 지도력은 성숙해져갔을 겁니다.

노아는 '믿음의 사람'이었지만 동시에 '현실의 사람'이기도 합니다. 믿음을 가진 사람들은 이상만을 좇는다고 흔히들 생각해서 현실의 문제를 해결하는 능력은 떨어지지 않을까 오해받기 쉽습니다. 그렇지 않습니다. 하나님 나라의 이상을 믿음으로 이루어내기 위해서는 현실의 능력 또한 거기에 버금가야 합니다. 그렇지 못하면 노아는 온 가족을 이끌고 죽음의 구렁텅이로 갈 것입니다. 믿음도 중요하고 그 믿음의 선택을 현실적으로 감당할 수 있는 능력 또한 있어야 합니다. 이 믿음과 능력은 서로 분리된 것이 아닙니다. 능력은 믿음이 낳은 열매입니다. 노아라는 존재가 새로운 미래의 대안일 수 있는 이유는 그의 꿈과 이상, 믿음이 훌륭해서가 아니라 그에 준하는 실천력을 갖고 있기 때문입니다.

노아가 방주를 제작할 때에 얼마나 말들이 많았겠습니까? 노아는 논쟁에 시간을 쏟지 않고 말없이 제작에 몰두합니다. 논쟁에서 상대를 설득시킬 수 없는 경우란, 이쪽에서 논쟁을 이길 만한 능력이 없기 때문일 수도 있지만, 그렇게 해봐야 상대가 그 말을 받아들일 준비가 전혀 안 됐을 때에도 마찬가지입니다. 그런 경우에는 방주를 직접 제작하고 그 효력을 현실로 입증하면 됩니다.

성서에서 묘사하고 있는 노아는 대단히 주도면밀한 사람입니다. 우리 속담식 표현으로 돌다리도 두드려보고 건너는 사람이며, 성서로 표현하자면 '물이 다 빠진 다음에도 비둘기로 확인하는 사람'입니다. 육안으로는 점점 무엇인가 변화하는 것 같은데 그래도 까마귀와 비둘기를 날려보내서 확인하고 또 그 다음에도 비둘기가 더 이상 떠돌지 않고 어딘가에 안착한 것을 점검한 후에야 비로소 세상을 향해서 발을 뗍니다.

1년이 넘는 시간을 방주에서 지내다보면 상황이 호전되었다고 여겨질 경우, 식구들은 노아를 재촉할 수 있습니다. "이 정도면 됐잖아요. 아버지, 그냥 나갑시다. 방주 안이 너무 지겨워요" 하는 현실 분위기를 전제했을 때에 이 주도면밀함이 어떤 의미를 갖는지 알 수 있습니다. 아무리 마음이 다급해도 정확하고 치밀하게 대비할 일입니다.

세상을 살피는 방주의 창

한 가지 더. 노아가 그 주도면밀함으로 까마귀와 비둘기를 날렸던 방주의 창이 갖는 의미를 생각해봅니다.

사십 일이 지나서, 노아는 자기가 만든 방주의 창을 열고서, 까마귀 한 마리를 바깥으로 내보냈다. 그 까마귀는 땅에서 물이 마르기를 기다리며, 이리저리 날아다니기만 하였다. 그는 또 비둘기 한 마리를 내보내서. 창세기 8: 6-8

본문은 그 창을 노아가 만들었다고 기록하고 있고, 창은 세상과 연결되는 통로라고 말해주고 있습니다. 방주의 구조는 3층으로 되어있습니다. 층마다 배치해둘 바가 다르고 서로 섞이면 곤란한 것들을 구별하는 방식이었다고 보입니다. 그런데 이 방주에 창이 있다고 하는 것은 더욱 중요한 의미를 지닙니다.

적지 않은 경우 교회는 자신을 방주로 규정하고 "세상 것은 보지 말고 하늘 것만 보십시오"라며 세상과의 단절을 종용하기도 합니다. 세상에서 정치적·경제적·사회적으로 뭐가 어떻게 돌아가든 관계없이 그냥 교회 안에서 하나님 나라를 구하자는 식입니다. 이렇게 되면 교회는 오늘의 현실의 아픔을 느끼지 못하고 그냥 교회 속의 고립적인 존재가 되기 쉽습니다. 세상을 향한 창문이 없는 것입니다.

방주는 현실에 나가 생명공동체를 실현하기 위한 훈련의 장이지, 그곳에 갇힌 채 평생을 지내야 하는 폐쇄공간이 아닙니다. 방주는 대피하고 살아남기 위한 데에 최종 목적이 있는 것이 아니라 새로운 시작을 이루어내는 존재로 세상에 나오기 위한 데에 본질적인 목적이 있습니다. 그러니 당연히 세상이 어떠한가를 볼 수 있는 눈이 있어야 하고, 그것은 바로 방주의 창입니다. 노아는 까마귀와 비둘기를 날려보내 세상이 어떤 형편에 있는지 살핍니다.

기독교인들은 겪어온 역사, 직면하고 있는 정치·경제·문화·사회의 현실에 대해 깊이 알고 있어야 합니다. "물이 빠진 거야, 찬 거야? 사람이 살 만한 거야, 아닌 거야?" 이것을 알아야 합니다. 오늘의 이 사회를 좌우하는 정치가 사람들을 빠져 죽게 하는지 살아남게 하는지 꿰뚫어봐야 하고, 사람들의 삶을 근본에서부터 결정하는 경제가 사람들을 물에 빠뜨리는 것은 아닌지 분명하게 묻고 알아야 합니다. 이 사회의 문화가 사람들을 범람하는 죽음의 늪에 밀어넣고 있는지 볼 수 있어야 합니다. 이제 위기의 시대가 서서히 물러나고 있음에도 불구하고 사람들이 희망의 산봉우리를 여전히 보지 못하고 낙담하는 것은 아닌지, 그 창을 통해 깊이 응시할 수 있어야 합니다.

창이 없는 교회는 세상에 대해 마음을 닫은 교회입니다. 이 세상을 하나님의 나라로 만들 수 있는 믿음의 의지를 포기한 것일 수 있습니다. 모두가 고난의 시대에 살고 있는데, 현실에서 희망의 대지를 발견하기 위해 그 창으로 날려보낼 까마귀와 비둘기를 준비하지 않은 무책임한 집단이 됩니다. 이웃의 아픔을 자기 아픔으로 삼을 의지와 능력이 없는 이기적인 무리로 전락하는 것입니다.

방주는 대홍수의 재앙 앞에서 자기를 지켜낸다면서 스스로를 가두어 두는 장소가 아니라, 세상을 향해서 눈을 크게 뜨고 마침내 문을 열고 나가기 위해 훈련하는 곳입니다. 그런 차원에서 방주의 창이 갖는 의미를 다시금 새겨야 합니다. 성서를 제대로 읽어나간다는 것도 이 '방주의 창'을 자신의 머리와 가슴에 만드는 일이기도 합니다. 하나님의 뜻을 발견해가는 성서적 안목과 의식을 깊이 축적하면서 그 눈으로 사회과학 · 인문과학 · 자연과학 일체를 종합적으로 학습하고 훈련하는 과정도 포함하는 것입니다. 이는 어떤 특정 학문의 경계선에 묶이는 것이 아니라 포괄적이고 통합적인 지식의 힘과 지혜를 얻어나가는 출발점입니다. 그 창이 훤하게 뚫리고 세상을 명확하게 탐지할 새들을 가진 사람은 오늘날의 노아라고 할 수 있습니다.

스스로 문을 열고

노아는 방주의 창을 통해 세상을 세심히 살핀 후 이제 모든 상황이 완료된 것을 알게 됩니다. 드디어 세상을 향해 나올 시간이 왔습니다.

하나님이 노아에게 말씀하셨다. "너는 아내와 아들들과 며느리들을 데리고 방주에서 나가거라. 네가 데리고 있는, 살과 피를 지닌 모든 생물들, 곧 새와 집짐승과 땅 위에서 기어다니는 모든 길짐승을 데리고 나가거라. 그래서 그것들이 땅에서 생육하고 땅에서 번성하게 하여라."

노아는 아들들과 아내와 며느리들을 데리고 나왔다. 모든 짐승, 모든 길짐
승, 모든 새, 땅 위를 기어다니는 모든 것도, 그 종류대로 방주에서 바깥으로
나왔다. 창세기 8: 15-19

참으로 오랜 기다림이었습니다. 그 기다림은 그냥 시간이 흐르는 대로
지낸 것을 의미하지 않습니다. 그 기다림을 통과하면서 겪은 정신적인
고뇌를 통해 희망과 지혜의 싹이 트는 것입니다. 그것이 곧 자신의 몸이
됩니다. 그 몸은 누가 시켜서가 아니라 자기 확신을 통해 현실을 감당합
니다. 그 믿음의 주체적 의지가 굳건해졌습니다. 하나님은 노아에게 방
주를 직접 제작하라고 하신 뒤에, 대홍수 전 노아의 가족들이 방주에 들
어가자 방주의 문은 하나님이 몸소 닫아즈십니다. 그 안전에 대한 보장
을 친히 보이셨습니다.

하나님이 노아에게 명하신 대로, 살과 피를 지닌 살아 숨쉬는 모든 것들의
수컷과 암컷이, 짝을 지어 방주 안으로 들어 갔다. 마지막으로 노아가 들어가
니, 주께서 몸소 문을 닫으셨다. 창세기 7: 16

그러나 방주에서 나올 때는 노아의 주체적 선택과 결단이 부각됩니다.

"너는 아내와 아들들과 며느리들을 데리고 방주에서 나가거라. 네가 데리
고 있는, 살과 피를 지닌 모든 생물들, 곧 새와 집짐승과 땅 위에서 기어다니
는 모든 길짐승을 데리고 나가거라. 그래서 그것들이 땅에서 생육하고 땅에
서 번성하게 하여라."

노아는 아들들과 아내와 며느리들을 데리고 나왔다. 창세기 8: 16-18

하나님이 문을 열어주시고 이들을 이끌어내시지 않고, 노아가 식구들을 "데리고 나가라"고 하십니다. 새로운 세상을 향해 다른 누구도 아닌 스스로 문을 열고 나갑니다. 이로써 느끼는 감격을 하나님이 빼앗지 않으십니다. 그건 온전히 노아의 것입니다. 우리는 하나님이 모든 것을 해주시면 좋을 것 같지만 그게 아닙니다. 특별하게 나에게만 주어지고 마련된 소중한 기쁨이 있습니다. 하나님이 직접 해주실 수도 있지만, 나 자신이 해야 의미가 있고 감사한 것이 있습니다. 하나님은 그럴 힘을 우리에게 주시는 분이지요. 자신의 뜻을 몰라주는 세상의 소리와 평가에 주눅들지 않고 자신이 직접 방주를 제작해야 합니다. 막막한 상황에서도 믿음을 가지고 참을성 있게 기다리는 시간이 필요하고, 두려움을 이기는 시련의 과정도 필요합니다. 그 과정에서 용기 있게 일어서는 훈련의 시간도 있어야 합니다.

어느 날 그 혹독한 시련을 동반한 비가 그치고 땅이 마르면 더는 방주에 머물러 있지 않고 세상을 향해 힘있게, 스스로 문을 열고 나서는 축복과 감사가 기다리고 있습니다. 의로운 그 한 사람으로 인해서 현실은 새로운 출발의 기쁨을 얻게 됩니다. 지금까지 치른 훈련의 과정이 모두 축복을 함께 누리는 능력이 됨을 뜨겁게 경험하게 될 것입니다.

7

¹ 주께서 노아에게 말씀하셨다. "내가 보니, 이 세상에 의로운 사람이라고는 너밖에 없구나. 너는 식구들을 다 데리고, 방주로 들어가거라. ² 모든 정결한 짐승은 수컷과 암컷으로 일곱 쌍씩, 그리고 부정한 짐승은 수컷과 암컷으로 두 쌍씩, 네가 데리고 가거라. ³ 그러나 공중의 새는 수컷과 암컷 일곱 쌍씩 데리고 가서, 그 씨가 온 땅 위에 살아 남게 하여라. ⁴ 이제 이레가 지나면, 내가 사십 일 동안 밤낮으로 땅에 비를 내려서, 내가 만든 생물을 땅 위에서 모두 없애버릴 것이다." ⁵ 노아는 주께서 명하신 대로 다 하였다. ⁶ 땅 위에서 홍수가 난 것은, 노아가 육백 살 되던 해이다. ⁷ 노아는 홍수를 피하려고, 아들들과 아내와 며느리들을 데리고, 함께 방주로 들어갔다. ⁸ 정결한 짐승과 부정한 짐승과, 새와 땅 위를 기어다니는 모든 것도, ⁹ 하나님이 노아에게 명하신 대로, 수컷과 암컷 둘씩 노아에게로 와서, 방주로 들어갔다. ¹⁰ 이레가 지나서, 홍수가 땅을 뒤덮었다. ¹¹ 노아가 육백 살 되는 해의 둘째 달, 그 달 열이렛날, 바로 그날에, 땅속 깊은 곳에서 큰 샘들이 모두 터지고, 하늘에서는 홍수 문들이 열려서, ¹² 사십 일 동안, 밤낮으로 비가 땅 위로 쏟아졌다. ¹³ 바로 그날, 노아와, 노아의 세 아들 셈과 함과 야벳과, 노아의 아내와, 세 며느리가, 함께 방주로 들어갔다. ¹⁴ 그들과 함께, 모든 들짐승이 그 종류대로, 모든 집짐승이 그 종류대로, 땅 위를 기어다니는 모든 길짐승이 그 종류대로, 날개 달린 모든 날짐승이 그 종류대로, 방주로 들어갔다. ¹⁵ 살과 피를 지닌 살아 숨쉬는 모든 것들이 둘씩 노아에게 와서, 방주로 들어갔다. ¹⁶ 하나님이 노아에게 명하신 대로, 살과 피를 지닌 살아 숨쉬는 모든 것들의 수컷과 암컷이, 짝을 지어 방주 안으로 들어갔다. 마지막으로 노아가 들어가니, 주께서 몸소 문을 닫으셨다. ¹⁷ 땅 위에서는, 홍수가 사십 일 동안 계속되었다. 물이 불어나서, 방주가 땅에서 높이 떠올랐다. ¹⁸ 물이 불어나서, 땅에 크게 넘치니, 방주가 물 위로 떠다녔다. ¹⁹ 땅에 물이 크게 불어나서, 온 하늘 아래에 있는 모든 높은 산들이 물에 잠겼다. ²⁰ 물은 그 높은 산들을 잠그고도, 열다섯 자나 더 불어났다. ²¹ 새와 집짐승과 들짐승과 땅에서 기어다니는 모든 것과 사람까지, 살과 피를 지니고 땅 위에서 움직이는 모든 것들이 다 죽었다. ²² 마른 땅 위에서 코로 숨을 쉬며 사는 것들이 모두 죽었다. ²³ 이렇게 주께서는 땅 위에 사는 모든 생물을 없애버리셨다. 사람을 비롯하여 짐승까지, 길짐승과 공중의 새에 이르기까지, 땅 위에서 모두 없애버리셨다. 다만, 노아와 방주에 들어간 사람들과 짐승들만이 살아남았다. ²⁴ 물이 불어나서, 백오십 일 동안이나 땅을 뒤덮었다.

8 ¹ 그때에 하나님이, 노아와 방주에 함께 있는 모든 들짐승과 집짐승을 돌아보실 생각을 하시고, 땅 위에 바람을 일으키시니, 물이 빠지기 시작하였다. ² 땅속의 깊은 샘들과 하늘의 홍수 문들이 닫히고, 하늘에서 내리는 비도 그쳤다. ³ 땅에서 물이 줄어들고 또 줄어들어서, 백오십 일이 지나니, 물이 많이 빠졌다. ⁴ 일곱째 달 열이렛날에, 방주가 아라랏 산에 머물러 쉬었다. ⁵ 물은 열째 달이 될 때까지 줄곧 줄어들어서, 그 달, 곧 열째 달 초하루에는, 산봉우리들이 드러났다. ⁶ 사십 일이 지나서, 노아는 자기가 만든 방주의 창을 열고서, ⁷ 까마귀 한 마리를 바깥으로 내보냈다. 그 까마귀는 땅에서 물이 마르기를 기다리며, 이리저리 날아다니기만 하였다. ⁸ 그는 또 비둘기 한 마리를 내보내서, 땅에서 물이 얼마나 빠졌는지를 알아보려고 하였다. ⁹ 그러나 땅이 아직 모두 물 속에 잠겨 있으므로, 그 비둘기는 발을 붙이고 쉴 만한 곳을 찾지 못하여, 그냥 방주로 돌아와서, 노아에게 왔다. 노아는 손을 내밀어 그 비둘기를 받아서, 자기가 있는 방주 안으로 끌어들였다. ¹⁰ 노아는 이레를 더 기다리다가, 그 비둘기를 다시 방주에서 내보냈다. ¹¹ 그 비둘기는 저녁때가 되어서, 그에게로 되돌아왔는데, 비둘기가 금방 딴 올리브 잎을 부리에 물고 있었으므로, 노아는 땅 위에서 물이 빠진 것을 알았다.

¹² 노아는 다시 이레를 더 기다리다가, 그 비둘기를 내보냈다. 그러나 이번에는, 그 비둘기가 그에게로 다시 돌아오지 않았다. ¹³ 노아가 육백한 살 되는 해 첫째 달, 곧 그 달 초하룻날, 땅 위에서 물이 다 말랐다. 노아가 방주 뚜껑을 열고, 바깥을 내다보니, 땅바닥이 말라 있었다. ¹⁴ 둘째 달, 곧 그 달 스무 이렛 날에, 땅이 다 말랐다. ¹⁵ 하나님이 노아에게 말씀하셨다.

¹⁶ "너는 아내와 아들들과 며느리들을 데리고 방주에서 나가거라. ¹⁷ 네가 데리고 있는, 살과 피를 지닌 모든 생물들, 곧 새와 집짐승과 땅 위에서 기어다니는 모든 길짐승을 데리고 나가거라. 그래서 그것들이 땅에서 생육하고 땅에서 번성하게 하여라."

¹⁸ 노아는 아들들과 아내와 며느리들을 데리고 나왔다. ¹⁹ 모든 짐승, 모든 길짐승, 모든 새, 땅 위를 기어다니는 모든 것도, 그 종류대로 방주에서 바깥으로 나왔다.

15 무지개 뜨는 언덕

창세기 8장 20절-22절, 9장 1절-17절

새 언약의 징표

방주에서 나온 노아는 이제 어떤 세상과 마주하게 될까요? 죽을 고비를 넘긴 다음에는 어떠한 새것이 주어진다 해도 선뜻 받아들이기는 쉽지 않을 것입니다. 언제 어떻게 될지 모르기 대문입니다. 다행히 살아남기는 했지만 자신 앞에 펼쳐질 미래 역시 언젠가는 소멸할 운명에 처할 수 있다는 허무주의에 빠질 수도 있습니다. 감당하기 어려운 충격의 후유증입니다. 게다가 노아는, 하나님이 그토록 강하게 경고했는데도 인간이 악의 수렁에서 빠져나오지 못하는 것을 목격했습니다. 그러니 인간에 대한 믿음을 가질 수 없을지도 모릅니다.

노아는 '남겨진 자'로서 새로운 시대를 여는 근거라고 할 수 있습니다. 하지만 그가 혼신의 힘을 다해 이룩할 문명이 앞으로 어떻게 전개될지 확신할 수 있었을까요? 이 불안이 사라지지 않으면 노아가 생존을 위해 노력할지는 몰라도 새로운 세상을 만드는 꿈에 자신을 던지기는 쉽지 않았을 것입니다. 혹독한 역사의 격변을 겪고 난 뒤, 인간에 대한 근본적인 신뢰를 접고 홀로 은둔의 삶을 선택할 수 있는 법입니다. 더는 상처를 받으며 살고 싶기 않기 때문이지요. 그렇기에 반드시 하나님의 확고한 보증이 필요해집니다. 혹여 인간의 잘못이 극에 달해도 두 번 다시 대재앙이 반복되지 않을 것이라는 희망의 견고한 보루가 필요합니다.

그 희망의 징조는 어떻게 나타났을까요? 창세기는 하나님이 대홍수 이후에 인간을 다시는 파멸시키지 않겠다고 하신 언약의 징표를 '무지개'로 보여주고 있습니다. 무지개는 비와 태양의 광채가 공존하는 순간의 현상입니다. 어느 하나만으로는 이루어지지 않는 '하늘의 사건'이지요. 무지개는 비가 땅을 뒤덮은 뒤라도 태양이 그 반대쪽에 존재하고 있음을 상징하고 있습니다. 한편, 그 징표를 보고 새 언약의 내용을 기억하는 주체는 놀랍게도 인간이 아니라 하나님이십니다. 인간도 무지개를 보고 하나님이 인간과 이 땅의 만물 사이에 맺은 약속을 떠올릴 수 있겠지만, 성서의 본문은 어디까지나 하나님이 그 기억에 대해 책임진다고 합니다. 성서의 어느 대목에도 이 무지개가 하나님의 약속임을 기억하라고 사람에게 하신 말씀은 없습니다. 하나님이 스스로 다짐하신 언약입니다. 하나님이 자신을 이 약속에 구속시킨 자발적 조처이지요.

내가 구름을 일으켜서 땅을 덮을 때마다, 무지개가 구름 사이에서 나타나면, 나는……그 언약을 기억하고,……무지개가 구름 사이에서 나타날 때마다, 내가 그것을 보고, 나 하나님이,……언약을 기억하겠다." 창세기 9: 14-16

이렇게 하나님 당신이 언약을 기억하겠다고 하십니다. 이 언약은 노아와 그의 가족, 방주에 실린 생명들을 제외하고 세상 만물이 멸절하는 시련 뒤에 새롭게 시작하는 인류 앞에 세워진 보증입니다. 인간에게 허무주의가 들어설 여지가 없게 하신 겁니다. 그 무지개 언약에 앞서 우리는 노아가 제단을 쌓고 하나님에게 선택된 번제물을 바치는 장면을 보게 됩니다.

노아는 주 앞에 제단을 쌓고, 모든 정결한 집짐승과 정결한 새들 가운데서 제물을 골라서, 제단 위에 번제물로 바쳤다. 창세기 8: 20

제단을 쌓는다는 의미는 하나님과의 관계를 새롭게 정립하는 것을 뜻합니다. 방주에서 나온 노아의 입장이 되면, 인간은 당장 어떻게 살아가야 하는가를 고민하게 됩니다. 무엇부터 시작해서 가족들을 먹여 살리고 이 많은 동물들을 어떻게 지켜낼 것인지 참으로 막막한 상황입니다. 생존 방법부터 먼저 떠올리게 되지요.

인간의 마음을 보신다

노아는 당장의 그런 생존 방법을 모색하는 것보다 먼저 우위에 둔 것이 있었습니다. 모든 일의 시작을 자신과 하나님의 관계를 새롭게 정립하는 데에서 출발했습니다. 아브라함도 새로운 땅에 가서 제단을 쌓고 하나님과의 관계를 새롭게 정립하는 일부터 했습니다. 성서는 이렇게 현실적 수단을 찾는 일에 앞서 영혼의 세계를 어떻게 바로세워야 하는가의 문제를 최우선으로 점검하도록 일깨웁니다.

사람들은 어떤 위기에 직면했을 때 가장 현실적으로 상황을 돌파할 수 있는 길이 무엇인지부터 궁리합니다. 그 방법의 선택은 그가 처한 환경, 경험과 지식, 동원할 수 있는 수단에 의해 좌우됩니다. 그런데 환경은 제약되어 있고 수단도 한계가 있으며 지금까지의 경험과 지식으로는 처한 현실 문제를 풀 수 없다면 어떻게 해야 할까요?

다른 생각하지 않고 당장에 필요한 방법을 모색하는 것은 얼핏 현명한 판단 같지만, 그 방법의 참 의미를 알아보는 영혼의 통찰력이 있어야 옳은 결론에 도달합니다. 그렇지 않으면 직면한 현실을 올바른 방향으로 밀고나갈 수 있는 힘은 생겨나기 어렵습니다. 하나님과 자신의 관계를 바로 세워서 얻게 된 안목과 마음으로 현실을 선택할 때 지금까지의 평범한 생각을 넘어서는 능력이 생겨납니다. 보는 눈이 잘못되어 있는데 그 눈으로 택한 방법이 제대로 의미를 가질 리 없습니다. 마음과 영혼이 하늘의 기운과 맞닿아 있지 않으면 그 방법은 생명력을 갖기 어렵습니다.

노아는 그런 점을 꿰뚫어보았습니다. 그가 세운 제단은 현실을 감당하기 이전에 그의 삶이 반듯하게 올라서야 할 기초입니다. 거기에서 그는 하나님과 새롭게 만나는 순간을 경험하게 됩니다.

여기에 정결이라는 얘기가 나오지 않습니까? 이는 깨끗한 것이 무엇인가를 가려내는 기준에 관한 대목인데, 이 문제를 이후에 율법주의자들이 과도하게 강조한 나머지 정결 자체를 목적으로 여기게 되었습니다. 뿐만 아니라 그 정결도 종교적 의식儀式이 주가 되어 정작 깨끗해야 할 마음과 영혼은 뒷전인 경우가 생기고 말았습니다.

노아는 하나님에게 성의를 다해 다가서지 않았던 가인의 죄를 반복하지 않았습니다. 노아는 모든 정결한 생물 가운데 신중히 번제물을 선택했습니다. 그러나 가장 정결한 것이란 그 번제물 자체가 아니라 노아의 마음입니다. 가인과 아벨의 제사에서도 하나님은 아벨의 특별한 마음을 보시고 그의 재물만 받아들이셨듯이 언제나 번제물을 바치는 인간에 대해 말씀하십니다.

> 주께서 그 향기를 맡으시고서, 마음속으로 다짐하셨다. "다시는, 사람이 악하다고 하여서, 땅을 저주하지는 않겠다. 사람은 어릴 때부터 그 마음의 생각이 악하기 마련이다. 다시는 이번에 한 것 같이, 모든 생물을 없애지는 않겠다. 창세기 8: 21

노아는 어떤 마음으로 번제물을 드렸을까요? 그가 겪었던 무서운 재앙이 되풀이되는 일이 다시는 없기를 바랐을 것입니다. 그의 가족들과 후손들이 어떤 세상을 살아가기 원했을까를 생각해보면, 노아가 제사에 임한 간절한 마음을 느낄 수 있습니다. 인간을 함부로 짓밟고 부정의하고 추악한 세상을 만들었던 과거와 결별한 이 순간, 노아는 진정으로 깨끗하고 밝은 미래가 오기를 기도하지 않았을까요? 혹시 인간이 악해서 같은 실수를 저지른다고 해도 이만하면 두고두고 교훈이 되었을 테니까, 하나님의 자비와 은총이 베풀어지기를 간절히 기원하지 않았을까요?

하나님은 번제물의 향기가 아니라 그것을 드리는 노아의 마음에서 우러나는 향기를 맡으십니다. 그것이 아니라면 하나님은 정결한 생물을 번제물로 드리자 그 태운 냄새에 취해 말씀하시는 것처럼 돼버리는 게 아닙니까? 훗날 사울이 전리품으로 가져오지 말라고 한 짐승들을 끌고 와서는 변명하기를, 가장 좋은 것으로 제사드리기 위해서였다고 하자, 선지자 사무엘이 크게 나무라는 장면이 사무엘상에 기록되어 있습니다.

> 사무엘이 나무랐다. "주께서 어느 것을 더 좋아하시겠습니까? 주의 말씀에 순종하는 것이겠습니까? 아니면, 번제나 화목제를 드리는 것이겠습니까? 잘 들으십시오. 순종이 제사보다 낫고, 말씀을 따르는 것이 숫양의 기름보다 낫습니다." 사무엘상 15: 22

중요한 것은 제사에 임하는 인간의 자세입니다. 즉 노아의 제사에서 가장 정결한 것은 노아의 마음이었습니다. 그 마음이 하나님에게 아무리 세상이 악해도 인간을 멸절하는 일을 되풀이하지 않겠다는 뜻을 밝히시게끔 한 것입니다. 하나님은 한 걸음 더 나아가 인간의 삶이 지속될 수 있는 환경을 만들어주겠다고 다짐하십니다. 노아는 제사를 통해 후대의 인간 삶까지도 지켜내는 기여를 했던 것입니다.

새롭게 주어진 생명의 시간

> 땅이 있는 한, 뿌리는 때와 거두는 때, 추위와 더위, 여름과 겨울, 낮과 밤이 그치지 아니할 것이다. 창세기 8: 22

씨를 뿌리는 때와 거둘 때가 있고, 추위와 더위, 여름과 겨울, 낮과 밤이 그치지 않는다는 이 말씀은 다름 아닌 생명력을 지속적으로 주시겠다는 하나님의 축복입니다. 씨앗이 싹트는 환경이 있다면, 자라나는 조건이 또한 있게 하고, 무르익는 시간도 주시겠다는 말씀입니다. 추운 계절의 역할이 있고, 더운 계절의 역할이 있지요. 밝을 때가 하는 일이 있고, 어두울 때가 하는 일이 있습니다. 그러면서 뿌릴 때와 거둘 때가 예정됩니다. 누구나 다 잘 아는 사계절의 운행 속에서 파종과 수확의 때를 말하는 정도이니, 그다지 감동적으로 들리지 않을 수도 있을 듯합니다. 그러나 노아의 입장에서는 상상하기 어려운 이야기였습니다. 방주에서 나왔을 때 이런 미래를 꿈에라도 기대할 수 있었을까요? 대홍수로 폐허가 되어버린 땅에 발을 딛고 "아름다운 봄날이 다시 올까?" "씨를 뿌린다고 열매가 다시 열릴까?" "태양이 뜨고 즐거운 새소리를 들으면서 깨어날 수 있는 기쁨이 과연 주어질까?" 어느 것도 확신할 수 없는 현실에서 주어진 축복이 이 말씀입니다. 모든 것이 쓸려가버리고, 산하가 뒤바뀌고, 풀과 나무는 보이지 않는 현실에 서 있는 노아를 한번 떠올려보면 그가 얼마나 감격했을지 상상이 됩니다.

모든 것이 파멸된 것 같고 기대할 수 없을 것만 같은 노아에게 하나님은 약속했습니다. 걱정하지 마라! 추울 때가 있으면 더울 때도 있단다. 맑을 때가 있으면 흐릴 때도 있는 법이란다. 지금 네가 씨를 뿌린다면 또한 그 열매를 거둘 때가 온단다. 이 말씀이 망연자실한 그에게 얼마나 큰 격려와 희망이 되었겠습니까? 생활의 터전을 다시 세울 수 있게 축복하신 다음 하나님은 단지 생존하는 것에 그치지 않고 널리 번성하고 크게 성장하라고 하십니다. 만물의 영장으로서 일체의 생명을 보살피고 다스리는 권한까지 주십니다. 또한 채식의 삶에서 시작했던 인간에게 육식의 삶까지 포함하는 생활문명의 범위를 허락하십니다. 인간의 삶은 대홍수 이전보다 활기차고 자연계 전체를 주도하는 힘까지 얻게 됩니다.

하나님이 노아와 그의 아들들에게 복을 주시며 말씀하셨다. "생육하고 번성하여 땅에 충만하여라. 땅에 사는 모든 짐승과, 공중에 나는 모든 새와, 땅 위를 기어다니는 모든 것과, 바다에 사는 모든 물고기가, 너희를 두려워하며, 너희를 무서워할 것이다. 내가 이것들을 다 너희 손에 맡긴다.

살아 움직이는 모든 것이 너희의 먹을거리가 될 것이다. 내가 전에 푸른 채소를 너희에게 먹을거리로 준 것 같이, 내가 이것들도 다 너희에게 준다." 창세기 9: 1-3

사람이 하늘과 땅, 나무 위와 물속까지 주도권을 갖게 되는 놀라운 문명의 발전과 함께 식량의 공급도 거의 무한대에 이릅니다. '살아 움직이는 모든 것'이 먹을거리가 되었기 때문입니다. 그러나 여기에는 매우 중요한 경계선이 그어집니다.

"그러나 고기를 먹을 때에, 피가 있는 채로 먹지는 말아라. 피에는 생명이 있다. 생명이 있는 피를 흘리게 하는 자는, 내가 반드시 보복하겠다. 그것이 짐승이면, 어떤 짐승이든지, 그것에게도 보복하겠다. 사람이 같은 사람의 피를 흘리게 하면, 그에게도 보복하겠다. 사람은 하나님의 형상대로 지음을 받았으니, 누구든지 사람을 죽인 자는 죽임을 당할 것이다." 창세기 9: 4-6

젖과 꿀이 흐르는 생명공동체

살아 움직이는 모든 것이 먹을거리가 되지만, 피째 먹는 행위는 엄금하셨습니다. 그것은 생명체를 가혹하게 대하게 될 뿐 아니라, 그 과정에서 인간이 잔혹해지기 때문입니다. 그와 함께 인간을 죽이는 일 또한 결단코 막으십니다. 이 대목은 대홍수 이전의 참혹한 인간사가 되풀이되지 않도록 하는 경고인 동시에 세상의 평화는 생명을 기준으로 이루어져야 함을 강조하는 것입니다. 인간이 자연계 전체의 주도권을 가지게 되었다고 해서 다른 생명체를 유린하면서까지 번성하는 것이 아니라, 생명을 지켜내고 이를 존엄하게 여기는 미래를 열어가라는 것입니다. 인간도 서로 그 존재가치를 존중하는 세상을 만들어가라는 명령이지요. 이것이 노아가 감당하게 될 생명공동체의 근본입니다.

성서는 한결같이 생명공동체의 건설을 주제로 삼고 있습니다. 그것이 하나님 나라의 현실체이기 때문입니다. 주도권이 주어졌다고 함부로 할 수 없습니다. 선한 목적을 망각하면 도리어 인간을 망치게 할 수 있습니다. 무고한 생명의 피를 흘리지 않게 하는 원칙이 그 중심에 있습니다.

모세가 이집트 제국의 노예로 신음하던 히브리 백성들을 이끌고 광야로 갔을 때, 하나님이 약속하신 것은 '젖과 꿀이 흐르는 땅'이었습니다.

"이제 내가 내려가서, 이집트 사람의 손아귀에서 그들을 구하여, 이 땅으로부터 저 아름답고 넓은 땅, 젖과 꿀이 흐르는 땅, 곧 가나안 사람과 헷 사람과 아모리 사람과 브리스 사람과 히위 사람과 여부스 사람이 사는 곳으로 데려가려고 한다." 출애굽기 3: 8

그런데 해방의 감격은 어디로 갔는지 백성들은 광야에서 힘들고 주릴 때에, 이제 다 죽게 생겼다면서 왕년에 먹던 고기 부스러기를 그리워합니다.

이스라엘 자손이 그들에게 항의하였다. "차라리, 우리가 이집트 땅, 거기 고기 가마 곁에 앉아 배불리 음식을 먹던 그때에, 누가 우리를 주의 손에 넘겨주어서 죽게 했더라면 더 좋을 뻔하였다. 그런데 너희들은 지금, 우리를 이 광야로 끌고 나와서, 이 모든 회중을 다 굶어 죽게 하고 있다." 출애굽기 16:3

그들은 노예생활을 하더라도 고기를 삶는 가마 옆에서 국물 한 술, 살 한 점이라도 얻어먹기를 간절히 바랐습니다. 그런 사람들을 달래기 위해서 모세는 어떻게 말하는 편이 나았을까요? "조금만 참아라. 가나안에 당도하면 내가 고기를 배부르도록 먹게 해주겠다"라고 해야 그나마 불만을 가라앉힐 수 있었겠지요. 그러나 하나님의 말씀을 대신해서 모세는 이들에게 '젖과 꿀'을 약속합니다. 그것은 '고기 가마' 옆에서 고기를 먹는 데 익숙했던 사람들한테는 전혀 관심사가 되지 못합니다.

하나님은 왜 그러셨을까요? 거기에는 히브리인들의 삶에 매우 중대한 변화를 요구하시는 하나님의 뜻이 담겨 있습니다. 젖과 꿀은 흔히 풍요의 상징으로 이해합니다. 그러나 그것은 전혀 다른 차원의 문명을 말합니다. 이집트 제국은 히브리인들을 노예로 핍박하며 착취하는 가운데, 그 희생을 대가로 고기 가마를 풍요롭게 가지고 있었습니다.

이집트 제국의 고기 가마는 누군가의 생명과 피를 대가로 얻은 물질입니다. 광야를 걷는 모세 휘하의 히브리인들은 이러한 구습과 생각의 틀에서 아직도 벗어나지 못한 존재들이었습니다. 필요하다면 다른 생명의 피를 흘려서라도 살아남겠다는 의식을 골수에서 뽑아내지 못했지요. 따라서 고기 가마가 아니라 젖과 꿀을 갈망하는 것은 그러한 정신적 체질과 결별하는 일입니다.

누구의 생명도 다치지 않고 평화적으로 양식을 얻는 새로운 공동체의 꿈은 바로 젖과 꿀을 하나님의 축복으로 가는 사람들의 모습입니다. 누군가를 희생시키거나 굴종하면서 고기를 뜯어먹었던 사람들이 젖과 꿀을 좋아할 수 있는 체질로 바뀌는 사건이 이 광야의 여정에서 이루어져야 했습니다. 따라서 젖과 꿀은 생명을 파괴하면서 번영과 성공을 꿈꾸는 모든 체제와 제도, 인간에 대한 혁명적 대안입니다. 이들이 탈출해온 이집트 제국으로 상징되는 체제는 생명을 피흘리게 함으로써 쌓아올린 죽음의 성채입니다. 그 피를 하나님은 적나라하게 폭로하십니다. 모세를 이집트 최고 권력자 파라오에게 보내면서 나일 강의 물을 퍼서 마른 땅에 부으라고 하셨습니다.

"너는 나일 강에서 물을 퍼다가 마른 땅에 부어라. 그러면 나일 강에서 퍼온 물이, 마른 땅에서 피가 될 것이다." 출애굽기 4: 9

나일 강은 이집트 제국의 풍요를 가져오는 근거입니다. 그러나 그 강의 정체는 다름 아닌 피였습니다. 모세가 이 말씀대로 행한 장면은 이렇게 기록되어 있습니다.

모세와 아론은 주께서 명하신 대로 하였다. 모세가, 바로와 그의 신하들 앞에서 지팡이를 들어 강물을 치니, 강의 모든 물이 피로 변하였다. 그러자 강에 있는 물고기가 죽고, 강물에서 악취가 나서, 이집트 사람들이 그 강물을 마실 수 없게 되었다. 이집트 땅의 모든 곳에 피가 괴었다. 출애굽기 7: 20-21

나일 강의 풍요와 이집트 제국의 고기 가마가 상징하는 번영의 밑바닥에 흐르고 있는 피가 고스란히 드러납니다. 이집트 온 땅에 고인 피를 더는 은폐할 수 없었습니다. '하나님의 지팡이'라는 그 절대 기준이 적용되자 허상은 사라지고 진실이 모습을 드러냈습니다. 출애굽기 첫 대목에는 유아학살의 참혹한 역사가 기록되어 있습니다.

마침내, 바로는 모든 백성에게 명령을 내렸다. "갓 태어난 히브리 남자 아이는 모두 강물에 던지고, 여자 아이들만 살려두어라." 출애굽기 1: 22

이집트 제국 내부의 히브리인들이 늘어나자 이들이 강성해지는 것을 두려워한 권력자가 학살을 단행했고, 그 결과 강에는 무수한 아이들의 죽음이 쌓이고 그 피가 홍건하게 흐를 수밖에 없었습니다.

죽은 권력자들의 영광을 찬미하는 거대한 무덤을 쌓아올린 이집트 문명의 성채는 노예들의 피와 땀으로 이루어진 것입니다. 고대 이집트 문명의 역사가 지닌 가치 전체를 부정할 필요는 없겠지만, 그 위압적이고 포악한 힘의 밑바닥에는 무수한 생명의 희생과 피가 흐르고 있습니다. 이런 문명과 사회는 아무리 그럴듯하고 대단해보여도 하나님은 결코 받아들이지 않으시겠다는 것입니다. 젖과 꿀은 이러한 현실을 넘어서는 대안입니다. 노아 이전의 라멕의 시대도 그렇고, 모세가 히브리인들의 해방을 주도하여 탈출했던 이집트 제국 또한 하나님의 '혁명적 단절'의 대상이었습니다. 새로운 생명공동체를 이루어내는 사람들을 일으켜세우기 위해서였습니다.

대홍수 이후 새로운 번영을 약속받으면서 생명의 존엄성을 지켜내는 노아는 이 젖과 꿀의 공동체를 꿈꾸는 원형적 존재가 됩니다. 그것을 이루기 위해 하나님은 지속적인 생명력을 갖는 미래를 보증하신 것이고, 그 징표가 무지개였습니다. 무지개는 어떤 고난과 위기에도 꺾이지 않고 사라지지 않는 희망의 아름다움입니다. 어디에도 허무주의가 들어설 자리는 없으며, 오로지 용기와 의지, 생명의 기력이 충만해집니다.

비가 내려도 태양 빛이 빗방울을 통과하면 하나님이 구름 속에 숨겨두셨던 무지개가 나타납니다. 고난과 시련이 홍수처럼 흘러도 희망은 그렇게 모습을 드러냅니다. 하나님의 약속은 하나님 자신을 구속하는 힘이 있으니, 그 언약은 하나님이 부정하지 않는 한 절대로 깨어지지 않습니다. 희망의 햇살이 떨어지는 빗방울 속에서 아름다운 빛깔의 무지개를 짜냅니다. 우리 인생에도 그런 능력이 주어져, 살을 에는 바람과 곤고한 어둠의 시간에 서 있을지라도 생명의 힘이 지속적으로 뿜어져 나오는 축복이 있기를 바랍니다. 먹구름이 밀려오는 때라도 태양은 그 구름 뒤편에서 언제나 빛나고 있습니다.

8 20 노아는 주 앞에 제단을 쌓고, 모든 정결한 집짐승과 정결한 새들 가운데서 제물을 골라서, 제단 위에 번제물로 바쳤다.

21 주께서 그 향기를 맡으시고서, 마음속으로 다짐하셨다. "다시는, 사람이 악하다고 하여서, 땅을 저주하지는 않겠다. 사람은 어릴 때부터 그 마음의 생각이 악하기 마련이다. 다시는 이번에 한 것 같이, 모든 생물을 없애지는 않겠다. 22 땅이 있는 한, 뿌리는 때와 거두는 때, 추위와 더위, 여름과 겨울, 낮과 밤이 그치지 아니할 것이다"

9 1 하나님이 노아와 그의 아들들에게 복을 주시며 말씀하셨다. "생육하고 번성하여 땅에 충만하여라. 2 땅에 사는 모든 짐승과, 공중에 나는 모든 새와, 땅 위를 기어다니는 모든 것과, 바다에 사는 모든 물고기가, 너희를 두려워하며, 너희를 무서워할 것이다. 내가 이것들을 다 너희 손에 맡긴다. 3 살아 움직이는 모든 것이 너희의 먹을거리가 될 것이다. 내가 전에 푸른 채소를 너희에게 먹을거리로 준 것 같이, 내가 이것들도 다 너희에게 준다. 4 그러나 고기를 먹을 때에, 피가 있는 채로 먹지는 말아라. 피에는 생명이 있다. 5 생명이 있는 피를 흘리게 하는 자는, 내가 반드시 보복하겠다. 그것이

짐승이면, 어떤 짐승이든지, 그것에게도 보복하겠다. 사람이 같은 사람의 피를 흘리게 하면, 그에게도 보복하겠다. 6 사람은 하나님의 형상대로 지음을 받았으니, 누구든지 사람을 죽인 자는 죽임을 당할 것이다. 7 너희는 생육하고 번성하며 땅에 편만하여, 거기에서 번성하여라." 8 하나님이 노아와 그의 아들들에게 말씀하셨다. 9 "이제 내가, 너희와 너희 뒤에 오는 자손에게 직접 언약을 세운다. 10 너희와 함께 있는 살아 숨쉬는 모든 생물, 곧 너와 함께 방주에서 나온 새와 집짐승과 모든 들짐승에게도, 내가 언약을 세운다. 11 내가 너희와 언약을 세울 것이니, 다시는, 홍수를 일으켜서 살과 피가 있는 모든 것들을 없애는 일이 없을 것이다. 땅을 파멸시키는 홍수가 다시는 일어나지 않을 것이다." 12 하나님이 말씀하셨다. "내가, 너희 및 너희와 함께 있는 숨쉬는 모든 생물 사이에 대대로 세우는 언약의 표는, 13 바로 무지개이다. 내가 무지개를 구름 속에 둘 터이니, 이것이 나와 땅 사이에 세우는 언약의 표가 될 것이다. 14 내가 구름을 일으켜서 땅을 덮을 때마다, 무지개가 구름 사이에서 나타나면, 15 나는, 너희와 숨쉬는 모든 짐승, 곧 살과 피가 있는 모든 것과 더불어 세운 그 언약을 기억하고, 다시는, 홍수를 일으켜서 살과 피가 있는 모든 것을

물로 멸하지 않겠다.
[16] 무지개가 구름 사이에서 나타날 때마다,
내가 그것을 보고, 나 하나님이,
살아 숨쉬는 모든 것들, 곧 땅 위에 있는
살과 피를 지닌 모든 것과 세운 영원한
언약을 기억하겠다." [17] 하나님이
노아에게 말씀하셨다. "이것이, 내가,
땅 위의 살과 피를 지닌 모든 것과 더불어
세운 언약의 표다."

16 노아의 한계, 새 문명의 길

창세기 9장 18절-29절, 10장

살아남은 자의 고독

의인 노아가 무슨 까닭인지 술에 잔뜩 취한 채 옷까지 다 벗고 자고 있습니다. 수치를 모르는 주정뱅이와 다를 바 없이 말입니다. 이런 장면을 직접 목격하게 되면 어떤 생각을 하게 될까요? 평소에 가졌던 노아에 대한 존경심은 산산조각이 날 것입니다. 그런 노아에 대한 소문이 여기저기 퍼져나간다면 어떻게 될까요? 노아는 낯을 들 수가 없고, 그를 통해 새롭게 시작하려는 생명공동체의 미래는 위기에 빠질 것입니다. 더군다나 그 소문의 진원지가 그의 아들이라면 어떻게 할까요? 우리는 이제 이런 문제와 직면한 노아를 만나봅시다.

방주에서 나온 노아가 어떤 현실에 놓이게 되었을지 생각해보지요. 노아가 술에 만취한 상황을 이해하는 데 도움이 될 수 있기 때문입니다.

일 년이 넘는 시간을 방주에 갇혀 있었던 노아의 가족은 문을 열고 밖으로 나왔습니다. 그렇게 해서 마주한 세상에서 예전의 모습은 온데간데 없이 사라져버렸습니다. 친척이나, 친구, 정들었던 고향, 그리고 늘 마음에 그렸던 산천초목 등 어느 하나도 존재하지 않았습니다. 뿐만 아닙니다. 생존하는 일에는 성공했으나 노아의 마음에 회한이 깊게 스며들 수 있습니다. 그가 진실로 의인이라면, 자신이 사랑했던 친구나 친척, 이웃을 좀더 설득해서 함께 살아남았어야 했을 텐데 하는 아픔과 안타까움이 있었을 테지요. 그 혹독한 과정을 통과하면서 노아와 그의 일가는 '죽음의 끝'을 본 사람들이라고 할 수 있습니다.

이들은 미래를 예비하기 위한 씨앗 같은 존재이긴 했지만, 그렇게 남기까지 겪었던 고통과 혼란은 인간이라면 누구도 감당하기 어려웠을 것입니다. 가족들이 있기는 하지만 달랑 이들만 남게 되었다는 현실을 인식하는 순간, 살아남았다는 안도감과 함께 견디기 힘든 외로움이 엄습했을 것입니다. 대홍수 이전에 쌓아왔던 인간관계, 공동체는 더 이상 존재하지 않습니다. 완전히 '빈 몸'이 되었습니다. '완벽한 상실'은 새로운 시작의 경계선이지만, 그것을 받아들이는 일은 쉽지 않겠지요.

아버지와 아들

노아가 방주에서 나와 맨 처음으로 한 일은 밭을 가는 노동으로, 포도나무를 심게 됩니다.

노아는, 처음으로 밭을 가는 사람이 되어서, 포도나무를 심었다. 창세기 9: 20

지중해 연안 지대는 포도나무가 잘 자라 포도주의 원산지가 많습니다. 포도주는 식탁에 반드시 오르는 기본 음료라는 점에서도 중요한 의미를 갖습니다. 노아가 포도나무를 심었다는 것은 새롭게 펼쳐질 미래의 번성을 기원하는 마음이 충만했다는 뜻입니다. 또한 그 모습은 노아 가족의 식탁이 갖추어지는 모습을 떠올리게도 합니다. 노아가 포도나무를 심고 난 후의 결과를 창세기 본문은 숨김없이 기록하고 있습니다.

> 한 번은, 노아가 포도주를 마시고 취하여, 자기 장막 안에서 아무것도 덮지 않고, 벌거벗은 채로 누워 있었다. 창세기 9۴ 21

어느 날 노아는 포도주를 취하도록 마시고 말았습니다. 거기다가 옷까지 다 벗고 인사불성이 되었습니다. 노아는 의인이라고 했는데 '술 취한 의인'이란 말이 안 되지요. 의인은 언제나 깨어 있어야 합니다. 의인이라면 술에 취하는 것이 아니라 하나님의 영에 취해야 합니다. 그러나 지금 노아는 그런 모습에서 벗어나고 있습니다. 그 모습을 아무도 보지 않았다면 별 문제 없이 지나갈 수 있었을지 모르지만, 공개적으로 드러났으니 이는 노아의 치욕입니다.

만일 자식들이 이 모습을 목격했다면 어떤 생각이 들었을까요? 어릴 때에는 아버지나 어머니가 아이들에게 세상에서 최고의 역할 모델입니다. 아버지는 모든 것을 아는 사람이고, 누구보다 멋있고, 강한 존재입니다. 이 아이들이 점점 자라 청소년기에 접어들면 달라집니다. 아버지와 갈등도 겪게 되고, 때로는 아버지의 모순과 위선도 보게 되면서 아버지에 대한 생각이 바뀌어갑니다. 아버지를 둘러싸고 있던 일종의 신화가 사라지게 되지요. 아버지는 자신보다 교육을 많이 받지 못했고 인격적으로 모순투성이이며, 폭력을 휘둘러 가족에게 고통을 주고 있다고 생각할 수도 있습니다. 이 경험이 심화되면 아버지 세대 전체에 대한 멸시와 비판이 가해지기도 합니다. 아들 세대는 아버지 세대보다 나은 환경과 높은 교육수준과 새로운 전문지식의 습득에 자신감을 가지고 살아가기 때문에, 과거의 고난이나 영광을 내세우는 아버지 세대는 이들의 마음속에 더는 시대에 적응하지 못하는 퇴물로 여겨질 수 있습니다. 이렇게 아버지 세대는 격하되어갑니다. 그들이 겪었던 아픔이나 상처, 비극이나 고독, 힘겨운 생존경쟁은 주목받지 못하고 맙니다.

> 가나안의 조상 함이 그만 자기 아버지의 벌거벗은 몸을 보았다. 그는 바깥으로 나가서, 두 형들에게 알렸다. 창세기 9: 22

노아의 아들 하나가 술 취한 아버지의 모습을 목격합니다. 노아가 수치를 겪게 되는 것입니다. 취한 아버지의 벌거벗은 모습은 그동안 감추어져 있던 아버지의 내면, 공개되지 말아야 할 개인사의 비밀, 아픔을 의미합니다. 아들 함은 그런 아버지의 모습을 목격하고 나서 "아, 아버지!" 하면서 마음 아파하며 눈물을 흘리거나, 조용히 다가가서 그 몸을 가려드렸다거나, 자기가 본 것을 누구에게도 말하지 않는 신중함이 없었습니다. 함이 두 형제에게 무엇이라고 말했는지 우리는 알 수 없습니다. 그러나 적어도 그가 아버지의 이런 모습을 감싸며 어느 누구도 알지 못하게 하기 위해 진력했다고 할 수는 없었던 게 아닌가 합니다. 그도 충격을 받았을지는 모르겠습니다. 그런 과정에서 어떻게 해야 할지 몰라 형들에게 의논하기 위해 말했을 수도 있습니다. 그런데 그 다음 장면을 보면, 그가 다른 두 형제처럼 처신하고 행동하지 않은 것을 보게 됩니다.

> 셈과 야벳은 겉옷을 가지고 가서, 둘이서 그것을 어깨에 걸치고, 뒷걸음쳐 들어가서, 아버지의 벌거벗은 몸을 덮어드렸다. 그들은 아버지의 벌거벗은 몸을 보지 않으려고 얼굴을 돌렸다. 창세기 9: 23

셈과 야벳은 함의 행동방식이나 자세와 달랐습니다. 이들은 아버지의 몸이 드러나지 않도록 감쌉니다. 뒷걸음질쳐 들어가 겉옷을 덮어드리고 얼굴까지 돌리면서 이 모든 과정을 마무리짓습니다. 함의 말이 사실인지 가서 확인해보자는 식이 아니었습니다. 함의 말이 사실이 아니더라도 이들에게는 그보다 더 중요한 것이 있었습니다. 그것은 아버지의 명예를 지키고 보호하며 행여 나중에라도 아버지가 사태의 전말을 알고 수치와 굴욕감을 느끼지 않도록 해드리는 일입니다.

인간의 성장사로 돌아가서 다시 생각해보기로 합니다. 아이가 아버지의 모순과 위선에 실망하고 그 실망이 점점 커져 아버지에 대해 내심 경멸하거나 자신과 아버지를 비교하면서 우월감을 느꼈다고 가정해보지요. 그러나 세월이 흐르고 이 아이가 성인이 되어가면 그 자신도 아버지 세대와 크게 다르지 않음을 경험하게 마련입니다. 인생의 온갖 어려움을 겪으면서 자신도 모르게 모순과 위선에 빠지고, 아무도 이해해주지 않을 것 같은 고독의 심연을 경험하는 것이 인생사입니다.

누구도 알지 못할 슬픔, 위로해 줄 수 없는 고뇌, 나눌 수 없는 비밀스러운 상처가 생긴다면 그때에 비로소 그는 부모 세대의 고통과 외로움을 뼈저리게 체험하게 됩니다. 이건 단순한 연민과 배려의 문제를 넘어서는 일입니다. "이런 인생의 시련을 지나오셨구나. 아버지가 아무리 대단하셨다고 해도 아무에게도 말하지 못했던 고뇌가 있으셨겠지. 회의하고 불안해하고, 아파하는 모습을 어느 누구에게도 보이고 싶지 않고, 혹시 그로 인해 가족 가운데 누군가가 괜한 걱정이라도 하게 될까 봐, 그 모습을 숨기시면서 홀로 골방에서 지내신 적은 없으셨던 걸까? 그의 마음을 위로할 존재는 이 세상에서 하나님 외에는 아무도 없고, 그래서 때로는 혼자 술로 밤을 지새울 수밖에 없는 시간이 아버지에게도 있었던 게 아니었을까?" 하는 마음 말입니다.

노아가 분을 참지 못하고

"의인 노아에게도 술 취할 수밖에 없는 밤의 시간이 있었구나"라고 하는 인생에 대한 이해가 깊어져야 하는 것 아닐까요? 살아남기는 했지만 도저히 감당할 수 없는 고독과 회한, 혼자서 버텨내기에는 너무도 무거운 책임 앞에서 그의 영혼이 어느 날 비틀거릴 수도 있는 것입니다. 모두가 자신을 의인으로 알고 있고 가족들은 자기만 믿고 있는데, 혹여 약한 모습을 보인다면 모두에게 불안과 혼란을 줄 수 있습니다. 그는 "하나님, 어찌할까요?" 하고 깊은 고뇌에 잠겨 있다가, 한 잔 두 잔 마시면서 현실을 잊고 싶은 마음에 자기도 모르게 술에 빠질 수 있었겠지요.

모든 겉치레와 고민과 책임을 벗어던지고 싶을 수도 있습니다. 아무리 노아라 할지라도 그도 사람인데, 언제나 반듯한 의인이어야 하고, 책임감 강한 아버지요 남편 · 가장이어야 하고, 각성상태에서 한 치의 동요도 없는 존재여야 하는 부담감에서 벗어나고 싶을 수도 있었겠지요. 이것을 이해할 수 있을 때에 인간에 대해서 진정한 이해를 할 수 있게 됩니다. 자식은 아버지를, 딸은 어머니를 이해하게 됩니다. 그로써 자식이 부모를 따뜻하게 껴안을 때 그 자식은 진짜 어른이 됩니다.

노아가 술에 취해 모두가 보는 앞에서 볼썽사나운 추태를 부리고 식구들을 괴롭혔다거나 술을 더 요구하면서 그래고래 소리를 질렀다거나 한 것은 아니었습니다.

노아의 고독은 우리 모두의 고독이기도 합니다. 누구에게나 그런 밤이 찾아옵니다. 그것을 깊은 이해와 사랑으르 감싸는 마음이 우리 인생사의 무수한 상처를 치유하는 길입니다. 셈과 야벳처럼 우리는 때로 상대의 약점과 잘못을 알면서도 모른 척 넘어가 상대의 부끄러움이 드러나는 순간을 막아주기도 해야 합니다. 만취하지 않고는 견딜 수 없는 고뇌의 시간이 있었다면 함께 아파하고 그 마음을 헤아려주어야 합니다.

그런데 이런 일이 있고 나서 우리는 노아의 행동에도 문제가 있음을 보게 됩니다. 아들 셈과 야벳이 함과는 다른 태도로 아버지를 지켜내기는 했지만, 술을 깨고 나서 사태의 전후사정을 알게 된 노아가 스스로의 분을 자제하지 못하고 함부로 자식에 대한 저주를 퍼붓는 인간적 한계를 보이고 맙니다. 성서가 인간의 진면목을 적나라하게 보여주는 거울이라는 사실은 이런 장면에서 드러납니다. 노아가 술에 취한 이후 어떤 일이 일어났는지 나중에 알게 되는 대목이 심상치 않습니다.

노아는 술에서 깨어난 뒤에, 작은 아들이 자기에게 한 일을 알고서. ^{창세기}
9: 24

작은 아들 함이 노아 자신에게 한 일을 어떻게 알게 되었는지 분명치 않습니다. 깨고 나서 자신이 덮지도 않고 있었던 겉옷이 있기에 그 까닭을 묻다가 알았을 수도 있겠지요. 그러나 자초지종을 파악할 당시 다른 형제들이 함을 감싸주었다면 상황이 좀 달라지지 않았을까 싶기도 합니다. 상황을 알고 난 후 노아는 격한 반응을 보입니다.

이렇게 말하였다. "가나안은 저주를 받을 것이다. 가장 천한 종이 되어서, 저의 형제들을 섬길 것이다." 그는 또 말하였다. "셈의 주 하나님은 찬양받으실 분이시다. 셈은 가나안을 종으로 부릴 것이다. 하나님이 야벳을 크게 일으키셔서, 셈의 장막에서 살게 하시고, 가나안은 종으로 삼아서, 셈을 섬기게 하실 것이다." 창세기 9: 25-27

가나안은 함의 후손이니 아들 형제 가운데 함은 저주하고, 셈과 야벳은 축복한 것입니다. 노아가 좀더 성숙한 의인이라면 "그 아이가 아직 잘 몰라서 그랬겠지"라고 하면서 너그럽게 이해할 수도 있었습니다. 예수께서 십자가에 못 박혀 매달리신 상태에서 자신을 십자가 처형으로 몰아간 사람들의 무지에 대해 하나님의 용서를 구하는 대목이 있습니다.

그때에 예수께서 말씀하셨다. "아버지, 저 사람들을 용서하여주십시오. 저 사람들은 자기네가 무슨 일을 하는지 알지 못합니다." 그들은 제비를 뽑아서, 예수의 옷을 나누어 가졌다. 누가복음 23: 34

노아의 모습은 이와는 크게 대조됩니다. 노아가 작은 아들 함에 대해 듣고는 "그 아이가 아버지한테 많이 실망했던 모양이로구나. 내 책임도 있겠지. 그러나 얘들아, 사실 그동안 말은 안 했지만 이 애비에게도 아픔이 있었단다. 나도 도저히 견딜 수 없는 그러한 시간이 있었기 때문에 이러한 일이 일어나고 말았구나. 그래, 너희들이 그렇게 감싸줘서 정말 고맙구나." 이러면 참 좋은 이야기가 되지 않았을까 안타깝습니다. 그러나 노아는 화가 잔뜩 났습니다. 그는 아들들을 향해 축복부터 하지 않고 함의 자손에 대한 저주부터 시작합니다. 벌컥 성을 냈습니다. 함의 자손도 자신의 핏줄일진대 너무하지 않은가 하는 생각도 듭니다. 노아가 의인이고, 대홍수 이전 선조 라멕 대의 포악한 심성과는 전혀 상관이 없는 새로운 세대인 줄로 알았지만, 막상 자신의 문제에 직면하니 참지 못하고 말았지요. 노아가 술에 취한 밤을 보낼 수밖에 없음을 이해해야 한다고 했지만 그렇다고 이렇게 자식을 저주하는 모습까지 정당화될 수는 없는 노릇입니다. 그런데 이것이 노아만의 모습으로 그치는 것일까요? 우리 자신도 화가 나면 아주 쉽게 자식들이나 형제들을 저주하지는 않나요? 노아의 한계는 우리의 한계를 떠올리게 합니다.

성서의 이 대목은 훗날 인류 역사 속에서 엄청난 재앙을 가져오는 근거가 되기도 합니다. 함을 인종적으로 흑인으로 분류하고, 이들이 노예생활 하는 것을 마치 하나님이 정하신 양 만든 것입니다. 지독한 인종주의가 성서를 통해 당연시되는 오류를 일으킨 것입니다. 노아가 자식에게 했던 발언의 마지막을 다시 보면 중요한 사실 하나를 발견하게 됩니다.

하나님이 야벳을 크게 일으키셔서, 셈의 장막에서 살게 하시고, 가나안은 종으로 삼아서, 셈을 섬기게 하실 것이다. 창세기 9: 27

이것은 단지 노아의 말에 불과합니다. 하나님이 노아의 후손에 대해 누구는 노예가 되게 하시고 누구는 주인이 되게 하시는 계획을 미리 세운 바도 없건만, 노아는 하나님의 이름을 빌려 자기 마음대로 축복과 저주를 쏟아냅니다. 화가 머리끝까지 나서 흥분을 주체하지 못해, "하늘이 너를 그냥 둘 줄 알아?"라고 욕설을 해댄 셈이지요.

노아의 한계를 넘어서

노아의 인생도 따지고 보면 파란만장합니다. 폭력과 불의가 난무하는 시대에 의인으로서 자기를 지키며 살아간 삶도 있고, 대홍수의 시련을 의연하게 극복한 시절도 있으며, 이후 참담한 고독에 힘들어한 인간적인 면모도 있습니다. 그가 이런 고생스럽고 힘든 과정에서 마음을 더 넓게 가질 수 있었다면 하는 아쉬움이 남습니다.

성서는 노아의 행적을 미화하지 않습니다. 노아가 이렇게 자신의 수치를 목격한 자식을 저주한 것을 본받으라고 한 것이 아닙니다. 노아의 모순을 직시하고 그 한계를 뛰어넘으라는 교훈을 주고 있지요. 노아의 이런 모습은 인간 누구에게나 위기의 순간입니다. 오랜 정신과 마음의 훈련에도 불구하고 현실과 마주하는 순간 너그러움을 잃고 분을 내며 상대에게 저주의 화살을 쏘는 것은 의로운 사람의 모습이 아닙니다. 다음의 잠언 말씀이 도움이 됩니다.

미련한 사람은 쉽게 화를 내지만, 슬기로운 사람은 모욕을 참는다. 잠언 12:16

함부로 말하는 사람의 말은 비수 같아도, 지혜로운 사람의 말은 아픈 곳을 낫게 하는 약이다. 잠언 12: 18

그렇게 분을 내고 저주하는 일이 일어나더라도 즉각 반성하고 돌이킬 수 있어야 합니다. 혹시 자식에게 그런 식의 험한 말을 퍼부었다고 하면 마음을 다해 사과하고 자식을 깊은 사랑으로 품어야 합니다. 그렇지 않아도 인간의 죄 앞에서 하나님과 노아의 자세는 적지 않은 차이를 보입니다. 하나님은 인간이 아무리 악할지라도 무지개를 새 언약의 징표로 삼아서 인간과 새로운 관계를 맺겠다고 말씀하셨습니다. 만일 하나님께서 인간이 저지른 문제를 끝까지 파고들면 누가 그것을 감당할 수 있겠습니까? 그건 영원한 파국이지요. 그러나 하나님은 살 길을 열어놓고 그 지점에서 딱 중단하셨습니다.

하나님은 인간과의 소통의 끈을 놓지 않으셨습니다. 반면에 노아는 함과 그의 자손을 궁지에 몰아넣고 말았습니다. 사랑의 울타리 밖으로 쫓아낸 것입니다. 어떤 어려운 처지에 있어도 하나님은 나를 지켜주신다는 확신을 경험한 노아는 자식에게도 그렇게 대했어야 했습니다. 노아의 한계를 넘어서는 길에 대해 우리는 성찰할 수 있어야 합니다. 좋은 출발만큼 일의 과정과 마무리 역시 바로 할 수 있어야겠지요.

축복의 문명사를 위해

노아가 자신의 후손에 대해 말한 대목과 관련해서는 이후 문명사적 관점에서도 생각해볼 만합니다. 하나님이 '혁명적 단절'을 통해 이루려 하신 새로운 인간의 역사가 어떻게 펼쳐졌는지 주목해볼 필요가 있기 때문입니다.

창세기 10장에는 노아의 자손들이 이곳저곳으로 퍼져나가 무리를 이루고 나라를 세워 살아가는 이야기가 나옵니다. 이름들이 복잡해서 이것을 제대로 읽고 이해하는 것은 쉬운 일은 아닙니다. 그런데 개역개정 성경과 표준새번역본은 서로 그 이름의 번역이 다소 차이가 납니다. 개역개정은 히브리식 표현을 그대로 쓰고 있고, 표준새번역은 현대어 표기로 이해를 돕기 위해 번역했기 때문입니다. 이 가운데 6절에서 14절까지의 본문 일부를 서로 비교해보겠습니다. 같은 나라를 말하고 있지만 표준새번역은 그래도 우리에게 익숙한 이집트와 리비아, 크레타 같은 이름들이 등장하고 있습니다.

함의 아들은 구스와 미스라임과 붓과 가나안이요 ……미스라임은 루딤과 아나밈과 르하빔과 납두힘과 바드루심과 가슬루힘과 갑도림을 낳았더라. 가슬루힘에게서 블레셋이 나왔더라.^{개역개정}

함의 자손은, 구스와 이집트와 리비아와 가나안이다 ……이집트는 리디아와 아남과 르합과 납두와 바드루스와 가슬루와 크레타를 낳았다. 블레셋이 바로 크레타에게서 나왔다.^{표준새번역}

이들 이름 가운데 미스라임은 이집트, 붓은 리비아, 가슬루힘은 크레타, 블레셋은 팔레스타인이 됩니다. 이름은 자손의 명칭이지만 인류 문명사에서는 각자가 모두 하나의 독자 문명을 이루었던 나라의 이름들입니다. 그래서 10장 전체를 읽으면 고대 중근동 지역에 퍼져나가 살아간 종족들과 이들이 주역이 되어 세운 나라들의 이름이 쭉 이어져 있음을 알 수 있습니다. 특히, 이들이 하나의 계보를 형성하고 있는데, 애초부터 다른 종족이거나 뿌리가 다르다는 발상은 찾아볼 수 없습니다. 성서는 인류 공동체의 기원이 하나임을 드러내고 있습니다.

이 창세기의 기록에 따르면, 함은 이집트와 리비아 그리고 가나안 문명의 출발이 되었고, 그 이집트는 크레타(그리스 문명의 원천)의 뿌리이며, 팔레스타인 문명은 또한 크레타에서 나온 역사임을 알게 됩니다. 이집트는 고대 북아프리카 최고 수준의 문명을 건설했고, 리비아는 북아프리카와 지중해 연안에 이루어진 문명으로서 훗날 카르타고 제국의 뿌리가 되며, 가나안 문명은 이스라엘 건설의 근거지가 됩니다. 크레타 문명은 지중해 동쪽 에게 해에서 둥지를 트는데, 그 문명사적 기원의 젖줄은 이집트 문명에 있습니다. 이는 역사적으로도 맞는 증언입니다.

마틴 버널Martin Bernal이라는 역사학자는 1991년 『검은 아테네』*Black Athena* 라는 책을 통해, 그리스 문명의 원천이 아프리카 문명에 있다는 입증을 시도해 주목을 받은 바 있습니다. 그리스 문명이 마치 독자적으로 시작되고 발전해온 것 같은 기존의 생각이 도전받았기 때문입니다. 성서는 이미 이러한 역사적 관계를 훨씬 오래 전에 증언하고 있습니다. 또한 알파벳을 발명한 페니키아 문명의 근원에 있는 크레타와 팔레스타인 문명도 서로 문화사적 인연이 있음을 보여주고 있습니다. 이후 이 지역에서 고대 페르시아에 이르기까지 광대한 문명사의 기록들이 펼쳐진다는 점을 떠올려본다면, 창세기의 기록은 인류사의 이해에 있어서 엄청난 보물창고이기도 합니다. 실제로 성서의 기록은 고대 문명사의 흔적을 추적

하는데 매우 긴요한 근거를 제공해주고 학문 발전에도 기여했습니다. 전 문적인 영역이기는 하나 조지 로릴슨George Rawlinson이나 옴스테드A. T. Olmstead 같은 탁월한 고대 문명사가들의 상상력과 학문적 추진력에 결정 적 동기를 부여한 것도 성서라는 점을 알게 된다면 성서가 얼마나 생생 한 역사적 증언을 담고 있는지 놀라게 됩니다.

성서는 문명사의 기록은 아닙니다. 하지만 이 기록들은 매우 중요한 역사적 가치를 지닙니다. 인간의 지난 발자취를 추적하는데 풍부한 근거 들을 제공하기 때문입니다. 그러나 우리의 관심은 여기에 머물지 않습니 다. 중요한 것은 성서가 이러한 역사성을 넘어 무엇을 말하고자 하는지 를 아는 일입니다. 노아로 시작해서 새로운 문명의 시대가 열렸는데, 그 것이 어떻게 뿌리를 내리고 가지를 쳐나갔는지를 여기에서 파악하게 되 지요.

대홍수 이후 인간은 새로운 문명을 일구는 일에 힘을 쏟았고, 아무것 도 없는 빈터에서 비약적인 대문명을 건설합니다. 이러한 문명의 방향에 전격적인 변화는 아브라함에 와서 펼쳐지지요. 하지만 새로운 출발이 과 정의 의로움까지 보장해주지는 못했습니다.

창세기는 노아에서 시작한 새로운 출발이 여러 문명을 거쳐 아브라함 대에까지 이어져온 상황을 보여줍니다. 바벨탑 이야기는 노아와 아브라 함, 그 중간에 등장하는 사건입니다. 바벨탑은 생명보다 자신의 권세를 드러내는 데 더 열중한 인간사의 표상이었습니다. 생명을 귀하게 여기는 문명을 유지해나가기가 얼마나 어려운지 새삼 절감하게 됩니다. 그렇다 고 절망할 이유는 없습니다. 좋은 출발도 헛되고 마는 인간의 한계를 돌 파해나갈 끊임없는 '믿음의 의지'가 그때그때마다 일깨워지기 때문입니다. 실로 인간은 부단히 그 다음 단계를 향해 '창조적 진화'를 해야 합니다. 이룬 것에 만족해서 거기에 머물면 도리어 퇴화합니다. 노아가 겪었던 그 엄청난 충격도 세월이 지나면 희미해지거나 망각될 수 있습니다. 그러기에 그 역사를 반복해서 성찰하고 그 의미를 새기며 현실의 한계를 넘어서는 정신의 훈련을 해야 합니다. 인간이 일구어야 할 새로운 문명의 초석은 이렇게 해서 견고해져갑니다. 하나님이 주신 생명의 축복에 끝까지 충실하려 할 때 이것은 분명히 이루어질 것입니다.

9 ¹⁸ 방주에서 나온 노아의 아들은 셈과 함과 야벳이다. 함은 가나안의 조상이 되었다. ¹⁹ 이 세 사람이 노아의 아들인데, 이들에게서 인류가 나와서, 온 땅 위에 퍼져나갔다.

²⁰ 노아는, 처음으로 밭을 가는 사람이 되어서, 포도나무를 심었다.

²¹ 한 번은, 노아가 포도주를 마시고 취하여, 자기 장막 안에서 아무것도 덮지 않고, 벌거벗은 채로 누워 있었다.

²² 가나안의 조상 함이 그만 자기 아버지의 벌거벗은 몸을 보았다. 그는 바깥으로 나가서, 두 형들에게 알렸다.

²³ 셈과 야벳은 겉옷을 가지고 가서, 둘이서 그것을 어깨에 걸치고, 뒷걸음쳐 들어가서, 아버지의 벌거벗은 몸을 덮어 드렸다. 그들은 아버지의 벌거벗은 몸을 보지 않으려고 얼굴을 돌렸다.

²⁴ 노아는 술에서 깨어난 뒤에, 작은 아들이 자기에게 한 일을 알고서, ²⁵ 이렇게 말하였다. "가나안은 저주를 받을 것이다. 가장 천한 종이 되어서, 저의 형제들을 섬길 것이다."

²⁶ 그는 또 말하였다. "셈의 주 하나님은 찬양받으실 분이시다. 셈은 가나안을 종으로 부릴 것이다. ²⁷ 하나님이 야벳을 크게 일으키셔서, 셈의 장막에서 살게 하시고, 가나안은 종으로 삼아서, 셈을 섬기게 하실 것이다."

²⁸ 홍수가 있은 뒤에도, 노아는 삼백오십 년을 더 살았다. ²⁹ 노아는 모두 구백오십 년을 살고 죽었다.

10 ¹ 다음은 노아의 아들들의 족보이다. 노아의 아들은, 셈과 함과 야벳이다. 홍수가 난 뒤에, 그들이 아들들을 낳았다.

² 야벳의 자손은, 고멜과 마곡과 마대와 야완과 두발과 메섹과 디라스이다.

³ 고멜의 자손은, 아스그나스와 리밧과 도갈마이다. ⁴ 야완의 자손은, 엘리사와 달시스와 깃딤과 도다님이다.

⁵ 이들에게서 바닷가 백성들이 지역과 언어와 종족과 부족을 따라서 저마다 갈라져 나갔다.

⁶ 함의 자손은, 구스와 이집트와 리비아와 가나안이다. ⁷ 구스의 자손은, 스바와 하윌라와 삽다와 라아마와 삽드가이다. 라아마의 자손은 스바와 드단이다.

⁸ 구스는 또 니므롯을 낳았다. 니므롯은 세상에 처음 나타난 장사이다. ⁹ 그는 주께서 보시기에도, 힘이 센 사냥꾼이었다. 그래서 "주께서 보시기에도 힘이 센 니므롯과 같은 사냥꾼"이라는 속담까지 생겼다.

¹⁰ 그가 다스린 나라의 처음 중심지는, 시날 지방 안에 있는 바빌론과 에렉과 악갓과 갈레이다. ¹¹ 그는 그 지방을 떠나 앗시리아로 가서, 니느웨와 르호보딜과 갈라를 세우고, ¹² 니느웨와 갈라 사이에는 레센을 세웠는데, 그것은 아주 큰 성이다. ¹³ 이집트는 리디아와 아남과 르함과 납두와 ¹⁴ 바드루스와 가슬루와 크레타를 낳았다. 블레셋이 바로 크레타에게서 나왔다.

¹⁵ 가나안은 맏아들 시돈을 낳고,
그 아래로, 헷과 ¹⁶ 여부스와 아모리와
기르가스와 ¹⁷ 히위와 알가와 신과
¹⁸ 아르왓과 스말과 하맛을 낳았다.
그 뒤에, 가나안 족은 사방으로 퍼져
나갔다. ¹⁹ 가나안의 경계는 시돈에서
그랄을 지나서, 멀리 가사에까지
이르렀고, 거기에서 소돔과 고모라와
아드마와 스보임을 지나서, 라사에까지
이르렀다. ²⁰ 이 사람들이 종족과 언어와
지역과 부족을 따라서 갈라져 나간 함의
자손이다. ²¹ 야벳의 형인 셈에게서도
아들딸이 태어났다. 셈은 에벨의 모든
자손의 조상이다. ²² 셈의 자손은 엘람과
앗수르와 아르박삿과 룻과 아람이다.
²³ 아람의 자손은 우스와 훌과 게델과
마스이다. ²⁴ 아르박삿은 셀라를 낳고,
셀라는 에벨을 낳았다.
²⁵ 에벨은 두 아들을 낳았는데, 한 아들의
이름은, 그의 시대에 세상이 나뉘었다고
해서 벨렉이라고 하였다. 벨렉의 아우
이름은 욕단이다. ²⁶ 욕단은 알모닷과
셀렙과 하살마웻과 예라와 ²⁷ 하도람과
우살과 디글라와 ²⁸ 오발과 아비마엘과
스바와 ²⁹ 오빌과 하윌라와 요밥을
낳았다. 이 사람들이 모두 욕단의
자손이다.
³⁰ 그들이 사는 곳은 메사에서 스발에
이르는 동쪽 산간지방이다. ³¹ 이
사람들이 종족과 언어와 지역과 부족을
따라서 갈라져 나간 셈의 자손이다.
³² 이들이 각 종족의 족보를 따라 갈라져

나간 노아의 자손 종족이다.
홍수가 난 뒤에, 이 사람들에게서 여러
민족이 나와서, 세상으로 퍼져나갔다.

17 제국의 언어와 하나님의 방언

창세기 11장 1절-9절

인간, 이동하는 존재

어떤 특정한 하나의 언어가 지배적인 위치에 있어 사람들의 말과 생각을 주도하고, 그밖에 다른 언어들은 변두리 언어로 전락한다면 어떤 일이 벌어지게 될까요? 자신이 어릴 때부터 익숙하게 잘 쓰고 있던 말이 어느 날 갑자기 다른 특정 언어보다 열등하다고 판정받거나, 발언권을 제대로 갖지 못하는 사태가 생기면 이를 어떻게 받아들여야 하나요? 여기에 대한 하나님의 시선은 어떤 것일까요?

방주에서 나온 노아와 그 후손의 계보에 이어 등장하는 바벨탑 이야기는 바로 그 문제를 다루고 있습니다. 인류 문명사의 일대 전환기적 사건이 여기에 압축되어 있는데, 인간이 일구어나가야 할 문명이 무엇을 지향해야 할지를 제시하는 대목이기 때문입니다. 이 사건 이후로 성서에 기록된 인간의 역사는 방향을 달리 잡게 됩니다. 아브라함의 역정은 바로 그 지향점을 향해 가는 한 인간의 고독한 결단과 하나님의 인도하심을 보여주고 있습니다.

바벨탑 사건 이전에, 세상의 언어가 하나뿐이었다는 서술 다음에 나오는 기록은 사람들이 동쪽에서 이동해 오다가 시날이라는 들판에 자리 잡고 공동체를 건설하는 장면입니다.

> 사람들이 동쪽에서 이동하여 오다가, 시날 땅 한 들판에 이르러서, 거기에 자리를 잡았다. 창세기 11: 2

사람들이 본래 있던 곳에서 어디론가 옮겨가는 것은 중요한 인간 드라마의 시작이 되곤 합니다. 미국의 저명한 문화인류학자 마빈 해리스는 『우리 인간이란 종족』*Our Kind*이라는 책에서, 그 첫 장에 흥미롭게도 "태초에 발이 있었다"라고 적고 있습니다. 발이 있었다고 하는 것은 인간이 다른 동물들과는 달리 직립보행의 능력이 있어 걷기 시작하고 이동하면서 인류 역사가 전개되었다는 점에 주목한 결과입니다.

창세기의 본문도 인간의 집단이동 과정에서 하나의 문명권이 새롭게 등장하고 탄생하는 것을 보여줍니다. 그런데 이 이동의 과정이란 대단히 모험적인 선택이라고 할 수 있어요. 대체로 사람들은 자기에게 익숙하거나 오랫동안 뿌리내린 곳에서 편안하게 살기를 원합니다. 그러나 때로 기후의 변화, 식량의 부족, 전쟁, 집단적 추방이나 핍박 등으로 이동하지 않으면 안 되는 불가피한 현실이 생겨나기도 하지요. 뿐만 아니라 누군가 새로운 공동체를 만들겠다는 의지를 품고 의도적으로 길을 떠나는 모험을 하기도 합니다. 이러한 이동 또는 이주의 역사가 새로운 변화와 문명의 계기를 만들어내는 것을 인류 역사는 기록하고 있습니다.

'이동하는 존재' '길 떠나는 사람' '모험적 선택'은 성서 전체의 반복되는 중요한 주제입니다. 노아도 자신의 시대와 결별하고 새로운 미래를 향해 방주에 몸을 싣는 선택을 한 사나이입니다. 모세가 이끈 광야의 공동체도 이동하는 집단이었으며, 야곱도 결국 길을 떠나는 사람입니다. 나사렛 예수는 어디에 고정된 거처를 가지지 않으셨습니다. 언제나 새롭게 이동하며 하나님 나라를 향해 모험적 선택을 하셨습니다. 사도 바울도 끊임없이 이동한 존재입니다.

길을 떠난다는 것은 자신이 잘 알고 있던 곳에서부터 낯선 곳으로 간다는 것입니다. 무슨 일이 일어날지, 누구를 만나게 될지도 모를 험난한 여정이지요. 그 길 떠남의 결과가 성공이 될지 실패가 될지 가늠할 수 없습니다. 대다수의 사람들은 보통 자신이 있는 곳에 그대로 주저앉아 안락하게 살아가고자 합니다. 새로운 목표를 가진 사람은 늘 새것을 향해서 끊임없이 진전합니다. 발전은 그렇게 해서 이루어집니다. 그렇지 않으면 침체되고 고인 물처럼 되고 맙니다. 모험심을 잃고 새로운 길을 떠나는 결단을 하지 못하면, 개인이든 조직이든 국가든 변화와 발전을 기대할 수 없습니다.

문명의 오만

길을 떠나 이동하는 사람들의 이야기는 새로운 문명의 진전을 기대케 합니다. 역사학과 인류학 차원에서 보면 이전과는 다른 공동체와 문명의 변화를 주목하게 되지만 성서는 그렇게 해서 형성된 공동체와 문명의 내면을 성찰하고 있습니다. 이동하는 존재가 만들어낸 사회와 문명에 어떤 것이 담겨 있는가를 본질적으로 묻고 있지요. 겉으로만 보는 현실 밑바닥에 어떤 것이 있는가를 응시하는 겁니다.

바벨탑의 건축은 바빌론 문명을 상징해주고 있습니다. 이는 거대한 제국의 등장과 지배의 역사를 단적으로 보여줍니다. 과거 역사나 오늘날의 관점에서 보더라도 이 시대의 문명은 경탄을 자아내게 합니다. 강성한 국가권력과 광대한 영토, 여전히 남아 있는 고대 유적의 우수함은 이 문명이 다른 지역이나 후대 문명에 끼친 영향들은 모두 무시할 수 없는 대목들입니다.

성서는 이를 명확하게 평가합니다. 문명의 중심에는 자기 영광을 추구하는 인간의 오만함이 존재한다는 것입니다. 우리는 웅장한 규모의 문명을 바라볼 때 "이 정도의 건물을 세우고 이만한 규모의 나라를 건설했다니 놀랍다"라든가 "이전과 비교해서는 훨씬 높은 수준의 문명을 누렸구나"라는 식으로 생각합니다. 그러나 성서는 그 문명을 건설하는 과정에서 어떤 일들이 벌어졌는지에 대해 날카롭게 주목하고 그 거대한 문명을 만들어내기 위해서 무엇을 희생시켰는가를 묻습니다. 엄청난 문명을 건설했을지라도 그 안에서 이뤄지는 일들이 인간의 생명을 시들게 하고 존엄성을 파괴하면, 이미 안으로부터 붕괴의 길을 걷고 있는 문명입니다. 성공했다고 여긴 문명이 도리어 실패했다고 성서는 우리에게 선언합니다.

바벨탑 이야기는 그 현장을 여실히 보여주고 있습니다. 왜 그렇게 되었을까요? 어찌해서 하나님은 이런 문명은 더 이상 유지할 가치가 없다고 판정내리신 것일까요? 이것이 우리가 스스로 물어봐야 할 바입니다. 하늘 높이 탑을 세웠기 때문에 문제가 되는 것은 결코 아닙니다. 그것을 통해서 무엇을 이루려고 했는가 하는 목표에 대한 평가가 중요하겠지요. 사람들이 모두 똑같은 말을 썼기 때문에 이를 하나님이 용납하실 수 없으셨던 것이 아니라, 그 하나의 말을 통해 이루고자 했던 것이 문제가 되었던 것입니다.

> 그들은 서로 말하였다. "자, 벽돌을 빚어서, 단단히 구워내자." 사람들은 돌 대신에 벽돌을 쓰고, 흙 대신에 역청을 썼다. 그들은 또 말하였다. "자, 도시를 세우고, 그 안에 탑을 쌓고서, 탑 꼭대기가 하늘에 닿게 하여, 우리의 이름을 날리고, 온 땅 위에 흩어지지 않게 하자." 창세기 11: 3-4

동쪽에서 시날 평원으로 이동한 그들은 문명사적 발전을 이룩하게 됩니다. 이렇게 도시문명이 펼쳐지고 자신들의 이름을 세상에 떨쳐가며 흩어지지 말고 결속해서 잘살아보자는 결론을 내리고 있는데 이것이 그렇게 문제가 되는 걸까요?

우선 그들의 문명 건설과정을 주시해보지요. 이들은 돌 대신에 벽돌을 빚습니다. 흙 대신에 역청을 사용합니다. 이는 그만큼 과거에 비해 우수한 기술 수준을 보여줍니다. 벽돌을 구워 규격 있는 건물을 짓고 거기에다 역청까지 발라서 오랜 세월을 견디고 거센 풍파에도 무너지지 않을 도시를 건설하는 것이지요. 이것은 누구나 바라는, 분명한 발전이라고 볼 수 있습니다. 자신들의 자부심을 온 세상에 널리 입증할 만한 거대한 탑까지도 건축할 수 있는 능력을 가진 집단이라고 한다면, 이는 누구도 함부로 대하기 어려운 국가의 등장입니다

이 국가는 보통 규모가 아닙니다. 그것은 '제국'의 등장을 말해줍니다.

온 세상 누구나 그 나라의 이름을 알게 된다는 것인데, 그것은 오늘날과 같이 교통과 통신이 발달하지 못한 시대적 상황을 감안해본다면, 거대한 제국의 존재가 아니고서는 불가능한 얘기겠지요. 제국의 이름만 들어도 모두가 벌벌 떨게 됩니다. 이름을 떨치는 효과입니다. 더군다나 "온 땅에 흩어지지 않는다"는 것은 제국의 경계선이 '온 땅'이라는 말에 압축되어 있듯이 광대한 영토라는 의미를 갖습니다. 이는 고대사의 현실에서만 그런 것이 아닙니다. 이후에도 인류는 무수한 제국을 경험합니다.

18세기에서 20세기에 이르는 시기에, 많은 나라들이 온 세상에 이름을 떨치고 국경선을 최대로 확장하는 제국이 되기를 갈망했습니다. 제국주의의 출현이었고, 제국의 구호는 한마디로 부국강병이었습니다. 약한 나라를 정복하고 약탈하며, 자신은 그러한 나라와 종족의 희생 위에 무한히 강한 국가가 되겠다는 의지였습니다. 약소국들도 언젠가 힘을 갖추면 자신도 제국이 되고 싶다는 열망을 가질 수 있겠지만, 제국의 힘에 희생되는 사람들은 그 위세를 결코 높이 평가하지 않을 겁니다. 인간의 생명을 짓밟는 악이기 때문이지요. 성서는 고대 제국들의 무수한 흥망성쇠를 기록함과 동시에 증언합니다.

제국의 흥망성쇠

기원전 6세기 바빌론 제국과 페르시아 제국의 전환기에 활동했던 다니엘의 삶과 예언이 기록된 다니엘서에는, '네 마리 짐승의 환상'을 통해 거대한 세계제국의 흥망사를 보여줍니다. 다니엘서가 쓰인 시기는 기원전 2세기입니다. 그 중간쯤이라고 할 수 있는 기원전 4세기, 알렉산드로

스의 페르시아 정복 이후 인도의 접경까지 확대된 거대한 마케도니아 제국은 2세기에 걸쳐 지중해와 고대 중동, 중앙아시아를 지배했습니다. 이른바 헬레니즘 시대였습니다.

이렇게 기원전 6세기부터 다니엘서가 쓰여진 시대까지 보면 바빌론 제국으로부터 시작해서 통산 4백 년에 이르는 제국의 패권이 교체되어가는 역사가 전개됩니다. 다니엘서는 이 과정을 상징적으로 정리해주고 있습니다. 네 마리 짐승의 환상은 또한 이후 로마 제국의 등장까지도 예견케 하는 대목입니다. 여기에 인용한 다니엘서 본문에 등장하는 벨사살은 바빌론 제국의 마지막 왕이고, 그는 고레스와 다리우스로 이어지는 페르시아 제국의 등장으로 결국 멸망합니다.

벨사살이 바빌론 왕이 된 첫 해에, 다니엘은 잠자리에서 꿈을 꾸면서, 머리 속으로 환상을 보고, 그 꿈을 적었다. 그가 적은 내용의 줄거리는 다음과 같다.

이것은 다니엘이 한 말이다. "내가 밤에 환상을 보았는데, 동서남북 사방에서, 하늘로부터 바람이 큰 바다에 불어닥쳤다. 그러자 바다에서 모양이 서로 다르게 생긴 큰 짐승 네 마리가 올라왔다.

첫째 짐승은 사자와 같이 보였으나, 독수리의 날개를 가지고 있었다. 내가 살펴보고 있는 동안에, 그 날개들이 뽑혔다. 그 짐승은 몸을 일으키더니, 사람처럼 발을 땅에 디디고 섰는데, 사람의 마음까지 지니고 있었다.

또 살펴보니, 다른 짐승 곧 둘째 짐승은 곰과 같았는데, 뒷발로 서 있었다. 그 짐승은 갈빗대 세 개를 물고 있었는데, 누군가가 그에게 이렇게 말하였다. '일어나서 고기를 많이 먹어라.'

그 뒤에 내가 또 살펴보고 있는데, 또 다른 짐승이 나왔다. 그것은 표범처럼 생겼으나, 등에는 새의 날개가 네 개나 있었고, 머리도 네 개나 달려 있었으며, 아주 권위가 있어 보였다.

그 뒤에 내가 밤의 환상을 계속 살펴보고 있는데, 넷째 짐승이 나왔다. 그것은 사납고 무섭게 생겼으며, 힘이 아주 세었다. 이 짐승은 쇠로 된 큰 이빨을 가지고 있어서, 그것으로 먹이를 잡아먹고, 으스러뜨리며, 먹고 남은 것은 발로 짓밟아버렸다. 이 짐승은 앞에서 말한 짐승들과는 달리, 뿔을 열 개나 달고 있었다. 내가 그 뿔을 유심히 살펴보고 있자니, 다른 작은 뿔 하나가 그 뿔들 사이에서 돋아났다. 먼저 나온 뿔 가운데서 셋이 새로 돋아난 그 뿔에 밀려서 뿌리째 뽑혔다. 새로 돋아난 뿔은 사람의 눈과 같은 눈을 가지고 있었고, 입이 있어서 거만하게 떠들었다." 다니엘서 7: 1-8

이 다니엘의 환상은 대단히 유명합니다. 고대에 존재한 세계 제국의 교체가 이루어지는 역사를 조명하는 동시에, 제국을 사나운 짐승으로 상징화한 것은 성서가 제국을 어떻게 평가하고 있는지 여실히 보여줍니다. 그렇지 않아도 창세기의 기록자들은 바빌론 제국에 끌려가 유배생활을 하고 노예로 유린당하는 삶을 살았던 이들이었으니, 이들의 체험 속에서 아무리 대단한 제국의 문명이라 할지라도 아름답다거나 선망의 대상으로 여길 수는 없는 일이지요.

성서는 처음부터 끝까지 '하나님 나라'와 인간이 만든 '강대한 제국'의 대치를 보여주고 있습니다. 제국의 폭력과 교만에 대해 하나님 나라의 정의와 평화를 대조시키고 있습니다. 모세가 거대한 이집트 제국에 맞서서 하나님 나라를 향한 길을 떠나는 사건도 그런 의미이며, 로마 제국의 힘이 압축된 십자가 처형의 현실 앞에서 계수님이 하나님 나라의 승리를 선언하시는 대목도 대제국의 지배 앞에서 인류가 선택해야 할 바를 일깨우고 있지요.

성서는 제국의 거대한 힘과 권세, 그리고 그 교만에 마주한 하나님의 선택과 하나님 나라 백성들이 갈 길을 제시하고 있습니다. 어느 것이 과연 인간다운 길인지를 묻습니다. 이를 타탕으로 생각해보자면, 기독교 전파 이후 역사상 등장했던 무수한 제국들이 십자가를 내세우면서 자신들의 영광과 위엄을 높인 것은 본래의 하나님 나라, 또는 예수운동과는 아무런 상관이 없고, 도리어 이와 대립하는 폭력과 강탈, 유린의 역사임이 드러납니다.

대제국들은 거대한 힘을 유지하기 위해서 어떻게 했을까요? 당연히 강력한 군사력에 기반해서 광활한 지역을 하나로 묶어 자신의 영토로 편입해갔습니다. 그러나 지배의 수단이 군사력만은 아니었습니다. 무엇보다도 언어가 하나로 통일되어 모든 사람의 생각과 마음을 지배해야 명실상부하게 결속력과 통제력을 과시할 수 있습니다. 제국의 언어가 표준의 언어로 통용되고 다른 언어는 변방의 언어, 사투리 또는 상대적으로 발언권이 없는 위치로 전락하게 만듭니다. 칙령과 정책의 집행, 교육과 문화는 모두 제국의 언어로 실행되었으며, 제국의 언어와 노예의 언어가 갈라지고 중심과 변방이 나뉘었습니다.

바빌론 제국의 젖줄인 수메르 문명에 근거를 둔 아카드어에서 아람어로, 아람어에서 그리스어로, 그리고 이후 로마의 언어가 지중해와 중근동 지역의 고대사를 지배하는 가운데 다른 언어들은 소멸하거나 힘을 잃었습니다. 창세기를 기록한 본래의 히브리어는 바빌론과 페르시아로 히브리인들이 끌려간 이후 대체로 문자 언어로만 남고 일상은 아람어가 우세하게 되었습니다. 예수시대에는 아람어를 쓰는 히브리인들이 다수였지만, 이 시기 세계어는 그리스어였습니다. 아람어는 어느새 헬레니즘이 지배하는 세계에서 변방의 언어가 되었지요. 따라서 그리스어를 모르면 지식인이 될 수 없었고, 지배세력의 위상조차 가질 수 없을 정도였습니다. 이후 로마의 라틴어가 그런 위치를 확보하게 되었습니다.

과거 중국의 문명이 동아시아를 지배했을 때에도 한자문명 이외의 것은 변방의 언어에 불과했던 것과 마찬가지 사건이 일어난 것입니다. 하나의 언어가 다른 언어를 압도하고 지배하면 그 언어를 모국어로 쓰는 사람들이 지배자가 되는 것은 물론이고, 그렇지 못한 사람들은 열등한 존재처럼 취급받습니다. 하나의 생각, 하나의 질서, 하나의 권력, 이처럼 획일적인 중심 하나만이 힘을 쓰게 되지요. 하나의 가정, 조직, 국가도 이런 식이 되면 다른 사람들은 자신의 진정한 마음과 권리를 자기 식으로 발언하고 지켜낼 수 없습니다. 제국의 언어는 그런 불평등하고 배타적인 질서를 유지하고 사람들을 지배하는 강력한 도구가 됩니다. 자신의 폭력도 정당화시키며, 인간을 제국의 언어를 잘 사용하는 자와 그렇지 못한 자로 우열을 나눕니다.

고대사회에서만 있었던 일이 아니었습니다. 에드워드 사이드는 『오리엔탈리즘』이라는 책을 통해 서구문명이 비서구 문명을 열등하게 취급하고 자기들만 문명이라고 내세운 것을 비판했습니다. 그는 『문화와 제국주의』라는 책에서도 제국의 문명이 제국의 지배를 받았던 지역의 문화와 인간을 능멸하고 야만으로 대한 것을 신랄하게 지적했습니다. 그는 과거에 대한 기억과 역사마저 제국의 언어가 주도함으로써 지배를 정당화한 것을 치밀하게 비판해나갔습니다. 제국의 이익을 위해 과거를 조작해내는 논리와 사고방식의 진상을 폭로한 것입니다. 인간의 진정한 자유와 주체적 성장은 이런 질서를 극복해나가야 가능해집니다. 창세기는 그와 같은 제국의 질서를 하나님이 깨뜨리시는 것을 보여주고 있습니다. 마침내 하나님의 현지시찰이 이루어집니다. 현장을 직접 보러 오셨지요.

> 주께서는, 사람들이 짓고 있는 도시와 탑을 보려고 내려오셨다. 주께서 말씀하셨다. "보아라, 만일 사람들이 같은 말을 쓰는 한 백성으로서, 이렇게 이런 일을 하기 시작하였으니, 이제 그들은, 하고자 하는 것은 무엇이든지, 하지 못할 일이 없을 것이다." 창세기 11: 5-6

제국 언어의 붕괴

여기에서 "이들이 이제 하지 못할 일이 없을 것"이라고 하신 하나님의 말씀은, 제국의 오만한 팽창을 더는 두고볼 수 없다는 것입니다. 이 지점에서 하나님의 개입이 이루어집니다.

> "자, 우리가 내려가서, 그들이 거기에서 하는 말을 뒤섞어서, 그들이 서로 알아듣지 못하게 하자." 주께서 거기에서 그들을 온 땅으로 흩으셨다. 그래서 그들은 도시 세우는 일을 그만두었다. 주께서 거기에서 온 세상의 말을 뒤섞으셨다고 하여, 사람들은 그곳의 이름을 바벨이라고 한다. 주께서 거기에서 사람들을 온 땅에 흩으셨다. 창세기 11: 7-9

언어가 뒤섞인 것은 제국의 붕괴를 의미합니다. "도시 세우는 일을 그만두었다"는 대목이 그것을 입증하는 장면입니다. 하나의 중심이 무너지고 각 지역이 독자적인 주체성을 성립해가기 시작합니다. 바벨은 '뒤섞이다'는 뜻을 가진 '발랄'과 '바빌론'이 비슷한 발음이라는 점에서 만들어진 단어라고 하는데, 그 '뒤섞임'은 그간 억압되었던 다양성이나 각 지역의 독자성과 주체성이 하나의 중심에 종속적으로 묶이지 않고 공존하게 되었음을 의미하지요. 결국 모든 것을 자신의 권세 아래 독점하려던 제국은 해체되고 하나님 나라의 질서와 문명이 대신 세워져야 함을 예고합니다.

이런 맥락에서 보자면 아브라함의 등장은 바벨탑 사건 이후 이루어져야 할 새로운 문명의 방향과 관련된 이야기입니다. 아브라함은 거대한 수메르 문명의 중심 우르에서 당대의 눈으로 보면 변방의 오지에 해당하는 가나안으로 떠납니다. 그것은 바벨탑으로 상징되는 제국의 문명을 대체하는 하나님 나라의 건설을 위한 것이었습니다. 압도적인 권력으로 모든 것을 지배하는 오만에 찬 '거대한 나라'가 아니라, 각자의 삶이 주체적인 발언권을 가지고 존중되는 생명공동체에 진정한 인류의 미래가 달려 있음을 일깨우는 대목입니다. 획일적 질서가 아니라 다양성을 통한 생명의 창조적 발전을 하나님은 바라십니다.

이 바벨탑의 일방적 획일성을 완전히 뒤집는 것이 사도행전의 오순절 성령강림사건입니다. 이 대목을 창세기 본문과 함께 읽으면 바벨탑의 세계와 대치되는, 하나님이 원하시는 세계가 보다 명확하게 보입니다.

오순절이 되어서, 그들은 모두 한 곳에 모였다. 그때에 갑자기 세찬 바람이 부는 듯한 소리가 하늘에서 나더니, 그들이 앉아 있는 온 집안을 가득 채웠다. 그리고 그들에게 불길이 솟아오르는 것과 같은 혀들이 갈래갈래 갈라지면서 나타나더니, 각 사람 위에 내려앉았다.

그들은 모두 성령으로 충만해서, 성령이 시키는 대로 각각 다른 방언으로 말하기 시작하였다. 예루살렘에는 경건한 유대 사람이 세계 각국으로부터 와서 살았다. 그런데 이런 말소리가 나니, 많은 사람이 모여 와서, 각각 자기네 지방의 말로 제자들이 말하는 것을 듣고서, 어리둥절하였다.

그들은 놀라서, 신기하게 여기며 말하였다. "보십시오, 말하고 있는 이 사람들은 모두 갈릴리 사람이 아니오? 그런데 우리 모두가 저마다 태어난 지방의 말로 듣고 있으니, 어찌 된 일이오? 우리는 바대 사람과 메대 사람과 엘람 사람이고, 메소포타미아와 유대와 갑바도기아와 본도와 아시아와 브루기아와 밤빌리아와 이집트와 구레네 근처 리비아의 여러 지역에 사는 사람이고, 또 나그네로 머물고 있는 로마 사람과 유대 사람과 유대교에 개종한 사람과 크레타 사람과 아라비아 사람인데, 우리는 저들이 하나님의 큰일들을 우리 각자의 말로 이야기하는 것을 듣고 있소." 사도행전 2: 1-11

바벨탑의 현실은 하나의 언어가 모든 것을 압도적·획일적으로 지배하는 것이었다고 했습니다. 이에 반해 사도행전의 본문은 각자의 삶의 처지와 요구, 그 내용이 그대로 발언권을 가지고 하나님 나라에 대한 증언을 하는 모습이 기록되어 있습니다. 여기에서 '방언'이란 일상에서 소통이 불가능한 알아들을 수 없는 어떤 영적인 언어가 아니라, 각 나라의 말을 일컫습니다. '방언'은 한자로 '나라 방' 邦자와 말을 뜻하는 '언' 言이 합쳐진 단어입니다. 세계 도처에 흩어져 살고 있었던 히브리 사람들에게, 그들이 살고 있었던 각 나라의 말을 예수님의 제자들이 배우지 않았는데도 불구하고 쏟아내는 일이 벌어진 것이 바로 사도행전에 나온 방언 사건의 원형입니다.

우리 모두가 하나님 나라의 주역

바벨탑에서는 하나의 말로 제국의 존재를 온 세상에 드러냈던 반면에, 사도행전의 성령강림과 방언사건은 각자 자기가 살고 있는 지역의 말로 하나님 나라에 대한 소통이 이루어진 일을 보여줍니다. 바벨탑이 세워진 곳만이 정통이고 다른 것은 변두리라고 여긴 상황이 뒤집히고, 변두리라고 여긴 자리에 살고 있는 사람들이 자기 목소리를 당당히 내면서 하나님 나라의 주체가 되는 사건이 일어난 것입니다. 당시 이스라엘을 봐도, 예루살렘이 모든 것의 정통이고 중심이며 갈릴리는 지극히 변방에 속한 지역이었습니다. 갈릴리 지역 출신은 언제나 멸시의 대상이었고, 당대의 차원에서 보면 이른바 '시골뜨기'에 불과했습니다.

그런데 이들의 입에서 각 나라의 말이 나오고, 그로써 하나님 나라에 대한 보편적 소통이 가능해진 것입니다. 이것은 성령의 힘으로 이들이 갑자기 외국어를 할 수 있게 되었다는 사실을 넘어서, 각 지역의 언어가 하나님 나라의 언어로 인정되는 지위와 권리를 가졌음을 보여줍니다. 이를테면 히브리어 또는 그리스어나 라틴어만이 하나님 나라에 대해 발언할 권리가 있는 것이 아님을 이야기하고 있습니다. 히브리어를 알아야만 우리가 구약이라고 부르는 히브리 성서에 대해 말할 수 있다거나, 또 그리스어를 읽을 줄 알아야만 신약성서에 대해 발언할 수 있는 것이 아니라는 거지요.

이 방언사건은 자신의 어린 시절부터 몸에 밴 자기 말, 자신의 일상을 세밀하고 분명하게 표현할 수 있는 말, 그 내면의 사연을 절절하게 토로할 수 있는 말, 따로 배우지 않고도 있는 그대로의 자신을 드러낼 수 있는 말이 하나님 나라와 직접 통하는 언어가 되는 것을 보여줍니다. 예수님께서도 그런 까닭에, 씨를 뿌리는 사람이나 물고기를 잡는 사람들의 일상에서 하나님 나라의 비유를 짚어내셨습니다.

신성한 언어와 신성한 일상이 따로 있는 것이 아니라 우리 일상의 삶과 말 속에서 하나님 나라를 발견하는 능력을 일깨우셨지요. 그래야 우리는 자기만이 자신 있게, 생생하고 절실하게 표현할 수 있는 것을 통해 하나님과 만날 수 있는 것 아니겠습니까? 제국은 제국의 언어와 역사만을 모든 것의 중심이자 정통이라고 내세우고 다른 것은 변방으로 취급합니다. 그러나 하나님 나라의 방식은 중심과 변방의 질서가 따로 존재하는 것이 아닙니다. 하나님 나라에 대한 열망과 꿈을 가진 존재가 곧 중심이자 새로운 시작의 주체임을 말씀해주시고 계십니다. 인간의 존재가치도 마찬가지입니다. 누구는 중심이고 누구는 주변이 아니라 인간은 그 자신의 존재가치가 주체적 위치에 있는 것입니다.

하나님 나라를 향한 여정에서 어떤 인간도 부차적이거나 어떤 언어도 사투리가 될 수 없지요. 누구도 변방으로 밀려 소외되고 능멸당하지 않고 모두 인생과 역사의 주역입니다. 각자의 주체성이 존중받는 다양한 중심이 공존하면서 하나님 나라의 생명체계를 일구어나가는 것입니다.

특정한 사람의 말만 최고이고 누구나 다 그 말을 들어야 하는 것이 아닙니다. 어떤 특정한 국가만이 온 세상을 지도하면서 이끌어가는 위치에 있는 것도 아닙니다. 하나의 언어가 권력이 되어 위세를 부리며 다른 것을 억압하는 것이 아니라 각자의 삶이 가치를 인정받고 그 목소리가 경청되는 사회, 그 말이 결코 변방의 사투리처럼 멸시되거나 핍박받지 않는 공동체, 그래서 모두가 평등한 하나님 나라의 주역이 되는 감격이 있는 현실이 우리가 갈망하는 하나님 나라의 실체라고 할 수 있습니다. 이는 하나님이 우리에게 주신 권리이자 은총입니다. 누구도 자신의 인생과 역사에서 무명의 조역이나 엑스트라가 아닙니다.

하나님 나라는 우리 모두가 중심이라고 선언합니다. 중심과 변방이 따로 있는 것이 아니라, 하나님 나라의 꿈과 이에 대한 열정을 잃지 않은 이가 곧 새로운 중심이자 자기 삶의 주인입니다. 그 주인됨의 축복으로 힘차고 멋지게 살아가는 기쁨이 있기를 바랍니다. 우리 모두는 누구도 나를 대신해서 살아주지 못하는, 각자의 삶에 주인공들입니다.

11

¹ 처음에 세상에는 언어가 하나뿐이어서, 모두가 같은 말을 썼다.

² 사람들이 동쪽에서 이동하여 오다가, 시날 땅 한 들판에 이르러서, 거기에 자리를 잡았다. ³ 그들은 서로 말하였다. "자, 벽돌을 빚어서, 단단히 구워내자." 사람들은 돌 대신에 벽돌을 쓰고, 흙 대신에 역청을 썼다. ⁴ 그들은 또 말하였다. "자, 도시를 세우고, 그 안에 탑을 쌓고서, 탑 꼭대기가 하늘에 닿게 하여, 우리의 이름을 날리고, 온 땅 위에 흩어지지 않게 하자."

⁵ 주께서는, 사람들이 짓고 있는 도시와 탑을 보려고 내려오셨다.

⁶ 주께서 말씀하셨다. "보아라, 만일 사람들이 같은 말을 쓰는 한 백성으로서, 이렇게 이런 일을 하기 시작하였으니, 이제 그들은, 하고자 하는 것은 무엇이든지, 하지 못할 일이 없을 것이다. ⁷ 자, 우리가 내려가서, 그들이 거기에서 하는 말을 뒤섞어서, 그들이 서로 알아듣지 못하게 하자." ⁸ 주께서 거기에서 그들을 온 땅으로 흩으셨다. 그래서 그들은 도시 세우는 일을 그만두었다.

⁹ 주께서 거기에서 온 세상의 말을 뒤섞으셨다고 하여, 사람들은 그곳의 이름을 바벨이라고 한다. 주께서 거기에서 사람들을 온 땅에 흩으셨다.